U0548201

本书系作者主持的教育部人文社会科学研究青年基金项目"促进低碳经济发展的绿色金融法律政策研究"(13YJC820041)的研究成果。

绿色经济
法律制度丛书

生态文明视野下
绿色金融法律制度研究

李传轩 著

知识产权出版社
全国百佳图书出版单位
—北京—

图书在版编目（CIP）数据

生态文明视野下绿色金融法律制度研究／李传轩著．—北京：知识产权出版社，2019.11
（绿色经济法律制度丛书）
ISBN 978-7-5130-6668-6

Ⅰ.①生… Ⅱ.①李… Ⅲ.①绿色经济—金融法—研究—中国 Ⅳ.①D922.280.4

中国版本图书馆 CIP 数据核字（2019）第 268628 号

责任编辑：雷春丽　　　　　　　　　责任印制：刘译文
封面设计：博华创意

绿色经济法律制度丛书

生态文明视野下绿色金融法律制度研究

李传轩　著

出版发行：知识产权出版社 有限责任公司	网　　址：http://www.ipph.cn
社　　址：北京市海淀区气象路 50 号院	邮　　编：100081
责编电话：010-82000860 转 8004	责编邮箱：leichunli@cnipr.com
发行电话：010-82000860 转 8101/8102	发行传真：010-82000893/82005070/82000270
印　　刷：北京嘉恒彩色印刷有限责任公司	经　　销：各大网上书店、新华书店及相关专业书店
开　　本：720mm×1000mm　1/16	印　　张：14
版　　次：2019 年 11 月第 1 版	印　　次：2019 年 11 月第 1 次印刷
字　　数：216 千字	定　　价：58.00 元
ISBN 978-7-5130-6668-6	

出版权专有　侵权必究
如有印装质量问题，本社负责调换。

目 录
CONTENTS

第一章 生态环境危机、生态文明建设与绿色金融发展 …………… 001
  第一节 生态环境危机及其应对 ………………………………… 002
    一、人类社会的生态环境危机 ……………………………… 002
    二、生态环境危机的根源分析 ……………………………… 005
    三、关于生态环境危机的思考与应对 ……………………… 010
  第二节 文明嬗变与生态文明建设 ……………………………… 012
    一、工业文明的批判与文明嬗变 …………………………… 012
    二、生态文明的提出背景与实践尝试 ……………………… 014
    三、生态文明建设的方向与路径 …………………………… 017
  第三节 绿色金融的提出与发展 ………………………………… 021
    一、绿色金融的提出背景 …………………………………… 021
    二、绿色金融的发展实践 …………………………………… 023

第二章 绿色金融法的提出及其基本范畴 …………………………… 028
  第一节 绿色金融法的提出 ……………………………………… 028
    一、绿色金融发展的法律需求 ……………………………… 029
    二、金融法发展的绿色化革新 ……………………………… 032
  第二节 绿色金融法的相关概念 ………………………………… 035
    一、绿色发展 ………………………………………………… 036
    二、绿色经济 ………………………………………………… 037

三、绿色金融 ………………………………………………… 038
　　四、绿色金融法 ……………………………………………… 039
第三节　绿色金融法律关系的基本要素 ……………………… 041
　　一、主体与客体 ……………………………………………… 042
　　二、权利与义务 ……………………………………………… 044
　　三、法律责任 ………………………………………………… 045
第四节　绿色金融法的基本原则 ……………………………… 049
　　一、绿色发展原则 …………………………………………… 050
　　二、绿色金融安全原则 ……………………………………… 051
　　三、绿色金融效率原则 ……………………………………… 053
　　四、遵循金融和生态规律原则 ……………………………… 054

第三章　绿色金融法的理论基础与制度框架 ……………… 056

第一节　绿色金融法的理论基础 ……………………………… 056
　　一、经济学层面的理论源起 ………………………………… 057
　　二、法学层面的理论依据 …………………………………… 063
　　三、社会学层面的理论支持 ………………………………… 067
第二节　绿色金融法律制度的内容框架 ……………………… 069
　　一、基于系统论的体系涵摄 ………………………………… 070
　　二、基于功能论的制度构成 ………………………………… 072
　　三、绿色金融法律制度的具体内容 ………………………… 074

第四章　绿色信贷法律制度 …………………………………… 076

第一节　绿色信贷法律制度概述 ……………………………… 076
　　一、基本概念之厘清 ………………………………………… 076
　　二、我国绿色信贷发展现状考察 …………………………… 077
　　三、我国绿色信贷相关制度政策分析 ……………………… 080

四、我国绿色信贷制度存在的问题与不足 ················· 091

第二节 绿色信贷制度的美国样本
　　　——以《超级基金法》为中心的考察分析 ············· 095
一、《超级基金法》的立法背景 ······················· 096
二、《超级基金法》的内容与影响 ····················· 097
三、《超级基金法》的发展
　　——从《贷款人责任规则》《贷款人责任法》到
　　《棕地再生法》 ······························· 100
四、评价与借鉴 ································· 103

第三节 绿色信贷的国际规则
　　　——以赤道原则为重点的梳理评价 ················· 106
一、赤道原则的提出和发展 ························· 106
二、赤道原则的主要内容 ··························· 108
三、赤道原则4.0草案的最新变化 ····················· 112
四、评价与借鉴 ································· 115

第四节 我国绿色信贷法律制度的构建与完善 ················· 117
一、商业银行绿色化治理机制 ······················· 117
二、绿色信贷业务运营制度 ························· 119
三、绿色信贷外部监管制度 ························· 120
四、绿色信贷宏观调控制度 ························· 121
五、政策性环保银行和绿色担保机构 ··················· 124
六、绿色信贷法律责任制度 ························· 126

第五章　绿色证券法律制度 ······························ 129
第一节　绿色证券法律制度概述 ······················· 129
一、基本概念之厘清 ····························· 129
二、我国绿色证券发展现状考察 ····················· 131
三、我国绿色证券相关制度政策分析 ··················· 132

四、我国绿色证券制度存在的问题与不足 …………………… 141

第二节　绿色证券制度的国际经验
　　　　——以责任投资原则和绿色债券原则为典型的
　　　　考察借鉴 ……………………………………………………… 144
　　一、国际绿色证券制度的发展状况 …………………………… 144
　　二、联合国责任投资原则的考察与借鉴 ……………………… 146
　　三、国际资本市场协会绿色债券原则的考察与借鉴 ………… 150

第三节　我国绿色证券法律制度的构建与完善 ………………… 153
　　一、逐渐提升立法效力层级和立法技术 ……………………… 154
　　二、进一步完善绿色证券发行制度 …………………………… 155
　　三、持续改进证券发行公司的绿色治理与监管制度 ………… 155
　　四、努力构建充分与透明的环境信息披露制度 ……………… 156
　　五、不断探索建立专业性中介服务体系 ……………………… 157
　　六、尽快形成标准统一、有机协调的监管机制 ……………… 158

第六章　绿色保险法律制度 …………………………………… 160

第一节　绿色保险法律制度概述 ………………………………… 160
　　一、基本概念之厘清 …………………………………………… 160
　　二、我国绿色保险发展现状考察 ……………………………… 163
　　三、我国绿色保险相关制度政策分析 ………………………… 165
　　四、我国绿色保险制度存在的问题与不足 …………………… 173

第二节　绿色保险法律制度的国际与国外发展考察及借鉴 …… 176
　　一、联合国可持续保险原则 …………………………………… 177
　　二、美国绿色保险法律制度发展与实践 ……………………… 180
　　三、德国绿色保险法律制度发展与实践 ……………………… 185

第三节　我国绿色保险制度发展的模式选择 …………………… 189
　　一、强制保险还是自愿保险的模式选择 ……………………… 189
　　二、环境污染责任险还是生态损害险的模式选择 …………… 191

三、综合性立法还是分散性立法的模式选择 ……………………… 192
　　四、专门性保险机构还是一般性保险机构的模式选择 ……… 193
　第四节　我国绿色保险法律制度的构建与完善 …………………… 194
　　一、拓展保险范围，不断丰富绿色保险产品制度 ……………… 194
　　二、改进相关立法，构建一套科学合理的绿色保险
　　　　法律体系 …………………………………………………… 195
　　三、完善环境标准，打造一套环境风险评估与损害
　　　　鉴定体系和机制 …………………………………………… 198
　　四、统合保险合同，制定一系列规范化绿色保险基础
　　　　合同条款 …………………………………………………… 199
　　五、整合监管资源，形成协调有效的绿色保险监管制度 …… 199

参考文献 …………………………………………………………… 202

后　　记 …………………………………………………………… 213

第一章

生态环境危机、
生态文明建设与绿色金融发展

在人类社会发展的历史长河中，生态环境问题一直存在。但自20世纪以来，人类社会的生态环境问题开始频繁发生，由此带来的危机与挑战也愈演愈烈、不断加重。及至20世纪中期以后，环境污染、资源枯竭、生态破坏等问题全面爆发，生态环境危机开始走向全面化、系统化和深入化，已经成为人类社会，乃至整个地球生死存亡的根本性威胁。

这一严峻形势向长期以来一直沉溺于不断推动工业化大生产、极致化追逐经济利益的人类，敲响了警钟。20世纪60年代后，人类社会终于开始正视生态环境问题带来的威胁和挑战，并决心认真采取有力的行动和措施，应对和解决生态环境危机。许多国家都发生了各种各样的环境保护运动，关于环境保护的议题在政治、经济、社会和法律等各个领域被广泛关注和探讨。1972年，在瑞典斯德哥尔摩召开的联合国人类环境会议，则是国际社会一起行动起来应对环境问题的最为典型的表现。1992年，在巴西里约热内卢召开的联合国环境与发展会议，则标志着人类社会高度关切和积极应对生态环境危机的全球性行动，已经在理念共识和制度机制上形成了较为清晰和完整的准备。

进入21世纪后，人们对生态环境问题的认识越来越深刻，所提出和采取的应对思路与机制也越来越丰富和全面，既有基于政府主导、行政管控为主的传统命令控制型机制手段，比如环境行政管理和处罚制度；也有基于市场驱动力量为主的新型经济刺激型机制手段，比如排污权交易制度。此外，还有融合政府力量和市场力量、促进政府机制与市场机制携手合作的新型机制手段，比如绿色税费制度和绿色金融制度。笔者认为，相对于前面两种机制手段，后面一种政府与市场相融合的机制手段近年来受到了更多的关注和重视，特别是绿色金融制度，较之于已经取得了快速发展、形成初步的规模与体系的绿色税收制度来说，绿色金融制度还处于刚刚开始发展的阶段，被视为未来环境保护事业中具有重大发展空间和作用的制度创新方向。笔者正是基于这一认识和判断，对绿色金融制度的发展状况和未来走向进行考察、分析和深入研究，以期对我国绿色金融法律制度的构建和发展起到推动和促进作用。

第一节　生态环境危机及其应对

一、人类社会的生态环境危机

一般认为，生态环境问题是指由于自然界的变化或人类活动的影响，导致环境结构和状态发生了不利于人类生存和发展的变化，由此给人类的生产和生活带来的有害影响。[①] 回顾历史，自人类社会产生以来，生态环境问题就相伴而生。随着人类社会的不断发展演进，与之相伴随的生态环境问题也相应呈现不同的形式和内容，其背后折射出来的是人类与其所处的自然环境之间的关系状况。笔者以人与自然之间关系为视角，能够更为清晰地认识和把握人类社会生态环境危机的历史发展演变。

（一）人类社会生态环境危机的历史发展

1. 原始社会时期

在这一时期，人类社会所面临的生态环境问题主要表现为严酷的自然条件对人类生存和发展的影响、限制和束缚，特别是一些自然灾害给人类带来的财产、生存环境乃至生命的严重危害。这一时期的人与自然关系中人类处于比较弱小的地位，对生态环境的影响、改造和利用还比较少，更多的是人

---

① 张璐主编：《环境与资源保护法学（第三版）》，北京大学出版社2018年版，第6页。

类对自然环境的畏惧、顺从和适应。因此，这一时期的生态环境问题与后来的生态环境问题有着本质的不同。

2. 农业社会时期

在这一时期，人类社会所面临的生态环境问题除了先天的自然灾害等不利影响或危害外，开始出现了因为人类活动对森林、河流和土地等自然资源的过度或不当开发利用而产生的资源枯竭和生态退化等问题。特别是在农业社会发展的后期，或者说是在某一个农业文明社会发展阶段的后期，这类问题更加突出，甚至导致了特定区域内生态资源系统的崩溃，并最终危及人类社会的安全，造成文明的衰落甚至灭亡。历史上曾经创造出十分辉煌灿烂的农业文明——古巴比伦美索不达米亚文明，就是基于这一原因而走向衰落，最终湮灭在人类历史的长河里。类似的例子还有很多，比如被称为"复活节岛之谜"的复活节岛上曾经存在的农业文明，据考古学家考察，其灭亡也是由于随着人口增长和对自然资源的过度开发利用，而导致文明赖以存续的基础——生态资源系统崩溃而带来的。这一时期的人与自然关系中，人类开始变得强大起来，能够更好地适应自然环境，并能够对自然环境进行一定的利用和改造，使之服务于自身发展。但是，整体上来看，人类对自然的认识和了解还比较粗浅。

3. 工业社会时期

在这一时期，随着生产关系的解放和生产力的发展，工业化大生产的序幕拉开，人类社会的发展进入快车道，科学技术革命和进步日新月异。人类社会所面临的生态环境问题也随之快速发展变化，在不同的工业化社会发展阶段有着不同的表现。

在工业社会早期（工业革命以后到20世纪初期），生态环境问题主要表现为废水、废气和固体废弃物等工业污染的产生和环境公害事件的出现，发生在早期工业化发达国家的著名的"八大公害事件"[①] 就是早期工业污染不断加重和恶化的极致表现。这一时期人与自然之间关系的状况是，人类变得

---

① 所谓"八大公害事件"，具体是指比利时马斯河谷烟雾事件、美国多诺拉烟雾事件、英国伦敦烟雾事件、美国洛杉矶化学烟雾事件、日本水俣病事件、日本富山骨痛病事件、日本四日市哮喘事件和日本米糠油事件。

越来越强大,对自然界的开发、利用和改造的规模和力度都达到了前所未有的高度,人类无论是心理上还是客观实践中都形成了明显的优势,"人定胜天""人为自然立法"等开始成为人类社会思想上的主流认知。

在工业社会后期(20世纪中期到末期),生态环境问题变得更加复杂多样和严重。除了传统的工业污染更加严重外,工业化大生产赖以实现和存续的、对自然资源和生态环境大规模的开发、利用和消耗问题也开始凸显;资源枯竭、能源危机和生态破坏等问题开始全面爆发。臭氧层消耗问题、气候变化问题、物种灭绝问题、森林消失问题以及荒漠化问题等就是典型表现。较之于传统生态环境问题,这些问题呈现出全面化、深入化、复杂化、综合化、多样化以及不可逆等特点,带来的危害后果也更加严重。新"八大公害事件"则是其中的代表。[①] 这一时期人与自然关系中,人类变得更加强大,对自然界的开发、利用和改造的规模和强度已经严重影响到生态环境系统的安全存续;人类开始反思应当如何对待自然,如何与自然相处才是更加科学和理性的关系模式。

(二) 当今时代生态环境危机的具体表现

人类社会进入21世纪以来,生态环境问题已经经历了从个别到一般、从潜伏到凸显、从局部到整体、从单纯到复杂、从剧烈变化到相对稳定的发展演变过程,人们对生态环境危机的认知也越来越清晰、全面和深入。对人类社会当前所面临的生态环境问题进行梳理和分析,主要可以归纳为以下几类。

1. 环境污染问题

环境污染问题一直都是生态环境危机的重要表现,到了今天环境污染问题也没有得到根本解决,还有一些新的、更加复杂的变化。

一方面,传统的环境污染问题有了新的发展和变化,比如污染发生的场所从过去的城镇地区扩散到了乡村地区,工业污染得到一定的控制后,农业污染问题开始凸显,土壤污染的危害已经赶上甚至超过大气污染,等等。另

---

① 所谓新"八大公害事件",是指意大利塞维索化学污染事件、美国三里岛核电站泄漏事件、墨西哥液化气爆炸事件、印度博帕尔农药泄漏事件、苏联切尔诺贝利核电站泄漏事件、莱茵河污染事件、全球大气污染事件、非洲大灾荒事件。

一方面，全新的、更加复杂和严重的污染问题不断涌现，比如大力发展核电背景下核辐射污染的风险不断加大，新的有毒或危险化学品污染不断出现，固体废弃物污染日益严重却缺乏无害化处理技术和机制，等等。

2. 资源能源枯竭问题

资源与能源的日益枯竭则是生态危机的另一重要表现。基于高投入、高能耗的经济生产模式以及人口的飞速增长，使得地球系统的资源能源以前所未有的速度被开采和利用；煤炭、石油、水、森林、土地等资源越来越紧张，许多资源甚至濒临枯竭。① 尽管近年来有页岩气、可燃冰等新型资源能源不断被发现，但如果人类社会当前的经济增长模式不改变，再多的资源能源都会因其不可再生性而走向枯竭。

3. 生态安全问题

较之于环境污染和资源能源枯竭，生态安全问题是更为全局性、系统性和根本性的危机。生态安全问题大多是由污染问题的严重恶化和资源能源枯竭问题的极端化而产生的。比如河流被严重污染后，河流生态系统就失去了活力，水生植物和动物等无法生存和繁衍下去；森林资源被过度砍伐后，森林生态群落也会退化，带来生物多样性减损，等等。还有一些生态安全问题的产生根源并非直接表现为环境污染和资源能源枯竭问题的严重化，比如气候变暖带来的气候生态危机、沙漠化或荒漠化带来的生态危机，等等。

二、生态环境危机的根源分析

（一）人与自然关系的失范

如前所述，人类社会生态环境问题的背后是人与自然之间关系状况的反映，不同的生态环境问题反映出的是人与自然之间不同的矛盾冲突情况。即便不可能从根本上消除矛盾冲突，但人与自然之间关系的健康状态，也不应当是以矛盾冲突和斗争为主旋律的。因此，长期以来，人与自然之间的关系是缺乏有效规范和调整、失去控制的，这最终导致了生态环境危机的产生。人与自然关系失范的原因，有时也称为表现形式，梳理起来主要有以下三个方面。

---

① 李传轩：《生态经济法——理念革命与制度创新》，知识产权出版社2012年版，第2页。

1. "主客二分"的哲学思维

近现代工业社会、近现代精神和近现代科学的范式是"主客二分"（Subject-object Dichotomy），又称"主客二分法"。① 这种"主客二分"的哲学思维，适用于人和自然关系的认知和处理上，就体现为人类是主体、自然界是客体，作为客体的自然界是作为主体的人类所利用和改造的对象而存在的。如此一来，人和自然之间的关系就变成了单向的、简单的命令与服从、利用与被利用的关系，人类对自然界的开发、利用甚至掠夺，就被赋予了所谓的正当性，极大地鼓励和推动了人类对自然的统治、获取和奴役，导致了人与自然关系的失范。

2. 人类中心主义价值观

在"主客二分"的哲学思维基础上，人类社会形成了人类中心主义价值观，成为近现代社会以来人类与自然界相处的主要价值观念和伦理规则。在理论上它被表述为：人是宇宙（世界）的中心，因而一切以人为尺度，一切为人的利益服务，一切从人的利益出发。② 这一价值观以人类的利益作为道德评判依据和最终目的，自然界只具有工具价值而没有内在的自我价值，不能成为社会道德关怀的指向目标。在这一价值观主导下，人和自然之间的关系是不平等、不对等的，涉及利益的诉求和实现问题，两者价值的对立和冲突就会变得紧致和尖锐，而最终结果的取舍往往都是牺牲自然、满足人类利益，生态环境问题的产生和恶化就是必然的结果了。

3. 人类生态理性的残缺

以近代西方传统文明的发展历程为视角，可以发现，在经历过漫长的黑暗、愚昧的中世纪后，随着生产力的提高和科学技术的进步，理性主义思潮开始酝酿和发展，笛卡尔、康德等人的理论和思想成为其中最为耀眼的部分，推动了理性主义思想在欧洲大陆乃至整个世界的传播。理性主义将人的认知能力提升到前所未有的高度，塑造了所谓"大写的人"之形象，甚至将之放在了刚刚被人类打破和推翻的神的位置上。人作为理性的动物，已经被凌驾

---

① 蔡守秋：《基于生态文明的法理学》，中国法制出版社2014年版，第1页。
② 余谋昌：《生态文明论》，中央编译出版社2010年版，第1页。

于自然界之上。现在回顾和检视这一场理性主义思想革命,毫无疑问它对塑造人类的自信、激发人类理性的力量和加快社会发展起到了巨大的推进作用。但是这场理性主义思想革命是存在缺陷和不足、未尽的一场革命。其中最大的问题是生态理性的残缺,未能对人与自然之间关系作出真正理性的思考和认知。事实上,人类本是自然界中的一员,与周围的自然物是融为一体的;人类即便在长期的进化发展中取得了智力、理性等多方面的优势,也并非处于自然界之外,更非居于自然界之上。

(二)科学技术发展的迷失

科学技术的发展极大地提高了人类社会的生产力水平,是人类文明进步的至关重要的推动力量,在一定意义上也是人类文明进步的重要组成部分。然而,科学技术的发展对人类社会来说具有"双刃剑"效应。这一效应体现在两个方面:一方面,不断发展的科学技术推动了人类文明发展的同时,也让人类具备了更为强大的利用和改造自然的能力,对科学技术的不当使用加剧了环境污染、资源枯竭和生态破坏等生态环境问题,这是第一层面的"双刃剑"效应;另一方面,科学技术的发展使得人类不当利用甚至破坏生态环境、制造生态环境问题的能力大大增强的同时,如果科学技术发展方向得当、利用合理,也可以用来有效地保护生态环境、节约资源能源,这是第二层面的"双刃剑"效应。

然而,长期以来人们对科学技术发展的负面效应关注不够,未能很好地规范和控制负面效应的发挥,使得科学技术发展在很多情况下误入歧途和迷失方向,出现了不当地发展或者滥用科学技术的问题,带来生态环境危机的进一步恶化。

(三)经济增长机制的扭曲

自近代以来,市场机制逐渐成为资源配置和经济增长的主要机制,充分发挥了其自由、灵活和高效等优势,并据此形成了沿用至现代社会的经济发展模式。然而,无论是作为表象的经济发展模式,还是作为基础的市场机制,都有其缺陷和不足,构成了人类社会生态环境危机的重要根源。

1. 经济发展模式的不足

资本主义生产关系支撑下的工业化大生产,是近现代人类社会经济发展的主要模式,具体表现为大量消耗自然资源能源、大量生产各类产品、大量消费各类产品和大量排放、抛弃各类废物。正如美国著名生态经济学家莱斯特·R. 布朗先生指出的,当今世界经济的不正确运作方式,表现出许多庞氏陷阱的特点。如果我们继续"一切照旧"的传统模式——过度抽吸地下水、过度放牧、过度耕作、过度捕捞、过度排放二氧化碳,那么我们的经济离被庞氏方式拖坏拖垮的时间还有多远呢?[1] 这一传统经济发展模式常被后人概括为"高投入、高消耗、高污染和低效益"(简称"三高一低")的不可持续增长模式,甚至被称为庞氏骗局式的发展模式。

这一模式的问题和不足显而易见:简单、粗放、低效率,单向线性无法循环发展。在快速发展的前期阶段,由于所需要消耗的自然资源能源还能够被生态环境系统所支撑,所排放的各类废弃物导致的污染还能够为生态环境系统所承受,这一模式还能够持续一段时间。但是,随着经济发展的规模越来越大,对资源能源的消耗也越来越大,同时对生态环境的污染破坏也必然越来越严重;而生态环境系统的很多资源能源是有限的,对污染破坏的自净能力和承受能力也是有限的,一旦经济发展的资源能源消耗量和污染破坏力超过了生态环境系统的最大承受度,也即所谓的"生态阈值",生态环境系统就会崩溃,经济增长也就无法持续下去。

2. 市场机制的缺陷

传统"三高一低"的经济发展模式的背后,是作为经济增长基础的市场机制存在的根本缺陷。鉴于市场机制之于近现代经济发展的重要作用,许多学者都在观察在生态环境保护方面的影响及其存在的问题,并提出了很多观点,得出了很多结论。比如,"市场也存在一些根本的、隐藏着致命因素的弱点。它不考虑自然系统可持续产量的极限。它关注近期超过远期,几乎不关心子孙后代。它没有把商品的间接成本纳入商品价格。结果是,它不可能提示我们已经陷入了庞氏陷阱"。[2]

---

[1] [美]莱斯特·R. 布朗:《B模式4.0:起来,拯救文明》,林自新、胡晓梅、李康民译,上海科技教育出版社2010年版,第10-11页。

[2] [美]莱斯特·R. 布朗:《B模式4.0:起来,拯救文明》,林自新、胡晓梅、李康民译,上海科技教育出版社2010年版,第12页。

总体而言，普遍认为市场机制的缺陷有这样几个方面：一是自发性，市场机制先天是崇尚自由的，在供给和需求这一对要素的基础上，利用价格机制来驱动各市场主体按照自身利益诉求而行动。然而，这种自发性是会带来个人经济利益最大化的自私行为，对于生态环境等具有公益性物品的提供激励不足；甚至会产生为了一己私利而故意污染或破坏生态环境的道德风险。二是盲目性，市场的自发性往往会因为信息的不充分、主体的分散性而带来经济行为的盲目性，而盲目性又会导致市场机制在配置资源上的低效或者失灵。比如，市场需求失真、市场供给过剩等，这又必然带来大量的资源能源浪费，加剧本就严重的生态环境问题。三是滞后性，自发性和盲目性又进一步带来了市场机制的滞后性，市场机制往往只能反映当下的或者短期的情况，很难反映未来的或长期的情况，常常犯下"对在当下、错在长远"的错误。比如，市场只看到当前资源能源还能够支撑经济发展，却无法准确判断出未来资源能源会枯竭。正因如此，美国学者索尼娅·拉巴特等人认为，生态环境问题是史上最大的市场失灵。①

（四）社会需求扩张的异化

随着人类文明的不断发展和进步，人类社会的需求特别是体现在对自然界的索取和要求方面可谓与日俱增、飞速扩张。其中既有基于人口规模的快速增长所带来的社会需求扩张，也有人类社会消费需求的异化带来的不当的、奢侈的需求增加。当人类社会需求达到甚至超过了自然界所能够提供和满足的程度时，就会产生因为人类的过度索求而出现的各类生态环境问题。

1. 人口增长带来的社会需求扩张

人类社会中人口规模尽管经常波动，但总体上一直是在不断增加的，甚至可以说人类社会发展非常重要的体现之一就是人口的不断增长。时至今日，全世界人口总量已经达到 73 亿。在传统的社会经济发展模式下，人口的不断增长必然带来对各类自然资源能源以及生态环境要素的更多和更大的需求，生态环境承载的压力也会越来越大，生态环境问题越来越大、危机越来越严

---

① ［美］索尼娅·拉巴特、罗德尼·R. 怀特：《碳金融：减排良方还是金融陷阱》，王震、王宇译，石油工业出版社 2010 年版，序论部分。

重也就是必然的趋势和结果了。

2. 消费需求的演变和异化

不仅人口增长会带来社会总需求的增加，随着社会发展和科技进步，后来时期人的需求无论是质还是量方面都会大大超过早前时期人的需求。比如，1000 年前的人类不会有对电力的普遍需求和消耗，100 年前的人类不会有对空调、汽车等物品的普遍需求和消耗。因此，现代社会一个人所消耗的资源能源要远远高于古代社会。此外，工业化社会形成的消费主义还带来了社会消费需求的异化。所谓消费需求的异化，是指人类社会的很多消费需求并非必需和正当的，而是一种夸示性、奢侈的需要。比如，有些消费者为了攀比或者满足自己的虚荣心，购买价格昂贵的大排量豪华汽车，事实上如果只是为了满足交通出行的需求，那么完全不需要这么昂贵且排放大量废气的汽车。异化的消费需求进一步加重了生态环境系统所承负的压力，使得生态环境危机变得更加严重。

三、关于生态环境危机的思考与应对

如何认识和看待愈演愈烈的生态环境危机？人类社会应该怎样去应对和解决？这事实上已经成为人们开始思考并且越来越重视的问题。经典作家恩格斯曾指出："我们不要过分陶醉于我们对自然界的胜利。对于每一次这样的胜利，自然界都报复了我们。每一次胜利，在第一步都确实取得了我们预期的结果，但是在第二步和第三步却有了完全不同的、出乎预料的影响，常常把第一个结果又取消了。美索不达米亚、希腊、小亚细亚以及其他各地的居民，为了想得到耕地，把森林都砍完了，但是他们做梦也想不到，这些地方今天竟因此成为荒芜不毛之地，因为他们使这些地方失去了森林，也失去了积聚和贮存水分的中心。"[①] 因此，人们必须首先检视人类社会的发展历程、发展方式，以及反思自身的行为活动，再去查找问题产生的背景和原因，并在此基础上寻求解决之道和应对之策。应当说，人类社会关于生态环境危机的思考和应对随着问题和危机的出现就已经开始，只不过早期的思考和应

---

① 恩格斯：《自然辩证法》，于光远等译编，人民出版社 1984 年版，第 304－305 页。

对仅是就事论事的应急之策而已。真正开始系统深入的思考、认真谨慎的应对,并采取实际的行动措施,也不过是 20 世纪中期以来的事情。如果对其进行梳理和归纳,从思想认识和应对措施两个方面着手,大体包括以下内容。

(一)关于生态环境危机的思考与认知

人类社会对生态环境危机的严重性在思想上开始高度重视,认知上也不断全面和深入。思想上的高度重视具体体现为国际和国内社会对生态环境问题的思考和探讨越来越多。国际社会层面,以联合国为首的国际组织召开了一系列环境会议,典型代表包括 1972 年人类环境会议、1992 年环境与发展大会以及 2002 年世界首脑峰会等,标志着国际社会对生态环境危机的重视程度日益提高。在国内社会层面上,20 世纪 60 年代以来,美国、日本以及欧盟等工业化发达国家和地区都掀起了环境保护运动浪潮,并在理论和实践上进行研究和讨论。《寂静的春天》《环境正义论》等关注环境问题的文学作品和思想理论书籍不断涌现,产生了巨大的社会影响。

认知上的全面深入则体现为人们对生态环境问题的危害、对人类社会的根本性威胁以及生态环境危机的根源,开始认真观察、分析和思考,并形成了日益成熟的观点看法。这些都为人类社会如何正确应对生态环境问题,从根本上解决生态环境危机奠定了扎实的基础。

(二)针对生态环境危机所采取的应对措施

人类社会对生态环境危机开始采取各方面的行动,应对措施也越来越丰富。

从应对措施所在的领域范围来看,包括行政、法律、经济、文化、科技、社会等多个领域范围。从应对措施的性质来看,既有属于命令控制型的行政管制措施,比如环境影响评价制度、环境标准制度和环境审批许可制度;也有属于利益诱导型的经济调控措施,比如排污权交易制度;还有介于两者之间或者说融合了两者优势的混合管理措施,比如绿色税收制度。而从应对措施所针对和解决的生态环境问题来看,又分为污染防治措施、自然资源能源节约和循环利用措施以及生态安全保护措施等不同类别。

总体上来说,人类社会已经形成较为全面的生态环境保护措施体系,在一定程度上解决了生态环境问题。但时至今日，人类社会的生态环境危机并未能从根本上得到解决，也表明了现有的应对措施还存在一些问题和不足，需要进一步改进既有措施和探索新的解决方式。

第二节 文明嬗变与生态文明建设

尽管过去几十年来人类社会已经开始越来越重视生态环境问题，并积极行动起来应对和解决相关危机，也取得了较大的成效；但这一严重危机已成燎原之势，呈现出与人类社会发展长期共存的态势，如果不从根本上和战略上加以应对，并做好长期对抗和解决的准备和决心，现有的应急措施不过是治标之策和隔靴搔痒，生态环境危机终将摧毁人类文明并非杞人之忧。然则，从根本上应对和解决生态环境危机的路在何方？何为治本之策？人们开始从人类社会文明发展和演进的高度，进行整体性和根本性的思考和探索。

一、工业文明的批判与文明嬗变

随着对生态环境问题的认识和把握不断加深，人们对生态环境危机的根源也越来越清楚，如上文所述，笔者总结归纳出了人与自然关系失范、科学技术发展迷失、经济发展机制扭曲和社会需求扩张异化等多方面根源。在这一系统总结和分析的基础上，人们进一步思考发现，这些根源都有一个共同的母体，即以工业化大生产为主要表征的工业文明。因此，尽管工业化大生产和资本主义发展方式取得了史无前例的伟大成就，但是越来越多的人们开始从文明的角度和高度，对工业文明的糟粕进行分析和批判。

（一）关于工业文明的批判

关于工业文明的弊端，恩格斯曾经指出："文明是一个对抗的过程，这个过程以其至今为止的形式使土地贫瘠，使森林荒芜，使土地不能产生其最初的产品，并使气候恶化。"[①] 恩格斯的话深刻揭露了早期以资本主义为主要

[①] 恩格斯：《自然辩证法》，于光远等译编，人民出版社1984年版，第311页。

生产关系形式的工业文明中人和自然之间的对抗和斗争关系,揭示了工业文明社会中生态环境危机的根源。时至今日,工业文明的缺陷和不足已经被越来越多的人们所揭露和批判,前面我们在论述生态环境危机的根源时已经有所述及,梳理下来主要有以下几个方面的内容。

首先,工业文明社会的哲学观是人和自然的斗争哲学。尽管也有一些思想观点认为人和自然之间的关系是统一的,但主导的观点仍然是人和自然相对立。特别是按照"主客体二分"的哲学思维,人居于主体地位,自然居于客体地位,两者之间的对立性天然存在。这种哲学观把人类推向了自然的对立面,为人类行为肆无忌惮地开发、利用甚至破坏生态环境提供了依据。事实上,这是对人和自然关系的简单、狭隘甚至错误理解,是人类缺乏生态理性的典型表现,反映了工业文明的历史局限性。

其次,工业文明社会的伦理观是人类中心主义。人类中心主义认为"人是自然界中唯一拥有理性的存在物,这种理想使人自在地就是一种目的,自在地具有内在价值,因而伦理或道德只是人类社会生活的专利,是专门调节人与人之间关系的规范"。[①] 这一伦理观下,自然只是服务于人类利益的工具和手段,不是价值主体,即便是对自然的保护也是为了更好、更长期地满足人类利益。这就导致了许多针对生态环境问题采取的保护举措往往只是基于人类利益考虑的应对手段,无法从根本上解决危机。

再次,工业文明社会的经济增长模式是简单粗放的"三高一低"增长模式。这一模式随着经济增长速度的加快和规模呈几何数级的扩张,不断挑战生态环境系统的阈值,无法提供进一步增长所需要的资源和能源支撑,也无法承受进一步增长带来的"副产品"环境污染的压力,必将难以持续下去。

最后,工业文明社会的法律制度是市场经济法律制度和民主自由法律制度。伴随着工业社会发展而形成的这一制度体系,是鼓励自由竞争、实现个人权利的。在实践中,通过相关权利义务体系的设定和执行机制的运行,对于激发个人贪欲、鼓动人类对自然资源等利益的占有和追求有着很大的推动和保障作用。

---

① 曹孟勤:《人性与自然:生态伦理哲学基础反思》,南京师范大学出版社2004年版,第21页。

(二) 关于文明嬗变的要求

生态环境危机的重压之下，人们对工业文明的局限和批判不断深入，并开始思考人类社会未来的发展道路。正如有识之士所提出的，"人类文明的崩溃已不再是什么理论设想或者学术推演，而是正被我们踩在脚下的道路"。我们能否在大限到来之前找到并且踏上另外一条道路？① 当前的道路已经走不下去，未来的道路又在何方？基于对这一重大根本问题的思考，越来越多的人认识到，人类文明又到了一个生死攸关的重要路口，必须针对工业文明的缺陷与弊端进行积极应对和改革创新，如此方能拯救人类文明。

二、生态文明的提出背景与实践尝试

(一) 生态文明的提出背景

当文明嬗变成为一种客观实在的要求，找到文明升级的方向和方式就成为人类社会面临的首要议题和挑战。自 20 世纪 80 年代以来，围绕着人类文明应向何处去的议题，国际社会掀起了热烈的讨论和探索，所形成的思考认识和方向路径也主要分为两类。

一类是对现有工业文明形式进行改良，使工业文明变得更能适应新的发展形势。在这一思路下，首先，传统工业文明的哲学观基础依然是"主客二分法"下的人类为主体、自然为客体的关系状态，但是会尽可能缓解和协调人与自然之间的紧张冲突，增强作为主体的人类对作为客体的自然的关切和保护，不再处于简单的矛盾和斗争关系状态，而是实现对矛盾冲突的可控性。其次，人类中心主义也依然是社会主流的伦理观念，但应对其进行有力的限制和约束，从强势的人类中心主义转向弱势的人类中心主义，更多地关注和适当地维护自然利益，从而转型为一种开明的人类中心主义。再次，调整和改变传统简单粗放、"三高一低"的经济增长模式，减少生产和消费活动中的资源能源消耗和环境污染，尽可能实现可持续发展。最后，修正和革新保障传统工业文明发展的法律制度和政策，推动生态环境保护的政策立法，运

---

① [美] 莱斯特·R. 布朗：《B 模式 4.0：起来，拯救文明》，林自新、胡晓梅、李康民译，上海科技教育出版社 2010 年版，第 291 页。

用新的法治理念和制度措施来更多地保护生态环境。这一思路事实上也是过去几十年来国际社会的主流选择，正如有学者指出的那样，"事实的真相"是到目前为止，西方发达资本主义国家所实施的绿色经济发展战略和自然生态环境治理与修复的思路与方案，主要是在工业文明基本框架内进行。①

另一类是对现有工业文明形式进行根本革新，建立全新的人类文明形式。这一观点认为工业文明发展与生态环境保护两个目标之间的矛盾是不可调和的，要从根本上解决生态环境危机，就必须对生态文明形式进行彻底的扬弃，建立全新的文明形式。基于这一思路，人类必须从工业文明的各个方面进行改革、抛弃和创新，这将是一场根本意义上的文明革命。传统的"主客二分法"的哲学观、人和自然之间关系的本质理解、人类中心主义的伦理观、固有的市场机制和经济增长模式、现行的法律理念和制度措施，等等，都需要进行根本改变，而不是或简或繁地修修补补。

在上述背景之下，寻找和建立一种在根本上有别于工业文明的全新文明形式成为越来越多人的思想共识和探索方向。生态文明恰逢其时地被提出和论述，得到了越来越多的关注和肯认。关于生态文明的思想源泉，普遍被认为可以追溯到古代东西方的哲学思想。比如古希腊哲学家柏拉图的"美是多样性的统一"思想观点，东方老庄哲学中的"天人合一"思想，以及影响广泛的佛教中的"众生平等"思想，等等，都体现出一定的人与自然相平等、相和谐的思想认知和价值诉求。而作为一个特定概念，生态文明（Ecological Civilization）一词最早是由美国学者罗伊·莫里森于1995年在其《生态民主》中提出的。② 这样一种与传统工业文明有着质的差异性的全新的文明概念，迅速引发了全世界范围的广泛关注和探讨。但是，从国外相关文献资料看，直接对生态文明进行理论研究和探讨的，其实并不多；更多的是对绿色发展、绿色增长或可持续发展、可持续增长进行研究，其内容实质是相同或相通的。因此可以说，人们对生态文明的理解和界定有着各种各样、十分丰富的方式和方法。一般认为，生态文明或环境文明，是指人类依托自然环境

---

① 张孝德："生态文明模式：中国的使命与抉择"，载《人民论坛》2010年第1期，第24页。
② Roy Morrison, Ecological Democracy, Boston: South End Press, 1995, p.11.

而生存，通过合理地开发利用自然资源和保护生态环境而发展的人与自然和谐共处、有序进化的社会文明。这种新型文明以尊重自然和保育生态为主旨，以可持续发展和科学发展为根据，以人类进步和人的发展为着眼点，强调文化自觉和人类自律。①

（二）生态文明的实践尝试

20世纪90年代生态文明的概念被提出之后，越来越多的人开始对生态文明进行解读和建构，越来越多的国家也开始对自己的文明发展路径进行绿色化转型，逐渐转向生态文明。

关于生态文明的畅想和建构，最有影响力的是美国著名生态经济学家莱斯特·R.布朗先生，他先是从经济角度来构想生态文明的经济形态，于2001年出版了《生态经济：有利于地球的经济构想》一书；然后自2003年起从整个社会文明发展模式革新角度，在其"B模式"系列著作中批判了传统发展模式"A模式"，系统阐述了全新的发展模式"B模式"②，对生态文明发展模式进行了描绘和探索。

在具体实践中，欧盟、美国和日本等工业发达地区和国家最早开始走上了以"绿色增长""低碳经济"等为主题的绿色化发展道路。特别是2002年在约翰内斯堡举行的联合国可持续发展世界首脑会议之后，以可持续发展为名称的生态文明建设行动在包括新兴市场国家在内的世界大多数国家得到了普遍展开。比如，韩国2010年制定实施了《低碳绿色增长基本法》，掀开了走向绿色增长的序幕。

我国近年来高度重视生态文明建设，将之作为解决生态环境问题的根本之策和国家社会发展的长期战略。中国共产党的十六大（2002年）以来，我国就在国家和社会发展中确立了科学发展观，要求建立全面、协调、可持续的发展观，统筹人与自然和谐发展，正式开启了生态文明的发展实践。中国

---

① 万劲波、赖章盛编著：《生态文明时代的环境法治与伦理》，化学工业出版社2007年版，第4页。

② 莱斯特·R.布朗先生的"B模式"系列著作具体是指2003年出版的《B模式：拯救地球，延续文明》、2006年出版的《B模式2.0：拯救地球，延续文明》、2008年出版的《B模式：3.0：紧急动员，拯救文明》和2009年出版的《B模式：4.0：起来，拯救文明》等四本书籍。

共产党的十七大（2007年）又把科学发展观写入了党章，成为我国治国理政、文明发展的指导思想和基本方略。中国共产党的十八大（2012年）又进一步明确提出了要"大力建设生态文明"，描绘了我国生态文明建设的宏伟蓝图。2015年5月5日，中共中央、国务院发布了《关于加快推进生态文明建设的意见》，进一步推动我国生态文明建设工作。中国共产党的十九大（2017年）更是对生态文明建设进行了多方面的深刻论述和具体部署，指出"建设生态文明是中华民族永续发展的千年大计"。2018年3月11日，第十三届全国人民代表大会第一次会议通过的《宪法》修正案，将《宪法》第89条"国务院行使下列职权"中第6项"（六）领导和管理经济工作和城乡建设"修改为"（六）领导和管理经济工作和城乡建设、生态文明建设"，在国家根本大法中确立了生态文明建设的内容。可以说，我国关于生态文明建设的丰富实践，已经成为国际社会生态文明建设实践中"一道十分亮丽的风景"，也在为世界生态文明建设事业作出特别的贡献。

三、生态文明建设的方向与路径

伴随着国际社会对传统工业文明的批判和对生态文明的畅想和建构，以及世界上许多国家对生态文明建设的不断尝试过程，生态文明应当包括怎样的内容和形式、应当如何去建设和推进，已经逐渐清晰和明确起来。

（一）人与自然关系的相和谐

人和自然关系的示范是生态环境危机的重要根源，事实上，作为从自然界中进化而来的人类，其与自然之间的关系不应该是冲突和斗争的。如何发现人与自然的相处之道，重塑人和自然之间的关系，是从根本上解决生态环境危机的方向和路径。无论过去还是现在，抑或可以预见的未来，人和自然万物都生活在同一个地球上，存在一荣俱荣、一损俱损的密切关系。人既不在自然之上，也不在自然之外，而是在自然之中，与自然万物同属于一个利益生命共同体。人类与自然界的确存在一定的冲突和矛盾，在不同历史时期或发展阶段有着不同的表现形式和内容，但这并不意味着人与自然之间就是绝对敌对和对立的关系。事实上，人类和自然界之间矛盾和冲突是一时的、局部的，根本利益上的一致与和谐才应当是长远的和整体的。因此，人类对自然界的伤害和破坏，往往都是满足和实现了自身短期和部分利益，损害了自身长远和整体利益。

生态文明社会正是基于上述理性认识，在人与自然关系上回归到本源，从斗争走向和谐，关注人与自然共有的地球生命体的整体和长远利益，并把人与自然之间的短期和局部的矛盾冲突进行合理控制和协调，从而建构起人类与自然界相和谐的新型关系模式。这一新型关系模式也是生态文明建设，包括社会、经济、法制等各个维度和层面建设事业的重要基础和起点。

（二）生态中心主义的伦理观

人类中心主义是工业文明社会人与自然关系状态在社会伦理观上的投影和延伸。据此，生态文明社会全新的人与自然关系状态投射和延伸到社会伦理观上，必然是对人类中心主义的批判和全新发展。

那么，生态文明的社会伦理观应该是怎样的？在反对人类中心主义的初期，提出的替代性伦理观是与人类中心主义直接相对应的生物中心主义，即人类不是世界的中心、价值的原点和归宿。人类既要认识到地球共同体的其他成员有"自我决定的权利"，也要约束自己不去侵犯这些权利。和人类民主一样，地球民主应当承认所有主体的权利，还要承认基于提高整个共同体更大的、民主决定的福祉而对特定团体利益进行约束是合法的。① 由此，人类和地球共同体中的其他成员一样都是中心，都有自身的价值，都可能成为主体。这通常也被称为"生物中心主义"或"生命中心主义"。其代表性人物是"动物解放论"观点的主要持有者汤姆·雷根，他从正义理论出发展开分析，认为动物与人一样具有内在价值和主体权利。根据这一理论，如果说"天赋人权"成立和存在，那么"天赋物权"也同样成立和存在。

如果说"生物中心主义"更多是从个体主义的角度对"人类中心主义"进行了批判和发展，那么随着人们对生态文明理解的加深，进一步提出了基于整体主义、生态系统共同体总体视角的生态中心主义伦理观。这一伦理观的主要提倡者一方面承认"人是生态系统最精致的作品""是具有最高内在

---

① ［美］科马克·卡利南：《地球正义宣言——荒野法》，郭武译，商务印书馆2018年版，第201页。

价值的生命";另一方面强调以生态系统的整体利益和内在规律去衡量人类自己、约束人类的活动,使人类所允许的选择都必须遵从生态规律。① 根据生态中心主义这一全新的伦理观,人类和地球共同体上的其他成员都是平等的,都有自身价值,享有相应的权利和义务,都可能成为所谓的中心②;实际情况下人类也许会更多地成为中心所在,但肯定无法像以前那样占据绝对的中心地位;在个体中心分散化的情况下,真正的中心其实变成了生态系统整体利益,当然何为生态系统整体利益还需要我们探索相应的规则和标准,并结合具体情势进行判定。

(三) 绿色经济发展模式

在经济发展模式上,生态文明首先要否定和摒弃的是传统"三高一低"粗放式的线性经济发展模式,这一点已经广泛达成共识。那么,肇始于20世纪八九十年代的可持续发展模式,是否就是生态文明社会应当遵循和采纳的经济发展模式?笔者以为,尽管可持续发展模式对传统粗放式模式存在的经济增长与环境保护相冲突、未来增长不可持续等固有缺陷有着很好的协调和克服,被普遍认为是一种绿色的、可持续的发展模式,也对人类社会生态环境问题的解决起到了很大的作用,但从根本上看并不是与生态文明精神特质和发展要求高度契合的发展模式。这一点已经被越来越多的人所关注和论证。可持续发展模式的问题,或者说不足,是其先天存在的妥协本质,具体表现为模糊的概念、宽泛的内涵、飘忽不定的价值取向与貌合神离的制度政策。这些都导致可持续发展模式陷入了难以持续的困境。③ 但可持续发展模式的困境是无法在工业文明固有体系中得到突破和解决的,换言之,真正可持续的发展只能在生态文明下进行有效探索和实现。这就需要我们对可持续发展模式进一步升华,按照生态文明建设的要求去突破和创新,在生态保护和经

---

① [美] 罗尔斯顿:《环境伦理学》,杨通进译,中国社会科学出版社2000年版,第16、99页。
② 举例来说,当我们根据生物多样性这一生态安全的重要标准来要求对濒临灭绝的野生动物物种进行重点保护时,这一物种就处于中心地位,比如我们重点保护大熊猫时,人类以及非重点保护的其他物种的利益可能就需要被适当牺牲。自然保护区制度对人类在保护区内的相关活动进行限制,甚至退耕还林的要求,都是具体体现。
③ 李传轩:"从妥协到融合:对可持续发展原则的批判与发展",载《清华大学学报(哲学社会科学版)》2017年第5期,第155-157页。

济发展关系上从妥协转向融合，探索一条更能体现生态规律和经济规律的绿色经济发展模式。

能够适合生态文明精神、推进生态文明建设的绿色经济发展模式，应当是能够真正将经济增长和生态环境保护结合起来的发展模式。当然，这一模式并非认为经济增长和生态环境保护之间不存在矛盾冲突或者说可以完全消除，而是认为两者之间并不必然冲突，甚至在长远和整体上看，两者的利益和目标是一致的、相融合的。两者之间存在矛盾冲突是必然的，也是正常的，但未必是根本的、不可协调的；在全新的生态文明体系下，通过理念的革命和制度的创新，完全可以建构起根本目标一致、矛盾冲突有效协调解决的绿色经济增长机制。

（四）法律制度的生态化

在工业文明时期，法制文明就成为人类文明的重要内容，法治也成为文明发展的重要保障和促进机制。但是，既有的法治理论和法律制度是与传统工业文明相契合、是为工业文明的发展进步而服务的。即便是业已形成相当规模体系的生态环境保护法律制度体系，也是在工业文明建设进程中形成的，无法跳出既有窠臼，从根本上解决生态环境危机。为实现从工业文明向生态文明的伟大转向，作为文明建设和发展的重要部分的法律制度也必须进行一场生态化的革命和转型。

法律制度的生态化首先是法治理念的生态化。法治理念形成的重要基础是哲学观和伦理观。生态化的法治理念需要关注和适应人与自然相和谐的生态哲学观和生态中心主义的生态伦理观，并与之良性互动，从而形成生态法理念。

法律制度的生态化其次是法律关系的生态化。生态法理念下人类和自然万物都可能成为法律关系的主体，享有法律上的权利、承担法律上的义务以及承担法律上的责任后果。环境权在世界许多国家的最新实践，已经体现出了这一全新法理念的精神内涵。

法律制度的生态化最后才是具体制度内容的生态化。其又包括传统法律制度的生态化和环境资源法律制度的生态化。传统法律制度的生态化是指民商事法律、行政法律、经济法律、刑事法律以及更加根本性和基础性的宪政法律的生态化,开始关注之前没有特别关注的生态环境问题,作出相应的回应和调整。环境资源法律制度的生态化则是指在工业文明时期为积极应对和解决生态环境和资源能源危机而产生和形成的、与传统法律部门和制度相独立的、专门性的环境资源法律制度,尽管已经或正在发挥着积极作用,但鉴于其并没有也不可能从根本上解决生态环境危机,因此,需要根据生态文明建设的目标和要求,进行生态化转向和创新。

第三节 绿色金融的提出与发展

一、绿色金融的提出背景

绿色金融作为一个全新概念和制度政策的提出,有着深厚的、多元化的背景因素,是人类社会应对生态环境危机、发展绿色经济和建设生态文明的积极探索和必然选择。具体来说,主要是基于以下三个方面的因素和理由。

(一)绿色金融是金融业环境保护责任的具体呈现

生态环境危机带来的严峻挑战,迫使整个人类社会都要反思和行动起来进行积极应对。除了直接制造污染、消耗资源能源的生产型行业首当其冲外,金融行业也面临着如何承担环境保护责任的问题。作为金融业对生态环境危机的应对举措,改造传统金融业务机制,推进金融业的绿色化,发展绿色金融,获得了国际金融行业的普遍共识。

初期的金融绿色化只是金融业在应对生态环境危机的世界潮流中的道德升华,是希望作出金融业自身的贡献,主动承担伦理层面的责任要求。及至人们对生态环境危机的根源有着更为全面和深入的认知后,越来越多的人认为,那些直接产生各类污染和消耗资源能源的生产企业并不应该是唯一的责任承担者,为这些生产者的生产行为提供资金帮助的金融机构也难逃其咎,也应当承担起相应的责任,以确保其所控制或影响的资金流向绿色环保的行业或企业,而不是高污染、高能耗和低产出的行业或企业。

(二) 绿色金融是生态环境保护的手段创新

人类社会应对和解决生态环境危机的制度手段,长期以来一直是利用行政力量来对环境污染和生态破坏等行为进行管制或禁止。实践中,这一被称为"命令控制型"的手段种类,具体形成了环境行政审批许可、环境标准、环境处罚和处分等制度手段,也取得了较好的成效,有力地遏制了生态环境危机进一步快速恶化。然而,随着生态环境问题的不断复杂化、系统化和全面化,单纯依靠传统的"命令控制型"行政管制手段,已经无法更好地解决或者说从根本上解决生态环境问题,迫切需要进行生态环境保护制度手段上的创新。

这种创新尝试,理论上从20世纪20年代庇古税理论以来就开始了,及至后面20世纪30年代开始逐步提出科斯定理,进一步丰富了创新的可能方向。庇古税理论的提出是要通过征收税费来将环境污染等行为的负外部性内部化,以及通过补贴将环境保护行为的正外部性内部化;科斯定理的提出则揭示了运用产权界定和交易的方式能够解决环境污染等问题。理论上的突破变成制度手段上的创新是20世纪70年代以后,环境税制度开始在欧美发达国家特别是北欧国家适用和展开,排污权交易制度也几乎同时在美国等国家尝试运用和不断发展。环境税制度和排污权交易制度成了全新的生态环境保护手段,有力地弥补了传统行政管制手段的不足,由于这两类制度都在一定程度上充分利用了经济利益刺激的机制,被称为"经济诱导型"制度手段。绿色金融的提出,应该说是"经济诱导型"制度手段的进一步创新尝试。

首先,与传统"命令控制型"行政管制手段不一样,绿色金融并不是利用行政力量、运用行政手段对"三高一低"行业或企业进行管制,这是一种"扬汤止沸"式的环保手段;而是通过对金融活动的绿色化改造去影响或切断流向"三高一低"行业或企业的资金流,使得社会或市场上的资金流向绿色环保行业或企业,不再或很难流向"三高一低"行业或企业,这无疑是一种"釜底抽薪"式的环保手段,具有更大的影响效果。

其次,与环境税制度和排污权交易制度等"经济诱导型"手段也不尽相同,绿色金融的制度手段作用机制相对更为间接。如果说环境税制度和排污权交易制度是直接向目标行业或企业(即"三高一低"行业或企业)进行经济利益上的规制,使其经济利益直接受损或受益(如果提升环保表现),那么绿色金融手段往往规制的并非"三高一低"行业或企业,而是其赖以生存和发展的、背后的金融行业或企业。或者即便指向的是"三高一低"行业或企业,也不是直接影响其经济利益,而是影响其可能享受或获得的金融利益。

最后,鉴于现代经济的核心是金融,金融是经济发展的关键变量,因此,绿色金融制度手段虽然对生态环境保护的作用机制相对间接,其真实发挥的作用却十分深远。可以说,切断了"三高一低"行业或企业的资金链,没有了金融支持,其必将走向萎缩;把社会资金导向绿色环保行业或企业,有了金融的充分支持,其也必然蓬勃发展。当然,这一金融领域的控制和引导,也必须建立在符合人类社会发展的客观规律之上。

(三)绿色金融是金融业发展的全新机遇

随着人类文明发展的方向从工业文明转向生态文明,绿色发展成为社会经济发展的主要风向和路径。在这一背景条件下,绿色环保产业成为优先发展和大力鼓励与支持的领域,与之相应的绿色金融需求也将越来越大,成为金融业前景广阔的、新的增长领域。这一不断增长的业务领域,我们可以将之称为与所谓"红海""蓝海"相对应的"绿海",是金融业未来发展的全新机遇。

基于上述分析判断,越来越多的金融机构开始高度重视绿色金融业务,不仅是将之视为生态环境保护责任的承担,更是看作未来业务发展方向,希望尽早抓住这一全新机遇,抢占绿色金融市场的一席之地,以摆脱对传统业务特别是"三高一低"行业金融业务的依赖,实现自身的健康快速发展,保持行业竞争力甚至取得行业领先。

二、绿色金融的发展实践

(一)国际社会绿色金融的发展实践

国际社会层面上绿色金融的正式出现始于1992年在里约热内卢召开的联

合国环境与发展大会，大会上联合国环境规划署（United Nations Environment Programme，简称 UNEP）与相关金融机构联合发布了《银行界关于环境与可持续发展的声明》，标志着银行业对环境保护的关注与重视。此后，随着可持续发展战略的提出和推广，可持续金融的概念开始被提出和关注，相关措施也开始被不断尝试。20 世纪 90 年代可持续金融表现主要以"可持续投资"的形式出现。及至 2006 年 4 月，联合国发起《责任投资政策声明》，代表了这个过程的成熟。①

2002 年 10 月，荷兰银行和国际金融公司（International Finance Corporation，简称 IFC）在英国伦敦格林威治村主持召开了一个由 9 家国际商业银行参加的会议，探讨如何应对在项目融资中经常遭遇到的环境与社会风险问题，最终于 2003 年 6 月讨论形成了一套参照国际金融公司有关环境与社会保障政策而制定的规则指南，用于应对处理国际项目融资中的各类环境和社会风险问题。这一规则指南被称为赤道原则（the Equator Principles，EPs），并不断发展完善，相继推出了 EP Ⅱ（2006 年 6 月）和 EP Ⅲ（2013 年 6 月），目前加入赤道原则的已经扩展到来自 37 个国家和地区共 97 家国际商业金融机构。②

2014 年 1 月，国际资本市场协会（International Capital Market Association，简称 ICMA）发布了《绿色债券原则》（Green Bond Principles，简称 GBP），用以支持资本市场上的资金流向绿色项目或公司。此后，公司绿色债券的发行量显著上升。

2016 年，G20 杭州峰会首次把绿色金融纳入讨论议程，并发布了综合报告。由中国和英国牵头的绿色金融研究小组提交的《G20 绿色金融综合报告》中的建议已被写入 G20 财长和央行行长会议公报。该公报第 14 条明确阐述：我们认识到，为支持在环境可持续前提下的全球发展，有必要扩大绿色投融资。我们欢迎绿色金融研究小组提交的《G20 绿色金融综合报告》和由其倡议的自愿可选措施，以增强金融体系动员私人资本开展绿色投资的能

---

① ［美］卡里·克劳辛斯基、尼克·罗宾斯：《绿色金融：可持续投资的国际经验》，于雅鑫、李鉴墨译，东北财经大学出版社 2017 年版，第 8 页。

② About the Equator Principles, https：//equator-principles.com/about/, last visited at September 16, 2019.

力。具体来说,我们相信可通过以下努力来发展绿色金融:提供清晰的战略性政策信号与框架,推动绿色金融的自愿原则,扩大能力建设学习网络,支持本地绿色债券市场发展,开展国际合作以推动跨境绿色债券投资,鼓励并推动在环境与金融风险领域的知识共享,改善对绿色金融活动及其影响的评估方法。① 这一报告进一步推动了全球绿色金融向更深入和更广阔的领域发展。

(二)代表性国家绿色金融的发展实践

从各个国家层面上看,部分金融发达国家或高度重视环保的国家在前述国际社会层面的绿色金融发展实践之前就已经开始尝试。其中,最具代表性的国家是美国。早在1980年12月,美国为了解决大量出现的"棕色地块"无人负责修复问题而出台了《综合环境反应、赔偿和责任法案》,由于该法案要求建立一个庞大的基金来解决"棕色地块"的修复费用问题,也被普遍称为《超级基金法》。该法案规定,商业银行等贷款人在一定条件下也需要承担环境污染责任。这就促使商业银行等金融机构基于自身环境风险的考虑,高度关注借款人的环境表现,转向绿色信贷业务。②

与国际社会的绿色金融活动相一致,日本、澳大利亚和法国等国家也在不断践行绿色金融的全新理念和要求。比如,日本 NIKKO 资产管理公司在1999年推出了国内第一个生态基金。2008年日本市场中已有约50个有关可持续责任投资(Sustainable and Resposible Investment,简称 SRI)的共同基金供投资者选择。澳大利亚市场中可持续责任投资的核心基金在2007年增长43%,市场占有率为1.8%;同时,澳大利亚也有1/4的管理基金同意遵守联合国的《责任投资》原则。③ 法国开发署(Agence Francaise Development,简称 AFD)制定了总体公司社会责任(Corporate Social Responsibility,简称

---

① 2016年《二十国集团财长和央行行长会公报》,http://www.g20chn.org/hywj/dncgwj/201607/t20160728_3089.html,2019年1月20日访问。
② Stephen P. Schott, Lender Liability under CERCLA—Past, Present and Future, UCLA Journal of Environmental Law & Policy, 1992 (11).
③ [美]卡里·克劳辛斯基、尼克·罗宾斯:《绿色金融:可持续投资的国际经验》,于雅鑫、李鉴墨译,东北财经大学出版社2017年版,第10页。

CSR）政策及项目与社会风险管理政策。环境与社会政策指明，法国开发署在评估风险时应参考国际标准，如联合国责任投资原则（United Nations Supported Principles for Responsible Investment，简称 UNPRI）、国际金融公司（International Finance Corporation，简称 IFC）的《绩效标准》，以及《负责任的融资原则》。①

（三）我国绿色金融的发展实践

我国有关绿色金融的真正尝试与发展主要分为两个阶段。第一阶段是2007—2014年，尽管2007年之前我国也有一些关于绿色金融的零星尝试，但真正开始相关实践还是从2007年所谓的"绿色金融风暴"开始。2007年7月，国家环境保护总局、中国人民银行、中国银行业监督管理委员会联合发布了《关于落实环保政策法规防范信贷风险的意见》，同年11月，中国银行业监督管理委员会又出台了《节能减排授信工作指导意见》，标志着我国开始大力推进绿色信贷工作。2007年8月，国家环境保护总局颁布实施了《关于进一步规范重污染行业生产经营公司申请上市或再融资环境保护核查工作的通知》；2008年1月，中国证券监督管理委员会发布了《关于重污染行业生产经营公司IPO申请申报文件的通知》；随后上海证券交易所发布了《上海证券交易所上市公司环境信息披露指引》，宣告了绿色证券相关实践的正式展开。2007年12月，国家环境保护总局与中国证券监督管理委员会联合发布了《关于环境污染责任保险工作的指导意见》，提出在重点行业和区域先行先试，初步构建环境污染责任保险制度。

第二阶段是2015年至今。2015年9月11日，中共中央、国务院出台了《生态文明体制改革总体方案》，首次明确提出了建立绿色金融体系的战略。随后中国人民银行于2015年12月22日发布了《绿色债券支持项目目录》；国家发展和改革委员会也于2015年12月31日发布了《绿色债券发行指引》，开始了绿色债券的实践尝试。2016年8月31日，中国人民银行、财政部、国家发展和改革委员会、环境保护部、中国银行业监督管理委员会、证券监

---

① 赵峥等著：《绿色发展与绿色金融——理论、政策与案例》，经济管理出版社2017年版，第197页。

督管理委员会和保险监督管理委员会等七部委联合发布了《关于构建绿色金融体系的指导意见》,第一次为如何构建绿色金融体系确定思路和框架。2017年3月2日,证券监督管理委员会公开发布了《中国证监会关于支持绿色债券发展的指导意见》。上述制度政策的出台和相关实践的展开,意味着我国的绿色金融进入了全面、快速发展的新阶段。

第二章

绿色金融法的提出及其基本范畴

在现代社会和经济运行高度法治化的背景下，随着绿色经济和绿色金融在实践层面的产生和不断发展，对相应的法律制度和治理的需求自然产生。作为对这一全新法制和法治需求的回应，绿色金融法的概念逐渐被理论界和实务界提出，并在制度立法实践层面上开始得以认可、确立和发展，继而初步形成了自身的基本范畴体系，目前正在努力成为一个相对独立的法律部门或领域，以期发挥出对绿色金融业务活动的积极调控和推进发展的法律功能。本章拟对绿色金融法的提出背景和内在逻辑进行考察和分析，对绿色金融法的相关概念进行厘清和阐释，并对其主体客体、权利义务、法律责任等基本要素展开描绘，试图勾勒出绿色金融法的基本形象；在此基础上，画龙点睛，寻找绿色金融法之精神魂魄，即梳理、总结和尝试性地确定绿色金融法的基本原则。

第一节 绿色金融法的提出

与传统性金融业务活动一样，绿色金融业务活动也需要法律对其进行调整、规范和引领，以推进其安全、有序、高效运行；与传统性金融业务活动又不完全一样，相关法律调控必须关注其中的特殊风险——环保风险，以及特殊目标——环保目标，这就需要全新的、专门性的法律制度来进行调整、规范和引领。因此，从这个意义上讲，绿色金融法的提出及其随后的发展，我们可以从以下两个方向或层面进行考察和分析。

一、绿色金融发展的法律需求

如前文所述,在深入思考并积极应对生态环境危机、建设生态文明的宏大背景下,发展绿色金融成为全新的应对思路和重要手段。然而,绿色金融一经产生进入实践,就必然和传统金融活动一样,面临着利益追求和选择、规范适用和规则遵守等现实问题。特别是随着绿色金融活动的不断展开和增加,仅依靠先天存在①的规范或规则,是无法实现对绿色金融活动的有效规制、调整和保障的,因此,必须制定相应的法律制度予以规范和调整,以保障其健康、高效地运行和开展。

(一) 绿色金融发展与法律制度规范的相互关系

现代社会是法治社会,现代市场经济是法治经济,法律在现代社会治理和经济发展中扮演着重要角色,发挥着基础性规范调节作用。我们国家正是基于对这一客观问题及其规律性的深刻把握,提出了依法治国、建设社会主义法治国家的治国方略;并在此基础和框架下,提出构建社会主义经济法律体系,发展社会主义市场经济。

因此,可以说,作为国家和社会之公器,法律制度是现代经济运行的基石性规则,法治化是现代经济运行的基本形态。在这一意义上,一方面,绿色金融活动的开展需要以相应的法律规则为指引,并加以遵从和适用;另一方面,法律制度也为绿色金融的有效运行和健康发展提供了保障和推动作用。

(二) 绿色金融发展的基本法律需求

绿色金融发展的基本法律需求,是指与传统或普通金融发展一样,所需要的法律制度及其基本功能或作用的发挥。当然,法律的基本功能有哪些、具体如何体现,是一个内涵丰富、外延宽泛的问题,不同的学者、不同的角度都会有不同的理解和答案。从一般的意义上讲,法律具有指引、评价、预测、教育、强制等规范作用和功能,也具有管理公共事务、维护

---

① 这里所说的"先天存在",主要是指事先已然形成和存在的道德规范、商业习惯等,与事后国家制定的法律规则相对应。

阶级统治、规范社会秩序等社会作用和功能。① 应当说，这些观点更多还是从一般的和抽象的角度去诠释，如果从更加具体或者实际层面上去分析，特别是与绿色金融发展的基本法律需求相连接来加以考察和确定，主要有以下几个方面。

1. 配置相关主体的基本权利和义务

权利和义务是法学中最为基础也最为重要的范畴之一，是法律的核心要素，也是法律功能发挥的基石。绿色金融活动的开展，必然涉及相关活动主体之间的交往以及相互之间的利益关系。为了绿色金融活动能够顺利展开和持续运行下去，这就需要为相关活动主体制定交往规则，设立利益边界。而交往规则的制定和利益边界的设立，根本上就是要确立相关主体的基本权利和义务，让他们明白哪些是被鼓励做的，哪些是应当做的；哪些是可以做的，哪些是不能做的。对于这一任务或者说需求，伦理道德规范等也可以承担或者说满足；但在纷繁复杂的现代社会中，法律规范才是更为主要和有效的解决方式。因此，绿色金融的发展首先需要相应的法律规范来配置相关主题的基本权利和义务，形成最基本的法律规则。

2. 解决相关主体之间的争议纠纷

即便有了对相关主体基本权利和义务的明确规定，形成了相应的法律规则，使其在展开绿色金融相关活动时有据可依，实现了一定的法律的预期功能。但在对基本权利和义务的认知上，对相关规则的具体适用上，甚至对未来预期的判断上，相关主体还是可能存在差异与不同，从而产生了各种各样的争议纠纷。在这些争议纠纷中，有的可能有对错之分，有的也许只是认知之别。但不管属于哪一种情况，争议纠纷的产生和存在本身意味着绿色金融活动会不畅通、低效率，需要加以解决、定分止争。同样的，争议解决的渠道和方式也有很多，但发展到今天这样一个高度法治化的社会阶段，法律基于其客观性、规范性和权威性等本质属性，无疑是主要的渠道和方式。当然，通过法律来解决争议纠纷，并非只有诉讼的形式；仲裁、调解等都是典型的

---

① 马长山："多元和谐秩序构建中的法律功能及其实现"，载《学习与探索》2007年第2期，第3页。

形式,尽管调解等形式中蕴含着相当多的道德成分。当然,诉讼是最重要的,往往也是最后的解决形式。

3. 实现相关违法行为的责任追究

在绿色金融活动中,同样可能存在很多违反公平正义等法律价值、侵害其他主体权益等现象或问题。即便通过制定相关法律规则,确定了相关主体的权利和义务,还是会无法杜绝这些问题出现。这也需要通过法律来设立相应的责任内容及其追究机制,一方面,对受害者进行救济,弥补其遭受的损失;另一方面,对违法者进行惩罚,提高其违法成本,从而能够实现法律的制裁功能和教育功能。

4. 形成相关市场领域中的稳定秩序

稳定的秩序是绿色金融相关市场有序运行和健康发展的重要前提和保障。所谓秩序,是一种事物的状态,在这种状态中,大量的、各种各样的要素是如此地相互联系,以至于我们可以学会从整体中的某个空间或时间部分的了解中形成对其余部分的正确预期,或者至少是有好的机会被证明为正确预期。[①] 稳定秩序的形成,在纷繁复杂的现代经济中不可能是一种自生自发的产物,必须依赖于法律规则的介入、规范和调整。

(三)绿色金融发展的特殊法律需求

作为一种与传统或既有金融活动或金融不同的新样态,绿色金融的发展实践中对法制或法治的需求还有一些特殊内容部分。这些特殊法律需求源自绿色金融所具有的特殊客观实际、所秉持的特殊初心以及被赋予的特殊使命或者目标。

首先,绿色金融要直面和解决特殊风险——环境风险,需要进行特殊的法律规制。绿色金融产生的现实背景之一就是在生态环境问题日益严重的情况下,国家对产生环境污染、带来生态破坏的行业和企业进行越来越严格的法律监管和责任追究,这就使得相关行业和企业的环境风险越来越多和越来越大。作为这些环境风险高企行业和企业的融资对象或融资平台,投资者和

---

① F. A. Hayek, Law, Legislation and Liberty: Rules and Order (Volume 1), China Social Sciences Publishing House, 1999, p. 36.

金融机构等金融主体也必然会受到这些环境风险的影响，从而传递和演变成为一种新的金融风险。这就需要我们制定和实施相对应的特殊法律制度措施，对其进行规制和监管，以防范和解决这些可能的风险。

其次，绿色金融要促进和实现特殊目标——环保目标，需要进行特殊的法律调控。绿色金融提出的初心是正视金融在传统经济发展模式下对生态环境问题的不当影响，重塑金融在经济发展中的正确地位和积极作用。因此，除了作为金融本身的发展目标，还有促进和实现环境保护、实现绿色发展的特殊目标。甚至在一定程度上，环保目标才是绿色金融发展所要达到的更重要的目标。然而，在传统金融发展模式下，这一特殊目标是很难达到的，因此需要对其进行特殊的法律调控。比如，根据目标要求和客观实际情况，重新配置相关主体的权利义务，赋予绿色金融主体（包括绿色投资者、绿色金融机构和环保型融资企业）更多的权利，要求非绿色金融主体（包括非绿色、不环保的投资者、金融机构和融资企业）承担更多的义务；通过税收（税收优惠或不优惠甚至重课等）或补贴等调控手段，来激励绿色金融业务或抑制非绿色、不环保的金融业务，等等。

最后，绿色金融要解决特殊的环境风险、实现特殊的环保目标，还需要有配套性和协调性的法律保障制度。无论是对环境风险及其带来的金融风险的特殊规制和监管，还是为更好地实现环保目标而进行的法律调控，要使之能够顺利开展并有效发挥作用，还需要一系列的配套性和协调性的法律制度予以保障。比如，环境信息披露与共享机制，只有将融资企业的相关环境表现信息、金融机构的绿色金融业务开展信息等充分披露出来，并将之分享和传递给投资者、金融机构、金融监管主体和环保管理主体等，才能够有效地规制风险、推进环保。

二、金融法发展的绿色化革新

如前所述，绿色金融的产生和发展带来了日益增加的法律制度需求，那么，现有的金融法律制度是否能够满足这些需求、促进和保障绿色金融健康快速发展？应当说，无论是从国际层面考察，还是从国内现状分析，答案都是不容乐观，甚至相当严峻的。绿色金融这一全新业务领域的法治化进程，不仅是任重而道远，更是刚刚开始，迫切需要加强法律制度供给。

(一) 现有金融法律制度供给的缺失

总体上考察，现有的金融法律制度主要是面向传统金融业务发展需求而制定的，而传统金融业务的发展模式或运行机制又是根据传统工业文明下经济或产业发展的需求而形成的；它们之间在长期的运行和发展过程中，又形成了强大的路径依赖，甚至是路径锁定效应，互相裹挟和互相强化，很难给予绿色经济发展和绿色金融发展以相应的支持和保障，很多情况下甚至在抑制、削弱和反对绿色经济和绿色金融的存在和发展。

对于这一困境，我们可以拿实践中的具体例子来加以说明。比如，在信贷业务领域中，一方面，现有的信贷制度主要关注作为担保物的包括重要生产设备在内的固定资产的价值，并以其作为发放贷款的重要依据。然而，如果该企业是高污染、高能耗企业，作为担保物的生产设备很可能就是高污染、高能耗的生产设备，在环保规制越来越严格的情况下，这些生产设备很可能被要求尽快淘汰，其价值存在快速贬损的严重风险，并不能保证银行债权的安全。另一方面，一些环保企业虽然生产设备的绝对价格并没有太高，但这些生产设备属于节能环保的设备，考虑到环境风险问题，其作为担保物的价值要更高，对银行债权来说更为安全。但由于现有的信贷制度并未能充分考虑这一"绿色溢价"问题，这些环保企业在获取银行贷款方面并无优势，甚至因为名义价值还要远远低于污染型企业所拥有的一大堆高污染、高能耗生产设备，反而处于劣势地位。不仅生产设备如此，土地等其他作为担保物的固定资产也一样，是绿色地块还是棕色地块，意味着不同的风险，但在既有的信贷制度中并没有被相应考虑对待，甚至存在逆向激励的问题。类似的情况还普遍存在于资本市场的融资活动中。

(二) 金融法律制度的绿色化改革

基于上述普遍存在的弊病和缺失问题，理论界和实务界的有识之士纷纷指出，现有金融法律制度已经无法因应绿色金融的发展需求，甚至开始制约和影响绿色金融的发展，迫切需要对此加以审视和调整，进行金融法律制度的绿色化改革。

在客观形势面前，人们关于金融法律制度必须进行绿色化改革的共识已然形成、并无争议；但应该如何改革、改革到什么程度、选择怎样的改革路径，依然存在分歧和争议。如果对此进行梳理和分类，大体上有两种观点和选择。一种是改良主义的观点，即对传统金融法律制度进行绿色化调整和改良，使之能够适应社会经济发展绿色化的需要。这一种观点和路径选择根源上属于在传统工业文明社会下金融法律制度领域内的自我调整和完善。另一种是革新主义的观点，即对传统金融法律制度进行根本性的绿色化改革和创新，使之不仅能够适应社会经济发展绿色化的需要，还能够引领和促进更深层次、更高程度的绿色发展。这一种观点和选择已经突破了传统工业文明的固有影响和桎梏，跃入了生态文明的视野范围，契合了生态文明框架下对金融及其相关法律制度的根本需求。

进一步的问题是，哪一种观点才是正确的，哪一种路径选择才是科学的？笔者认为，尽管存在重大差异，但上述两种观点和路径选择并非绝对对立、非此即彼的关系。正如建设生态文明并不意味着抛弃传统工业文明一样，笔者认为第二种革新主义的观点和相应的发展路径是更为科学、更有未来的，第一种改良主义的观点及其发展路径在初期，甚至在相当长的时期依然可能成为现实或妥协的选择，是迈向第二种革新主义观点和发展路径的基础和铺垫。我们应当做的不是简单否定第一种观点和路径选择的积极价值，对其进行删除或跳过；而是加以认真对待，根据实际需求进行合理选用，但不能苟且于此，当绿色金融发展需求变化或相关条件成熟时，依然要迈向第二种观点理念及其发展路径。

（三）绿色金融法的初步证成

如果从实然状态上考察会发现，目前所展开的金融法律制度绿色化改革，更多的还是属于前述第一种观点和路径选择下的尝试，并且做的还不够好；而第二种观点和路径选择下的改革尝试，更多的还停留在理想中或口号下，并未能进行实质性展开。这就需要我们对其进行研究分析，如何加以规划和推进，从而增强其对绿色金融发展的保障和支持。那么，由此提出的问题是，在关于绿色金融法制的需求和供给情势变迁以及由此带来的实践尝试不断演进的背景下，绿色金融立法的发展方向和目标是怎样的，其发展演进的路径和方式又应当如何？

笔者认为，绿色金融发展的初期，传统金融法律制度的绿色化调整和改良可以成为这一阶段的立法目标，也能较好回应和解决这一阶段的法制需求。但是，正如传统工业文明社会中及其社会经济发展模式下所形成的生态环境保护制度，无法真正解决生态环境危机，必须进行文明嬗变、迈向生态文明，才能从根本上解决生态环境问题一样，绿色金融的深入、持续发展也必然要求与生态文明建设要求相一致，需要更加专门、更加全面和更加完整的金融法律制度体系。在这个意义上，绿色金融法制不能仅停留在传统金融法制体系中进行基本的调整和改良，必须更进一步，形成独立于传统金融法制的理念、原则和内容体系，才能更好地因应绿色金融发展的需求，真正规范、促进和保障绿色金融发展。

当然，绿色金融法制相对于传统金融法制的独立，并非一种割裂和抛弃，而是一种基于母体养分的改造、创新后带来的新生部分。从法制理念和功能上，绿色金融法具有独立性；从部门法的划分和界定上，这种独立性又是相对的，至少从目前发展情况及未来发展趋势来看，并非意味着形成一个独立的、与金融法平行的法律部门。因此，在生态文明建设和绿色金融发展的背景趋势推动下，相对独立的绿色金融法获得了初步的证成；但并非部门法意义上的证成，而是一个专门法性质和法治领域的证成。

第二节 绿色金融法的相关概念

为更好地研究绿色金融法及其相关制度，首先需要对绿色金融法及其相关概念进行梳理和厘清，并对这些概念进行一定的辨析。根据相关性和层次性，笔者选取了绿色发展、绿色经济、绿色金融和绿色金融法等四个重要概念进行剖析和界定。

一、绿色发展

绿色发展一词是与黑色发展相对应而提出的。黑色发展是人们用来形容或描绘传统工业社会中高污染、高消耗、低产出的简单粗放发展模式。黑色发展的另一层含义是社会经济依赖大量消耗煤炭、石油等黑色化石能源,排放黑色的废水、废气和废弃物等所谓"工业三废"而实现的发展。

要完整地了解绿色发展的概念,可持续发展是我们绕不过去并且首先要关注和把握的一个概念,甚至有许多人将两者等同、替换使用。应当说,可持续发展与绿色发展一样,同样是我们在研究和讨论关于人类社会经济发展时提出和使用的一个关键词,某种意义上,它甚至比绿色发展具有更加久远的历史和更加广泛的知名度与影响力。1987年,世界环境与发展委员会主席挪威前首相布伦特兰夫人发表了《我们共同的未来》的报告,提出了"可持续发展"的概念,并将之定义为"既满足当代人的需求,又不对后代人满足其需求的能力构成危害的发展"。[1] 可持续发展在1992年联合国环境与发展大会上作为一项全新的发展战略和模式通过,并迅速影响了世界上主要国家和地区的发展战略选择。除了可持续发展概念,实践中人们还经常使用绿色增长这一概念,用来描述不以严重污染环境、大量消耗能源为代价的全新增长表现。

2002年,联合国开发规划署在《2002年中国人类发展报告:绿色发展必选之路》中第一次提出了"绿色发展"的概念,之后被世人所广泛使用。时至今日,绿色发展与可持续发展都在被广泛使用,许多时候两者并没有被刻意区分。笔者认为,这两个概念都在强调人类社会经济发展与生态环境保护之间的关系应当合理协调,人类应该走向一种全新的、可持续的健康发展道路。在这个意义上,两者是高度相同、可以互换使用的。但严格意义上,绿色发展与可持续发展还是存在一些差异。其中最为主要的差异是,绿色发展的内涵较之于可持续发展更为宽阔。一方面,可持续发展属于绿色发展的一

---

[1] World Commission on Environment and Development, Our Common Future, Oxford: Oxford University Press, 1987, p.43.

部分,都要求社会经济发展与自然环境相协调,不可持续的发展很难被认为是绿色发展。另一方面,可持续发展存在一定的妥协性,这也是受其产生的时代背景所影响的;① 绿色发展还包括更为积极的内容——经济发展与环境保护互相融合、互相促进的良性互动发展。特别是随着生态文明建设的正式提出和探索展开,第二部分内容更是我们要积极追求和实现的部分。

二、绿色经济

绿色经济是与传统工业经济相对应的新经济形态,这一点与绿色发展相类似。与之相近的概念,还有循环经济、可持续经济、生态经济、低碳经济等,都是人们从不同角度上描述和指代与传统工业文明社会中的经济形态或模式不同、关注生态环保的新型经济形态或模式。

回顾历史,20世纪60年代美国学者波尔丁首次提出了"生态经济学"的概念,对生态经济进行了相应的介绍。1989年,英国环境经济学家戴维·皮尔斯等在其著作《绿色经济的蓝图》中,首次提出"绿色经济"一词,强调经济发展应当与自然环境和社会发展相协调,既不能盲目追求经济的绝对增长,同时要避免对自然资源的无节制开发利用。2007年,联合国环境规划署首次将"绿色经济"定义为"重视人与自然、能创造体面高薪工作的经济",并在2008年的报告中对此定义进行了修正,即"提高人类福祉、改善社会平等、降低环境风险、改善生态稀缺的经济发展模式"。②

要更好地理解绿色经济,还应当将之与可持续经济、循环经济、低碳经济以及生态经济等相类似概念进行比较和辨析。具体地分析,绿色经济内容最为宽泛,事实上包含新经济和改良的旧经济;可持续经济的概念最空虚,内容上也呈现出飘忽不定的特点;循环经济和低碳经济所关注的问题比较片面,主要从能否循环、碳排放高低等层面进行切入和界定,无法对积重难返的传统工业经济所存在的种种弊病、缺陷作出全面性、系统性和根本性的回

---

① 李传轩:"从妥协到融合:对可持续发展原则的批判与发展",载《清华大学学报(哲学社会科学版)》2017年第5期,第156页。

② 赵峥、袁祥飞、于晓龙:《绿色发展与绿色金融——理论、政策与案例》,经济管理出版社2017年版,第10页。

应和解决。只有生态经济,触及了生态环境问题的根本症结,第一次展示出了真正解决问题、迈向新的发展阶段和文明形式的可能路径。[①] 总体上来说,我们可以在不同的语境下视情况需要而选择使用相应的概念,但绿色经济和生态经济无疑是更具代表性的概念,分别从广度和深度诠释了与生态文明建设相契合的全新的经济形态和模式。

三、绿色金融

尽管我们都知道绿色金融的基本内涵,但它同样是一个在国内外都没有完全统一的概念,与之相似的概念还有环境金融、可持续投资等。具体而言,绿色金融是指一类有特定"绿色"偏好的金融活动,在这类金融活动中,金融机构在投融资决策中充分考虑环境因素的影响,并通过一系列的体制安排和产品创新,将更多的资金投向环境保护、节能减排、资源循环利用等可持续发展的企业和项目,同时降低对污染性和高耗能企业和项目的投资,以促进经济的可持续发展。[②] 而在 2016 年 8 月中国人民银行、财政部、国家发展和改革委员会、环境保护部、中国银行业监督管理委员会、证券监督管理委员会、保险监督管理委员会等七部委联合发布的《关于构建绿色金融体系的指导意见》中,绿色金融被定义为支持环境改善、应对气候变化和资源节约高效利用的经济活动,即对环保、节能、清洁能源、绿色交通、绿色建筑等领域的项目投融资、项目运营、风险管理等所提供的金融服务。绿色金融体系是指通过绿色信贷、绿色债券、绿色股票指数和相关产品、绿色发展基金、绿色保险、碳金融等金融工具和相关政策支持经济向绿色化转型的制度安排。

在与绿色金融相类似的概念中,可持续投资的提出相对更早一些,在 20 世纪 90 年代后期就出现了,被定义为一种基于长期的经济、环保、社会风向及机会的投资方法,与其他投资者的不同之处在于,其实践者将环保、社会与经济等因素作为选择股票的考量,而这些因素也会影响他们行使股东权益

---

① 李传轩:《生态经济法——理念革命与制度创新》,知识产权出版社 2012 年版,第 31 - 32 页。
② 马骏主编:《中国绿色金融发展与案例研究》,中国金融出版社 2016 年版,第 9 页。

和责任。① 环境金融则是被提及和使用频率仅次于绿色金融的又一个相近概念。国外学者萨拉萨尔认为，环境金融是金融业为迎合环保产业的融资需求而进行的金融创新；② 斯克腾等人认为，环境金融是在环境变迁的严峻形势下，金融业促进可持续发展的重要创新手段，主要借助最优金融工程，规制企业的经营决策和运作过程，有助于解决环境污染、温室效应等问题，促进经济、社会、环境的协调可持续发展。③

绿色金融则是近十多年来被广泛使用的概念，特别是在我国，绿色金融已经变成一个高频的词汇。国内学者安伟认为，绿色金融是在生态文明建设导向下，金融业以促进节能减排，缓解环境污染，实现环境、经济、社会协调可持续发展为宗旨，对信贷、保险、证券及衍生工具进行改革创新，继而进行的产业发展诱导和宏观政策调控。④ 国际发展金融俱乐部（International Development Finance Club，简称IDFC）在2011年官方报告中对绿色金融进行了广义的阐释，即绿色金融包括对一切与环境相关的产品、绿色产业和具有可持续发展前景的项目进行的投融资，以及倡导经济可持续发展的金融政策。⑤ 我国2016年出台的《关于构建绿色金融体系的指导意见》对其也作出了相应定义：绿色金融是指为支持环境改善、应对气候变化和资源节约高效利用的经济活动，即对环保、节能、清洁能源、绿色交通、绿色建筑等领域的项目投融资、项目运营、风险管理等所提供的金融服务。笔者认为，从可持续投资到环境金融再到绿色金融，绿色金融的概念已经比较丰富和成熟，能够阐释绿色金融的基本内涵和一定的外延，使之为我们充分了解和正确把握。

四、绿色金融法

与绿色金融一样，绿色金融法也是法学领域中的一个崭新的概念。与绿

---

① ［美］卡里·克劳辛斯基、尼克·罗宾斯：《绿色金融：可持续投资的国际经验》，于雅鑫、李鉴墨译，东北财经大学出版社2017年版，序言部分第2-3页。

② Jose Salazar. Environmental Finance: Linking Two World, Presented at a Workshop on Financial Innovations for Biodiversity Bratislava, Slovakia, 1998, pp. 2-18.

③ Bert Scholtens, Lammertjan Dam. Banking on the Equator: Are Banks That Adopted the Equator Principles Different from Non-Adopters, World Development, 2007, 35 (8), pp. 1307-1328.

④ 安伟："绿色金融的内涵、机理和实践初探"，载《经济经纬》2008年第5期，第156页。

⑤ 巴曙松等："中国绿色金融研究进展述评"，载《金融发展研究》2018年第5期，第4页。

色金融又不一样，绿色金融无论在学界还是在实务界，都已经广为人知；但绿色金融法无论是在学界还是在实务界，都很少受到关注或进行探讨。笔者以"绿色金融法"为关键词在中国知网、HeinOnline 等中英文电子数据库进行搜索，均未能查到将之作为专有术语使用和研讨的文献资料。个别文献虽然使用了"绿色金融法"这个名称，但并未对之进行定义和阐释。因此，从这个角度上可以说，这是一个全新的概念。当然，这并不意味着提出并界定"绿色金融法"这个概念就是一个伟大的、填补空白的创举。因为一方面，不管是否提出和使用绿色金融法这个概念，其所指代的绿色金融有关的法律制度规范都在那里，人们对这些内容都有着相应的认识和理解；另一方面，还有一些相近，甚至被认为相同的概念，比如环境金融法，已经被人们提出和使用，发挥了类似的指代功能，尽管环境金融法这一概念同样很少被提及和使用。① 但是，为了更好地认识和把握那些调整和促进保障绿色金融发展的法律制度规范，以及更好地研究和推进这一领域的法律制度发展完善，我们还是应当明确提出绿色金融法的概念，并加以厘清、分析和使用。

那么，应当如何来定义绿色金融法？从名称上看，绿色金融法首先是金融法中的特殊内容部分，而金融法通常被定义为调整金融交易、金融监管等各类金融关系的法律规范总称。从这个角度来说，绿色金融法可以被定义为调整绿色金融交易、绿色金融监管等活动中形成的各类金融关系的法律规范总称。从功能目标上看，绿色金融法的主要目标是通过规范、促进和保障绿色金融发展来实现生态环境保护、建设生态文明。对其进行定义，也可以从这一角度切入和进行。与之相近的概念"环境金融法"，就被定义为"以金融手段促进环境保护的法律规范的总称"。② 从涉及的学科领域看，绿色金融法是一个交叉的法律领域，主要涉及金融法、环境法两个学科。综合上述分析，我们可以将绿色金融法定义为：为规范和促进绿色金融健康发展，保护

---

① 环境金融法这一概念是由中央财经大学法学院朱家贤老师提出和使用的，参见朱家贤：《环境金融法研究》，法律出版社 2009 年版，第 32 页；以及朱家贤主编：《环境金融法学》，北京师范大学出版社 2013 年版，教材说明部分。

② 朱家贤主编：《环境金融法学》，北京师范大学出版社 2013 年版，教材说明部分。

生态环境，在遵循生态规律、经济规律和金融规律的基础上，调整和规范绿色金融交易、绿色金融监管等活动中形成的各类金融关系的法律规范体系。

此外，应明确绿色金融法与环境金融法这两个概念的关系。笔者认为，两者关系并不复杂，很好辨析。绿色金融法和环境金融法是一对名称十分相近、内容基本相同的概念，两者甚至可以互换使用。由此引发的疑问是，既然可以互换使用，有了环境金融法这一概念，为什么还要提出绿色金融法这个全新的概念？笔者认为主要有两点原因：一是在绿色金融领域中，无论理论界还是实务界，绿色金融都逐渐取代了环境金融、可持续投资或可持续金融等概念，成为主流和官方的名称；在刚刚起步，还没有展开研究和讨论的绿色金融法律领域中，援用绿色金融领域中主流的概念来构造相对应的法律概念，显然更加简单易行，也便于学科之间的沟通交流。二是虽然2009年就已经提出环境金融法的概念，但基于各种因素影响，并未能被充分、深入地探讨、界定和传播开来。在《关于构建绿色金融体系的指导意见》等官方规范文件中已经普遍使用"绿色金融"概念的情况下，本来就没有实际产生广泛影响力的环境金融法的概念事实上已经没有了使用空间。① 基于这两点，笔者认为绿色金融法的概念更容易为社会各界所接受和使用。

第三节　绿色金融法律关系的基本要素

对绿色金融法的相关概念的厘清和界定，相当于揭开了绿色金融法的第一层面纱，使我们对其有了一个初步的、简单的认知。要进一步了解和把握绿色金融法，还需要对其基本范畴作更多的考察和分析，法律关系就是十分重要的部分。一般认为，法律关系的构成要素包括主体、客体、权利、义务等。笔者认为，法律责任在某种意义上也是法律关系中的特别要素，与主体、客体、权利、义务等要素关系密切。按照法律关系中是否存在法律责任，可

---

① 需要特别说明的是，笔者依然认为环境金融概念的提出对于绿色金融法发展具有重要意义，提出者朱家贤老师在这一研究领域的贡献更是显而易见。只是在当前背景下，绿色金融法的概念更有利于和相关学科领域的沟通交流，更有利于主流话语体系理解和接受。

以分为第一性法律关系和第二性法律关系。第一性法律关系又称调整性法律关系，是指由法律关系主体的合法行为形成的法律关系，是法律实现的正常形式。在这种法律关系中，权利主体没有滥用权利，义务主体没有拒绝履行义务，各方主体的行为都是合法的，都没有违法，当然不会被追究法律责任，不会受到法律制裁。第二性法律关系又称保护性法律关系，是由法律关系主体的不合法行为形成的法律关系，是法律实现的非正常形式。在第一性法律关系遭到干扰、破坏，法律所设定的权利和义务无法实现的情况下，需要纠正、补救和加以保护，通过主体承担法律责任，接受法律制裁来恢复第一性法律关系。① 第一性和第二性只是一个理论上的划分，事实上，每一个法律关系中都会有法律责任要素，只不过这一要素不一定都会变为现实并加以适用而已。基于上述分析和考虑，笔者在这里也把法律责任作为一种特殊要素，与主体、客体、权利、义务等放在一起进行研究讨论。

一、主体与客体

（一）主体

主体是法律关系的根本要素，是指法律关系的参加者，即法律关系中权利的享有者和义务的承担者。具体而言，主体一般是指自然人或法律上拟制的人。② 不同的法律关系，主体的存在和表现形式也不一样。但是，生态法律关系中的主体较之于传统法律关系有着很大的不同，产生了很大的争议。绿色金融法律关系作为与生态法、金融法交叉领域中形成的法律关系，也面临着类似的境况。具体分析，绿色金融法律关系主体主要表现为以下几种形式。

1. 企业

企业作为最基本的市场主体，其性质属于法律上拟制的人。在绿色金融法律关系中，能够成为主体的企业包括三大类别：投资主体、融资主体和中

---

① 马长山主编：《法理学导论》，北京大学出版社2014年版，第70－71页。
② 一般认为，所谓法律上拟制的人就是指法人。但在这里，基于绿色金融法律关系的特殊性，笔者认为可以做更为宽泛的理解，即不仅包括法人，还包括非法人的组织机构和个体，只要其能够享有权利和承担义务。比如，不具有法人资格的经济组织和社会组织，存在争议的后代人和自然物主体。

介服务主体。

投资主体一般是指投入资本的企业，融资主体一般是进行生产经营活动的实业领域中的企业，而中介服务主体则是为投融资活动提供中间服务和帮助的金融机构。实践中，很多情况下投资者是分散和间接存在的，所以金融机构就成了事实上的投资者或借款人，比如商业银行、投资基金。

2. 政府部门

在绿色金融法律关系中，政府部门也是十分重要的主体。根据功能和职责不同，政府部门可以分为三类。第一类是金融监管部门，主要负责对绿色金融市场进行监管，具体包括中国银保监会及其下属部门、中国证监会及其下属部门等。第二类是金融宏观调控部门，主要负责对绿色金融领域的宏观调控，具体包括中国人民银行及其下属部门、中国财政部及其下属部门、国家发展和改革委员会及其下属部门、国家税务总局及其下属部门等。第三类是环境管理部门，主要负责生态环境管理和保护方面的工作，主要包括国家生态环境部及其下属部门、国家自然资源部及其下属部门以及国家农业部及其下属部门等。

3. 社会组织

相对而言，社会组织是一类比较松散的主体，但在绿色金融法律关系中也可能扮演一定的角色，成为主体。这类主体同样可以细分为不同的类别，包括关注绿色金融的环保公益组织、与绿色金融相关的行业协会等。

4. 公民

与传统民事、行政和刑事法律关系不同，公民在各类绿色金融法律关系中通常并非主体，但在绿色金融消费、绿色投资等领域还是有着一定的活动空间，成为相应的法律关系主体。

5. 后代人

后代人能否成为法律关系的主体，即便是在最核心的生态法律关系中都存在很大的争议，对于处于比较边缘地带的绿色金融法律关系来说，更是难有定论。笔者认为，在特定的情况下，后代人是可以通过一定的制度设计安排，成为绿色金融法律关系的主体。但鉴于后代人与绿色金融活动的关系相对间接和淡薄，在此不作更多探讨和展开。

6. 自然物主体

与后代人是否具有主体资格相类似，动物等自然物是否有法律关系主体资格更是争议巨大。相关论争算是环境哲学、伦理学和法学领域经典而重要的议题了，相关文献极为丰富。限于主旨和篇幅，笔者在这里不作太多分析和展开，但笔者一贯的观点是：在未来相关条件成熟下，自然物未尝不能通过相应的制度安排，成为法律拟制的法律关系主体。

（二）客体

法律关系客体是指法律关系主体的权利和义务所指向的共同对象，在法学上相对应地称为权利客体和义务客体。① 一般来说，法律关系客体主要包括物和行为两类。

1. 物

不同的法律关系，作为客体的物可能是完全不一样的。对于绿色金融法律关系来说，客体物主要包括货币、证券、票据、标准化合约等金融资产。

2. 行为

绿色金融法律关系的第二类客体——行为，根据绿色金融活动的实际情况，通常表现为与绿色环保相关或者说对绿色环保有一定影响的各类金融交易行为、证券发行行为、投融资行为、金融监管行为等。

二、权利与义务

权利和义务是法律关系的主要内容，是构成法律关系的核心要素，也是形成法律规则、实现法律价值的基本要素。权利和义务具有对应性，一般来说，权利主体享有的权利与义务主体承担的义务是严格对应的。这些同样适用于绿色金融法律关系。

（一）权利

权利是一个古老而又现代的概念，关于权利的概念理解十分丰富，角度也有很多。在哲学、伦理学、社会学和法学领域都有相应的阐述，例如，权

---

① 马长山主编：《法理学导论》，北京大学出版社2014年版，第74页。

利是一种自由，权利是一种资格，权利是一种主张，权利是一种利益等。总体来说，权利的内涵和外延十分丰富和多元，但相对于其他领域，只有在法学领域权利才是最重要、最基本的范畴。从法学角度出发，法律权利是规定或隐含在法律规范中，实现于法律关系中主体以相对自由的作为或不作为的方式获得利益的一种手段。① 在现代法治社会中，权利并不意味着绝对的自由，而是存在合理边界的，不能被主体所滥用。

具体到绿色金融法律关系中，权利主体所拥有的相关权利是比较丰富的，可以分为不同的种类。比如，企业的绿色融资权利、投资者的绿色投资权利、贷款人的决策权利和收益权利，消费者的绿色消费权利，以及政府部门的监管权力（经常会与监管权力杂糅在一起），等等。

（二）义务

义务是与权利相对应的概念，同样古老而又现代，在哲学、伦理学、社会学和法学等很多领域也都有着丰富的内涵理解。比如，义务是一种不自由、约束，义务是一种不利益，等等。从法学角度来说，法律义务是指设定或隐含在法律规范中，实现于法律关系中，主体以相对受动的作为或不作为的方式保障权利主体获得利益的一种约束手段。②

在绿色金融法律关系中，义务主体所承担的相关义务也是十分丰富和多元的。较之于传统金融法律关系，绿色金融法律关系中义务主体承担的义务要更加丰富和特殊，由于被附加了环境保护的义务，甚至可以说是更加沉重了。尤其是对投资主体和金融机构来说，在传统金融法律关系中是不需要承担环境保护法律义务的。

三、法律责任

如前所述，法律责任是绿色金融法律关系中的一项特殊要素。长期以来，人们对法律责任的理解有两大主流观点。第一种是不利后果说，认为法律责任是指行为人因其违法行为、违约行为或因其他法律规定的事实出现而应当

---

① 马长山主编：《法理学导论》，北京大学出版社2014年版，第77页。
② 马长山主编：《法理学导论》，北京大学出版社2014年版，第78页。

承受的某种不利后果。① 第二种是义务说，认为法律责任是指由于违反第一性法定义务而招致的第二性义务，即法律责任是一方违反了法定或约定义务而产生的一种新的特定义务。② 笔者认为，在一定意义上，这两种观点在事实上并非截然不同。抛开字面表述不同，仅从实际效果来看，额外增加的新的特定义务对于责任主体来说就是一种不利后果。

（一）法律责任的内容形式

绿色金融法律责任的内容形式较之于传统金融法律责任的内容形式将会更加复杂和特殊，除了有传统的责任形式外，还会有一些新型的责任形式，以满足其复杂性和特殊性需求。

1. 传统责任形式

传统法律责任形式一般包括民事责任、行政责任和刑事责任。民事责任中可能涉及和适用于绿色金融领域的主要有停止侵害、消除危险、恢复原状和赔偿损失等责任形式。

行政责任分为行政处罚责任和行政处分责任。行政处罚责任是行政主体针对行政相对人的违法行为所追究的法律责任，所包括的责任形式有警告、罚款、没收非法所得、没收非法财物、责令停产停业、吊销许可证以及行政拘留等，基本上都可能适用于绿色金融领域；行政处分责任则是行政主体针对自身工作人员的违法行为所追究的法律责任，所包括的责任形式有警告、记过、记大过、降级、撤职、留用察看和开除等，均可以适用于绿色金融领域。

刑事责任是针对相关主体实施的构成犯罪的严重违法行为，该行为应当追究法律责任，是最为严厉的责任类型。刑事责任的主要形式包括拘役、管制、罚金、没收财产、有期徒刑、无期徒刑和死刑等。其中，基于绿色金融领域的特殊性和刑罚的轻量化考虑，死刑和无期徒刑还不宜适用于绿色金融犯罪。

2. 新型责任形式

除了传统法律责任形式，作为一个全新的法律领域，绿色金融法还应当

---

① 沈宗灵主编：《法理学（第三版）》，北京大学出版社2009年版，第336页。
② 张文显主编：《法理学》，高等教育出版社2007年版，第168页。

有自己的一些新型责任形式，以适应和满足对绿色金融领域进行法律规范和调整的实际需要。所谓新型责任形式应当包括哪些？笔者认为，这是随着绿色金融法不断发展的实际需要而逐渐形成或创设出来的，不可能在刚开始的发展阶段就盲目预设。

就目前已经展开的绿色金融实践和相关法制发展情况看，至少有这样几种新型责任形式可以适用于绿色金融法律领域中。一是资质减免，金融监管部门对于不符合法律要求、存在违法违规行为的市场主体，进行业务资质的减少或免除。比如，某商业银行严重违反绿色金融法律法规要求，多次发放贷款给存在严重污染环境问题的工厂，就可以考虑取消其从事绿色信贷业务的资格许可；对于直接责任人员，可以限制或禁止进入相关行业，不得担任这一行业的高级管理职务，等等。二是信誉减等，对于那些生态环保方面表现不好，甚至违法、违规，破坏生态环境比较严重的企业，通过信息披露、黑名单制度等方式降低和减损其生态信誉和环保形象，从而使其丧失绿色竞争能力、商业机会，以及信贷、上市融资、保险、税收和财政等方面的支持和优惠。①

（二）法律责任的实现机制

法律责任科学合理地设定好后，接下来的问题就是如何加以实现。对于绿色金融法律领域来说，相关法律责任的实现需要在援用传统机制的基础上，进行相应的创新和发展。绿色金融法律责任的实现，既有通过法律的执行和遵守而实现的路径，即执法机关对法律的执行和守法主体对法律的遵守；也有通过对因为执法不能或违背法律而产生相关争议纠纷进行处理和解决，来实现法律责任的路径。尤其是后者，尽管未必是常态，但需要我们创设和利用相应机制予以应对和解决。下面笔者从可能的几种应对解决机制入手分别加以分析。

1. 和解

和解是私力救济的方式，主要适用于绿色金融领域中的民事纠纷，具体是指双方当事人对存在的权利和义务争议进行交涉、谈判，最后对法律责任

---

① 李传轩：《生态经济法——理念革命与制度创新》，知识产权出版社2012年版，第99页。

如何承担达成一致意见的纠纷解决方式。这无疑是一种十分高效的责任实现机制，但实践中争议双方往往很难达成和解。

2. 调解

调解是借助客观、公正和中立的第三方力量，在争议双方当事人之间进行调和、劝解和疏导，传递双方意见和诉求，在不违背法律强行性规定下，提出解决意见或建议，促使双方达成和解方案的纠纷解决机制。根据我国目前的法律制度规定，调解又分为诉讼调解、行政调解、仲裁调解和社会组织调解等。人民法院组织的诉讼调解、政府部门组织的行政调解和仲裁机构组织的仲裁调解都属于比较传统的调解形式，对于绿色金融法律纠纷来说，可能需要在调解力量方面注重对具有环境法和金融法两个领域的复合知识技能的专业化人员队伍的建设和使用。对于社会组织调解，则可以进行更多的创新安排，比如在已有的金融纠纷调解机构下设立更加专门化、更能适应绿色金融纠纷调解需要的调解队伍和机制。①

3. 仲裁

仲裁是一项重要的纠纷解决机制，一般是指争议双方当事人协议将争议提交给具有中立地位和专业性的第三方仲裁机构，由其按照法律规定和仲裁规则进行裁决。目前，国内外仲裁机构有很多，其中影响力比较大的有中国国际经济贸易仲裁委员会、上海仲裁委员会等。对于绿色金融领域中的法律纠纷来说，也一样可以通过仲裁的方式来解决，从而实现相关法律责任。需要指出的是，对于绿色金融法律纠纷而言，其交叉性、专业性和复杂性特点也要求仲裁机构进行相应的改革和创新，特别是在仲裁庭的组成上，要提供在环境法和金融法领域都有专长的仲裁员供双方当事人进行选择；同时，在指定仲裁员时要充分考虑这些因素。

4. 诉讼

众所周知，司法是维护正义的最后一道防线。也就是说，纠纷解决的最后机制就是诉讼。在前述纠纷解决机制无法有效解决相关争议时，一方或双

---

① 随着金融纠纷问题越来越多，近年来，我国日益重视金融领域中社会性调解机制的创设和运用，以充分发挥这一机制的优势功能，同时缓解传统调解机制的压力。以上海为例，其先后创立了上海市金融消费纠纷调解中心、上海银行业纠纷调解中心等调解机构。

方当事人可以选择提起诉讼,由法院依据法律居中裁判。当然,当事人也可以根据需要,无须经过前述各类纠纷解决机制,选择直接向法院提起诉讼。我们知道,无论是金融领域还是环境资源领域,都具有相当强的专业性和复杂性,相关争议纠纷解决起来都需要专门性的机构和专业性力量。因此,我国近年来的司法制度改革中很重要的一部分就是创新设立一些专门性审批机构,比如,金融法院或法庭、环境资源法院或法庭、知识产权法院或法庭,并配置以专业性的审判队伍。① 对于绿色金融领域中的争议纠纷,其审判处理毫无疑问更需要专门性的机构和专业化的力量。但是,就目前已经存在金融法院或法庭、环境资源法院或法庭的情况下,显然很难进一步细化去设立绿色金融法院或法庭。那么,绿色金融领域中的争议纠纷应当由谁来管辖审理?笔者认为,绿色金融案件的基础法律关系性质上仍然属于金融法律关系,只不过是一种特殊性的、需要考虑绿色环保价值目标的金融法律关系。因此,应当由金融法院或法庭享有管辖权,但在具体审理上需要配备具有环境法知识背景的审批力量。

第四节 绿色金融法的基本原则

法律原则是法律的重要构成要素,是对法律理念、法律价值和法律宗旨的根本体现和表达。其中,法律基本原则更是贯穿整个法律部门和领域的根本性规则和纲领性规定。根据《布莱克法律词典》的定义,法律的基本原则是指法律的基础性真理或原理,为其他规则提供基础性或本源性综合规则或原理,是法律行为、法律程序、法律决定的决定规则。② 法律的基本原则对于法律的制定和实施有着重要的指引作用。一方面,法律的基本原则能够成为法律制定的依据和指南,立法某种意义上就是基本原则的具体化表现;另一方面,法律的基本原则可以在法律的具体实施中,克服成文法的局限性,

---

① 专门性审判机构的设立已经在我国很多地区展开,比较典型的有上海市金融法院、上海市第三中级人民法院(负责审理环境资源、知识产权等专业性案件)、江苏省"9+1"环境资源法庭等。
② Black's Law Dictionary, West Publishing Co., London, 1983, p.1074.

填补可能的立法漏洞，增强立法的灵活性和生命力。

对于绿色金融法来说，其基本原则的形成和确定一方面要能够体现这一全新的法律领域和制度规范的基本精神理念和基础性规则，另一方面要以作为母法的金融法和环境法的基本原则为参照。基于这一思路，笔者首先分别考察金融法的基本原则和环境法的基本原则是如何构成的。尽管金融法已经有了较长的发展历史，但关于其基本原则的认识一直未能统一。除了相关研究需要进一步提炼和升华外，在某种程度上，这也是受金融法的复杂性和多变性等客观特点影响所致。通过对相关文献观点进行考察和比较，影响力相对较大、较为主流的观点有两种。第一种观点认为，金融法的基本原则主要有：坚持稳定货币与促进经济增长相结合的原则，促进资金周转、提高资金使用效率的原则，维护当事人合法权益与社会利益相结合的原则以及维护国家主权和尊重国际惯例的原则。[①] 第二种观点认为，金融法的基本原则主要是：维护货币政策原则，安全流动效益原则，利益平衡优化原则以及有效监管原则。[②] 环境法的基本原则包括哪些同样存在一些不一致的看法，不同的著作可能都有着自己的归纳总结和构建。但总体上来看，这样五项基本原则有着更加广泛的认可度：可持续发展原则、风险预防原则、环境责任原则、公众参与原则和协同合作原则。

根据绿色金融法的自身特点，参考结合金融法和环境法的相关基本原则，笔者认为，绿色金融法的基本原则应当包括绿色发展原则、绿色金融安全原则、绿色金融效率原则以及遵循金融和生态规律原则等五项。至于这些原则为何能够成为绿色金融法的基本原则、这些原则的具体内容及其重要作用，下文将具体考察和分析。

一、绿色发展原则

绿色发展的概念我们前面已经进行了界定和阐释，作为一种全新的发展目标和模式，它是人类社会生态环境危机挑战日益严峻的背景下，长期以来

---

① 徐孟洲：《金融法》，高等教育出版社2007年版，第9－10页。
② 席月民主编：《金融法学的新发展》，中国社会科学出版社2013年版，第17－19页。

人们在社会经济发展与生态环境保护之间进行反复博弈和权衡后,形成的对未来发展方向和模式的科学认知和正确选择。绿色发展之所以应当成为绿色金融法的基本原则,主要基于以下理由。

首先,关注发展、促进发展一直都是金融法的基本原则之一,绿色金融法作为金融法的特殊和创新部分,也必然需要关注发展。如前文所述,实现增长和促进发展是主流学者对金融法基本原则的重要理解,实践中促进社会经济健康发展的根本目标一直贯穿于整个金融法领域。因此,绿色发展应当成为绿色金融法的一项基本原则。

其次,可持续发展在环境法形成和发展的长期过程中一直居于核心地位,是其最为重要的基本原则。绿色金融法是生态环境保护的法律机制和手段的创新产物,也属于环境法的特殊部分。因此,可持续发展应该也完全可以成为绿色金融法的基本原则。同样如前文所述,鉴于可持续发展近年来遭遇的困境和挑战,面临着如何升级换代的迫切需求,绿色发展这些年被更为广泛地使用。因此,对于绿色金融法来说,用绿色发展来替代可持续发展作为自身的基本原则,也是顺理成章的。

最后,绿色发展是建设生态文明的当然内容和要求,也是迈向生态文明的桥梁和保障。在这个意义上,绿色发展是绿色金融法产生的基础背景和目标方向,绿色金融法是实现绿色发展的法制保障手段。只有坚持绿色发展作为基本原则,才能将建设生态文明这一"初心"和"使命"贯穿于绿色金融法的实施和运行中。

二、绿色金融安全原则

安全是人类最重要和最根本的诉求,也是法律的重要价值追求之一。安全的内涵和外延十分丰富,在哲学、政治学、社会学、经济学和法学等领域中都有着相应的描述和表现。安全可以是十分抽象、笼统的,从而成为整个法律体系的基本原则;也可以是比较实在和具体的,进而成为某个法律部门的基本原则。对于绿色金融法来说,把绿色金融安全作为基本原则,意味着要高度重视各类风险,尤其是金融风险和环境风险,并对这些风险进行预防和控制。唯有如此,才能实现绿色金融的稳健运行和快速发展。绿色金融安全之所以能够被确立为绿色金融法的基本原则,既源自作为母法的金融法对金融风险的警惕和防控以及同样作为母法的环境法对环境风险的厌恶和规制,更有着对金融风险与环境风险混合交织后形成的复杂风险甚至是全新风险的关切与控制。

首先,金融安全是金融法的基本价值取向和根本目标之一。作为一个高风险领域,安全一直是金融法的主要价值取向之一。这一点我们可以通过金融法所关切的货币稳定、防范和化解金融风险、加强监管等高频率出现的发展目标和制度举措窥见一斑。从前文关于金融法基本原则的论述中也可以看到,安全原则在不同观点中都有体现。绿色金融领域中的金融风险同样很高,金融安全原则仍需要被确立为绿色金融法的基本原则。

其次,生态安全是环境法的基本价值取向和根本目标之一。自20世纪中叶以来,环境资源领域逐渐变成风险聚集的地方,各种生态环境危机愈演愈烈,甚至构成根本性威胁,可以说是人类社会面临的最大风险。相应地,人们对安全的理解和追求又有了最新的版本和表现:安全的保障不再局限于军队、坦克、炸弹和导弹之类这些传统的军事力量,而是愈来愈多地包括作为物质生活基础的环境资源。① 以"八大公害事件"为代表的大量生态环境灾难给人类社会带来的严重伤害,让人们开始意识到生态安全的极大重要性,生态安全原则也因之成为环境法的基本原则。同样是基于对环境风险的恐惧和对生态安全的追求,与生态安全原则一脉相承的风险预防原则,也被普遍接受为环境法的基本原则。对于以环境保护为重要目标的绿色金融法来说,生态安全原则无疑也应该进入自身的基本原则序列。

最后,绿色金融风险的复杂性和变异性需要更强的安全观念和防控机制。绿色金融领域是现代社会中两个高风险领域——金融领域和环境资源领域的交叉和叠加。这一领域中的风险十分复杂,既有金融风险,也有环境风险;金融风险经常会与环境风险交织和叠加,甚至可能发生化学反应,合成或变异出全新的风险种类,成为更复杂的风险源。比如,某企业如果发生重大环

---

① [美]迈尔斯:《最终的安全——政治稳定的环境基础》,王正平、金辉译,上海译文出版社2001年版,第19页。

境污染事故，除了自身财产损失外，将会面临巨额的赔偿责任，严重者会导致公司破产。这一环境风险造成的严重后果将传递到金融领域，无论是贷款银行还是投资者，都会遭受巨大损失，进而可能形成严重的金融风险。因此，绿色金融安全原则也应该被纳入绿色金融法的基本原则体系。

三、绿色金融效率原则

效率概念源于经济学，是指有限资源的有效配置和使用，它强调以最少的资源消耗取得同样多的效果或以同样的资源消耗取得最大的效果。① 根据这一概念可以看出，效率形式上就是成本和收益的比率，实质上代表着一种更优势或更理想的结果或状态。虽然较为晚近时，效率概念与安全概念一样，同样在哲学、政治学、社会学和法学等领域中被广泛接受和使用。正如美国著名法经济学家波斯纳先生所指出的那样："正义的第二种涵义——也许是最普通的涵义——是效率"，② 法律的价值体系中也出现了效率的身影。追求效率价值的实现，已经成为许多法律部门的基本原则。在崇尚效率的金融法中，金融效率原则是必然树立和贯彻的基本原则；即便在安全有限的环境法中，生态效率原则也是不容漠视、必须重视的基本原则之一。

首先，在金融等经济活动中，效率意味着高回报和竞争力，对效率的追求贯彻于金融活动的全过程。对于备受鼓励的金融创新活动，其动机和目标就是实现更高的效率。在一定意义上，正是有着对效率的孜孜追求，人类社会才能不断发展进步。因此，金融效率原则一直都是金融法的基本原则。

其次，在生态服务与自然资源的开发利用活动中，效率问题也备受关注，生态效率的概念也随之提出，并被普遍理解为"经济社会发展的价值量（GDP 总量）和资源环境消耗的实物量比值，它表示经济增长与环境压力的分离关系（Decoupling Indicators），是一国绿色竞争力的重要体现"。③ 因此，生态效率原则即便不被普遍认为是环境法最核心的基本原则，至少也是重要

---

① 席月民主编：《金融法学的新发展》，中国社会科学出版社 2013 年版，第 37 页。
② ［美］波斯纳：《法律的经济分析》，蒋兆康译，中国大百科全书出版社 1997 年版，第 31 页。
③ 诸大建、朱远："生态效率与循环经济"，载《复旦学报（社会科学版）》2005 年第 2 期，第 61 页。

原则之一。

最后，效率这一正义价值的重要内涵和维度，同样是绿色金融法的重要价值追求。而且，源于金融法的金融效率价值追求与源于环境法的生态效率价值追求相碰撞和相协调，形成了绿色金融效率的价值追求。这一价值追求在绿色金融法领域中的坚持和贯彻，使得绿色金融效率原则成为其一项基本原则。

四、遵循金融和生态规律原则

规律是一个哲学上的概念，一般是指事物之间客观的、必然的和反复出现的联系和现象。规律不以人的主观意志为转移，人们不能违背规律而行事；但为人们所认识和把握后，规律又可以被人们利用，产生人们所期待和追求的结果。金融领域和环境资源领域的一个很大的共同性在于，它们都是非常专业化、科学技术含量很高的领域。从这个角度来说，客观规律在这两个领域中的体现就更加显性和充分。

金融市场不断发展的过程中，相关运行规律逐渐为人们所掌握，比如资金供求关系、杠杆效果与影响、金融创新与金融风险之间关系等，都有着自己运行发展的相应规律要求。同时，金融市场千变万化、继续向前发展，也必定有许多规律没有被掌握。所谓应对市场保持敬畏之心，很大程度上就是指要尊重金融市场的客观规律。金融法的制定和实施，要想发挥出预期功能，促进和保障金融市场健康发展，进而推动整个经济的健康发展，必须尊重金融市场的客观规律，顺应而不是违背规律。因此，尊重金融规律也是金融法的重要原则。

生态环保领域中的客观规律更是有着极强的存在感，事实上，现代工业文明社会中生态环境问题的大量出现就是违背生态规律的后果。随着人们对生态环境危机的认知把握越来越深入，对生态规律的理解也越来越丰富。物物相关规律、能流物复规律、负载定额规律、协调稳定规律、时空有宜规律等已经成为生态法制定和实施应当遵守的客观规律。[①] 遵循客观规律也当然

---

① 曹明德：《生态法新探》，人民出版社2007年版，第215-219页。

成为生态法的基本原则之一。

综合前文所述,客观规律的重要性对于法律的制定和实施来说意义非常重大。在一定意义上,科学有效的法律不过就是在自己领域中对客观规律的认识、把握和翻译而已。对于绿色金融法律来说,遵循客观规律并将之确立为一项基本原则,也是应当和必然的选择。其所要遵循的客观规律,自然包括金融规律和生态规律,两者均不能违背。

第三章

绿色金融法的理论基础与制度框架

绿色金融法从理念的萌生到概念的提出,再到实践层面上的产生和初步发展,实质上已经形成了富有自身特色的法律领域。那么从更深层面上考察和分析,绿色金融法所赖以产生和存在的理论基础是什么?以及从更广层面上探索和构建,绿色金融法的制度应该包括哪些部分?这是我们更好地去研究绿色金融法、推进其进一步发展成熟并更好地发挥作用的重要议题。

第一节 绿色金融法的理论基础

一般来说,任何法律部门、法律制度的产生和发展都有其根源和基础,其中也包括理论层面上的基础和支撑。绿色金融法作为一个全新的法律领域、法律制度,是在应对人类社会中的生态环境风险而在金融法制领域中形成的创新成果,同样有着丰富而深厚的理论基础。基于其交叉性的特色,绿色金融法的理论基础也存在于相应的学科领域;基于其创新性的本质,绿色金融法的理论基础也不是一成不变源于传统经典理论,而是在传统经典理论基础上,进行具体运用甚至别出机杼。需要说明的是,绿色金融法的理论源泉和支撑来自很多方面,很难一一剖析展开。本节仅从经济学、法学和社会学等几个关联度更高、重要性更强以及更为显性的层面上的理论基础进行考察、分析和论证。

一、经济学层面的理论源起

(一)外部性理论

所谓外部性,是指有些活动可能给第三方——交易中买卖双方之外的其他人——带来影响,但这种影响没有得到相应的回报或惩罚。其中一类被称为负外部性(negative externality),即双方的交易使得第三方受损,但没有对该损害予以补偿。另一类被称为正外部性(positive externality),即双方的交易使得第三方受益,但并没有对该收益进行收费。[①] 负外部性现象毫无疑问对社会经济发展是十分有害的,正外部性现象是否就是好的?其实不然,也许在道德层面上正外部性现象有其值得称道之处,但从经济学和法学层面上看,也是有损效率和公平价值的。因此,无论正负,外部性问题都应当加以解决。在实际的社会经济活动中,外部性现象普遍存在。比如,某工厂生产商品过程中,产生的废气和废水污染了周围的空气和河水,给周围居民的财产和健康带来很大损害,但工厂出售商品获取的利润却是独自享有,并未用来赔偿居民损失,这就是典型的负外部性。正外部性现象也有很多,同样以与前面例子相似的工厂为例,另外一家工厂高度重视生态环保,投入巨资使用环保设备和技术,产生的废气和废水大为减少,有效地改善了空气和河水的质量,给周围居民也带来了优美的生态环境,但该工厂并没有因此而获得更多的经济利益,这就是正外部性的典型表现。

金融领域中也有着很多外部性现象,其中与生态环境问题有关的相当之多。同样沿着前面所举两个例子的思路展开,某银行如果贷款给第一个污染型工厂,由于该工厂没有承担环境污染成本所以具有更高的经济收益,银行的贷款就可以获得更多的贷款收益和更好的安全保证。但是,这样会导致该污染型工厂能够利用获得的银行资金而展开更大规模的生产活动,从而带来更多更严重的环境污染,这无疑是一种负外部性表现。反之,如果另外一家银行比较注重环保,不愿意贷款给第一个污染型工厂,而是贷款给第二个环保型工厂,由于环保型工厂承担了很高的环保设备和技术投入成本但并未享

[①] 张维迎:《经济学原理》,西北大学出版社2015年版,第302页。

有由此产生的收益,该工厂相对来说经济实力会较为弱小,无法给予银行更多的贷款收益和安全保障。不过,这样会使得该环保型工厂可以利用获得的银行资金进行更大规模的清洁环保生产活动,更好地改善环境质量,这也是很明显的正外部性表现。

外部性问题最早是由英国经济学家马歇尔提出和界定的,关于如何解决外部性问题,庇古等人先后提出了相应的解决思路。[1] 作为马歇尔的学生,庇古对外部性问题的解决方案是通过税收或补贴进行矫正,把外部性问题内部化解决。即对于负外部性问题可以通过向负外部性行为主体课征税费,使其承担外溢的成本;对于正外部性问题,可以通过对正外部性行为主体进行补贴,使其享有外溢的收益。应当说,庇古提出了一条行之有效的解决思路,绿色税费制度和绿色财政补贴制度在世界各国大行其道。由此人们也充分认识到,外部性问题的解决之道就是内部化,换言之就是重新平衡或矫正失衡的权利和义务关系及与之相应的成本和收益状态。税费和补贴是一种好的方式,但不是唯一的方式,还有很多成本约束和利益刺激的机制可以选择。

在绿色金融领域中,外部性问题更为复杂,可以分为两个层面。第一层面就是如前文所举例子中污染型工厂的负外部性问题和环保型工厂的正外部性问题,对其进行内部化解决的方案除了征收绿色税费和进行绿色补贴外,还可以通过金融机制来实现。具体来说,对于污染型工厂的负外部性问题,可以通过禁止贷款、限额贷款、提高贷款利率、提高担保要求等方式,使其承负相应的更高金融成本,来实现溢出成本的内部化;对于环保型工厂的正外部性问题,则可以通过优先贷款、给予更高贷款额度、给予优惠贷款利率等方式,使其享受更多的金融收益,弥补溢出的收益部分。这些做法和效果也正是绿色金融产生的基本逻辑。然而,绿色金融机制在解决了生产领域中的外部性问题后,却带来第二层面——金融领域中的外部性问题,即前面所述的第一家银行的负外部性问题和第二家银行的正外部性问题,这又如何解决?解决的思路同样是进行内部化,通过成本约束和利益刺激的方式来实现。

---

[1] Nicolas Wallart, The Political Economy of Environmental Taxes, Edward Elgar Publishing Limited, 1999, p.9.

解决负外部性问题可供选择的方案包括对限制甚至禁止银行向高污染工厂发放贷款、对贷款利率定价权进行限制、提高法定存款准备金率、使其承受更重的税负，甚至要求发放贷款的银行直接承担相关环境风险责任等，这些成本的增加相当于将溢出成本内部化了。而解决正外部性问题可供选择的方案则包括根据发放绿色化贷款情况给予相应补贴、在税收方面给予更多优惠待遇等，使其享受一些直接或间接的经济利益，弥补溢出的收益部分。这些做法和效果则是绿色金融相关立法和制度构建的基本逻辑。

（二）公共物品理论

公共物品理论是经济学中的重要理论，也是绿色金融法的重要理论源泉。关于公共物品的定义，诺贝尔经济学奖获得者、美国著名经济学家布坎南认为，"人们观察到有些物品和服务是通过市场制度实现需求与供给的，而另一些物品与服务则是通过政治制度实现需求与供给，前者被称为私人物品，后者则被称为公共物品"。① 萨缪尔森则从消费的角度出发，将之定义为人和个人对某种物品的消费都不会减少其他人对这种物品的消费。② 从上述定义可以看出，公共物品供给的特殊性、消费的非竞争性和非排他性等本质性特点。基于这些特点，公共物品的需求和供给在市场经济活动中遭受到了很大的困境和挑战。产权的公有性、消费的非限制性（非竞争性和非排他性）与消费所带来收益的私人性，使其产生了供给端的稀缺性（没有私人主体愿意提供）和需求端的争用性（没有或很小成本的收益会激发更多的需求），最终导致经济学家早在1968年就提出的"公地悲剧"③ 等类似的悲剧性后果。

生态环境领域中具有公共物品属性的特别多，有的是典型的公共物品，

---

① [美] 詹姆斯·M. 布坎南：《公共物品的需求与供给》，马珺译，上海人民出版社2017年第2版，第1页。
② Samuelson, The pure theory of public expenditures, The Review of Economics and Statistics, 1954（36），pp. 387 – 389.
③ "公地悲剧"形象地描述了作为典型公共物品的公共牧地被牧民们按照个人经济利益最大化原则放牧而最终导致牧地退化、生态破坏的悲剧性结局。可参见 Hardin G, The tragedy of the commons, Science, 1968（162），pp. 1243 – 1248. 此外还想说明的是，近年来与"公地悲剧"相对应的"公地喜剧"理论被亚利桑那大学 Carol Rose 教授等人提出。笔者以为，"公地喜剧"理论的确可以在最新产生和发展的互联网经济、共享经济等领域中得以相应证成，但并没有颠覆或取代"公地悲剧"理论，特别是在生态环保等领域中，"公地悲剧"理论仍然有着坚实的基础。

比如良好的空气；有的则是准公共物品，比如某个湖泊，等等。如何解决公共物品的消费和提供问题，避免悲剧发生，必须超越传统的自由市场机制，找到或创新出全新的机制，对生态公共物品的消费和供给进行干预、约束和引导。绿色金融就是其中一种全新的重要机制。为便于理解和参照，我们同样以银行贷款这一典型金融活动为样本进行分析。一方面，绿色环保企业在同等情况下，所消费的生态环境公共物品较之于高污染高能耗企业要少很多，因此，商业银行通过给予绿色环保企业更多的贷款支持就可以有效减少社会经济活动对生态环境公共物品的消费。另一方面，商业银行通过减少甚至不再给予高污染高能耗企业的贷款支持，使其无法或很难再持续生产经营，也可以有效减少这类企业对生态环境公共物品的大量消费。

绿色金融领域的复杂性和特殊性也同样存在于公共物品问题上。一方面，通过绿色金融机制能够干预、约束和引导相关企业由高污染高能耗生产经营模式转向绿色环保生产经营模式，从而有效解决公共物品的消费与供给之间的矛盾问题。另一方面，绿色金融本身变成了"公共物品"，存在如果不加干预、约束和引导，仅依赖市场机制，作为"理性经济人"的市场主体——商业银行等金融机构，未必愿意从事绿色金融活动。所以，作为公共物品理论在绿色金融领域的延伸，我们也需要通过绿色金融立法对绿色金融活动进行调节和干预，构建绿色金融机制，给予从事绿色金融业务的金融机构以更多的激励和支持，同时对从事非绿色，甚至支持高污染高能耗生产经营活动的金融业务的相关金融机构进行相应的约束和限制。因此，从上述角度来说，公共物品理论及其在绿色金融领域中的延伸应用，为绿色金融法提供了有力的支撑。

（三）双重失灵理论

双重失灵理论是经济学中的经典理论，对于市场机制的功能与局限、政府机制的功能与局限有着十分丰富和深刻的诠释。所谓双重失灵包括市场失灵问题和政府失灵问题。

1. 市场失灵问题及其表现

市场机制毫无疑问是人类社会经济发展中最为重大的创新成果之一，快速地推动了人类社会经济增长的质量和进程。英国古典自由主义经济学家亚当·斯密更是把市场比作"看不见的手",市场高效地融合了个人利益和社会利益,发挥着促进经济发展的重要作用:"他所盘算的也只是他自己的利益。在这场合,像其他许多场合一样,他受一只看不见的手的指导,去尽力达到一个并非他本意想要达到的目的。也并不因为事非出于本意,就对社会有害。他追求自己的利益,往往使他能比真正出于本意的情况下更有效地促进社会的利益。"① 然而,市场这只"看不见的手"也并非无所不能。利己主义对社会利益的影响、外部效应问题、公共物品和垄断等都会带来市场的失灵。② 此外,市场的自发性、盲目性、滞后性以及信息不对称等都被发现和论证成为市场失灵的原因。

在生态环境领域中,由于广泛存在如前所述的外部性问题和公告物品问题,市场失灵表现最为突出和集中。比如,自发运行的市场机制无法避免甚至会加速环境污染、资源消耗和生态破坏等问题。同时,依靠市场机制无法有效持续提供生态环境公共物品。基于这些问题,拉巴特等人认为,环境问题是史上最大的市场失灵。③

2. 政府失灵问题及其表现

市场失灵问题引发了人们对市场机制的怀疑和批判,以及对原本被以亚当·斯密为代表的自由主义经济学派所批判、贬低和抑制的政府力量的重新期待。如果说市场是一只"看不见的手",那么政府就是另一只"看得见的手"。但这只手一直被限定在"守夜人"的角色范围中。市场的失灵让人们看到了政府之手更多的功能和作用,比如积极干预市场经济,对市场主体及其行为进行管制和引导,可以很好地克服市场失灵。20世纪60年代以来世界环保发达国家在生态环保领域中就充分利用了政府的行政力量和手段,来应对因市场失灵导致的环境问题,环境行政许可、环境标准和环境行政处罚

---

① [英]亚当·斯密:《国富论(下)》,郭大力、王亚南译,商务印书馆2009年版,第30页。
② [美]斯蒂夫·G. 梅德玛:《困住市场的手:如何驯服利己主义》,启蒙编译所译,中央编译出版社2014年版,第32-70页。
③ [美]索尼娅·拉巴特、罗德尼·R. 怀特:《碳金融:减排良方还是金融陷阱》,王震、王宇译,石油工业出版社2010年版,序论部分。

等频频发力，也取得了很好的效果。人们一度以为找到了解决生态环境问题的灵丹妙药，然而好景不长，环境行政管制的弊端也开始暴露，生态环境问题在得到了一定的控制后，并没有从根本上解决。政府失灵又开始成为人们所关切和批判的焦点话题。继"市场万能论"破产后，"政府万能"的神话再次幻灭。这一次人们对政府的缺陷有了更加深刻而全面的认知。从客观性因素的角度考察，政府失灵的原因是政府自身的能力不足，比如，由于信息偏在问题导致的信息不足、行政管制手段固有的僵化问题以及行政运行的成本过于高昂，等等。而从主观性因素的角度分析，政府失灵的根源还来自自私自利的本位主义或部门主义、被动寻租[①]甚至主动设租以及其他滥用权力等腐败问题。

3. 双重失灵问题的应对之道

当市场力量发生失灵，我们把目光转向了政府力量；然而，当政府力量也发生了失灵，甚至市场失灵与政府失灵交织在一起，形成更加复杂的系统性失灵，我们又该怎么办？对这一问题的思考和解决事实上在很长时期内都是人类社会经济发展中的重要议题。既不能因为市场会失灵就去否定市场的价值和作用，简单地去捆住市场之手；也不能因为政府也会失灵，就将之加以批判和抛弃，砍掉或囚禁政府之手。事实上，没有完美的市场，也不可能建立万能的政府，这才是客观真相。但是，如何通过进一步的思维拓展和制度创新，更好地发挥出市场和政府各自的价值和功能，则应是我们的理想选择。近几十年来，我们开始探索如何将市场力量和政府力量进行糅合，让市场机制和政府手段互相补充，甚至更进一步携手合作，打造或形成"第三只手"。

具体来说，对于生态环保领域中的市场失灵和政府环境管制失灵问题，我们既要坚持政府力量的介入和干预，也要积极发挥出市场力量的可能作用。在实践中，绿色税费制度、排放权交易制度以及绿色金融制度都是政府之手

---

① 寻租是政府权力被滥用、发生腐败问题的最常见现象。这一概念最早由美国经济学家安妮·克鲁格提出，是指"那种利用资源通过政治过程获得特权，从而构成对他人利益的损害大于租金获得者收益的行为"，具体参见 Anne Krueger, The Political Economy of The Rent-Seeking Society, American Economic Review, Vol. 64, June, 1974.

和市场之手携手合作的成功尝试。以绿色金融制度为例,对于企业依照市场机制而进行生产经营时产生的生态环保问题,市场是无法解决的,但如果运用政府力量进行禁止、限制和处罚,也往往是低效率的。这时我们可以通过金融机制的绿色化来改变企业的行为选择来解决生态环保问题,其中发挥作用的还是市场化的金融机制;但市场化的金融机制并非可以自发绿色化,它需要一个外在的动力机制——法律制度的激励、引导和约束,其中又充满了政府的力量。

二、法学层面的理论依据

与经济学层面相对基础的理论根源相较,法学层面的相关理论是绿色金融法更为直接的理论依据。通过梳理环境法和金融法的相关理论,结合绿色金融法自身的特点,笔者认为,尽管许多理论都会或多或少地给予绿色金融法以理论支撑和依照,但环境责任理论、绿色金融宏观调控法理论和绿色金融市场监管法理论应该是最为重要和直接的理论依据。

(一) 环境责任理论

环境责任理论源自企业社会责任理论,是其在环境法领域中的运用和发展。为更好地理解把握环境责任理论,我们先对企业社会责任理论进行一个简单的考察分析。企业社会责任的概念最早是霍华德·R. 鲍恩1953年出版的《商人的社会责任》一书中提出的。[1] 随后,人们关于企业应否以及如何承担社会责任的讨论越来越激烈和深入,企业社会责任理论由此形成。企业社会责任理论研究领域有着卓越贡献的美国学者阿奇·B. 卡罗尔教授认为,企业社会责任是指某一特定时期社会对企业所寄托的经济、法律、伦理和慈善期望,它包括经济责任、法律责任、道德责任和慈善责任。[2] 由此可见,尽管很多人在很多时候都把企业社会责任理解为一种不具有强制性要素的伦理责任,事实上其在一开始就包含法律责任的成分。很多国家的企业立法中

---

[1] Archie B Carroll, Corportate Social Responsibility: Evolution of a Definition Construct, Business and Society, 38 (3), 1999, p. 269.

[2] Archie B Carroll, A Three-dimensional Conceptual Model of Corporate Social Performance, Academy of Management Review, (4), 1999, pp. 497–505.

甚至明确规定了企业应当承担社会责任，《中华人民共和国公司法》（以下简称《公司法》）第 5 条中也进行了相应规定。① 随着生态环境危机的全面化和严重化，环境责任成为企业社会责任中十分重要的组成部分，企业环境责任开始成为一个相对独立的概念为人们所关注。所谓企业环境责任是指，企业在生产经营活动中，遵守有关环境法律法规的要求，在追求经济利益的同时，必须尽可能地维护环境利益，对环境污染和破坏采取预防、治理等措施，使经济、社会和环境协调发展。企业环境责任的性质同时属于法律责任、道德责任和经济责任的范畴。②

当企业应当承担环境责任在理论上被证成之后，进一步需要思考的问题是：企业的外延里应当包括金融机构吗？以及环境责任的外延里应当包括法律责任吗？对于第一个问题，应当说早期的企业环境责任理论中主要是以直接造成环境污染和生态破坏的生产经营企业为中心和样本的。对于通过为污染企业提供融资而间接造成环境污染和生态破坏的金融机构，则没有特别关注或持以较为宽容的态度。随着人们对金融及金融机构在高污染高能耗的粗放式发展模式中所起到的作用以及所获得的收益有了更为深刻和清晰的认知后，金融机构也应当承担相应的环境责任就成了企业环境责任理论的当然构成部分。对于第二个问题，同样的，早期企业环境责任理论更多把环境责任视为一种道德责任和慈善责任，而不是法律责任。但事实上，企业环境责任如果被剥离了法律责任的内容和属性，不再具有形式上或实质上的法律责任本质属性，很难走得更远。这一理论的实践发展表明，越来越多的国家相关立法规定了企业环境责任，将之与狭义上的环境法律责任③一起形成一个内涵和外延更为宽泛的环境法律责任体系。

就绿色金融领域来说，一方面，对于身处第一线、生产经营行为直接对

---

① 《公司法》第 5 条规定，公司从事经营活动，必须遵守法律、行政法规，遵守社会公德、商业道德，诚实守信，接受政府和社会公众的监督，承担社会责任。该条尽管并未能对社会责任进行列举式规定，但也已经是一个重大进展。

② 韩利琳：《企业环境责任法律问题研究——以低碳经济为视角》，法律出版社 2013 年版，第 22 页。

③ 这里所说的狭义上的环境法律责任，是指传统的环境刑事责任、环境民事责任和环境行政责任。

生态环境产生影响的企业来说，要承担相应的环境法律责任，包括狭义的环境法律责任和宽泛意义的环境法律责任，具体承担情况将会影响到其在金融领域中的权益和待遇。另一方面，对于身处后端、经营行为间接对生态环境产生影响的金融机构而言，要根据第一线生产经营企业的环境法律责任承担情况提供相应的融资服务，即开展绿色化的金融业务；同时，要承担相应的环境法律责任，包括狭义的环境法律责任和宽泛意义上的法律责任，只是与一线生产经营企业相比，宽泛意义上的法律责任可能是更为主要的内容。

（二）绿色金融宏观调控法理论

无论是基于经济法的基本理念，还是从经济发展的绿色化转型实际需求出发，国家干预经济都有着正当性和有效性基础。国家干预经济有三种基本形式：市场规制、国家投资经营和宏观调控。① 宏观调控的手段和方式有很多种，金融宏观调控则是其中十分重要的一种。金融宏观调控的原理是，通过调节和控制资金流量和流向，或限制约束或引导激励产业发展方向。金融法很重要的价值目标和法律规范的内容部分，都是围绕着如何合法有效地进行金融宏观调控、促进社会经济健康快速发展而设立和展开的。

在建设生态文明的背景下，社会经济的绿色发展成为重要发展目标，对经济发展的宏观调控也应当为这一目标服务。因此，绿色金融在很大程度上是在运用金融宏观调控的方式和手段，来引导和促进绿色经济发展，限制和约束高污染高能耗的经济发展。具体来说，金融宏观调控主体（在中国主要是指中国人民银行）根据经济发展绿色化的目标要求，通过基础利率、法定存款准备金、再贴现等金融工具，引导和鼓励货币资金流向绿色环保的产业和行业，限制和约束货币资金流向高污染高能耗的产业和行业。这一绿色金融宏观调控行为也就是绿色金融法的重要规范和调整对象，换言之，绿色金融法在很大程度上也是绿色金融宏观调控法。

（三）绿色金融市场监管法理论

金融市场是一个社会资金高度集中的资金融通交易市场，与传统商品交

---

① 漆多俊：《经济法基础理论（第四版）》，法律出版社2010年版，第20页。

易市场相比较，具有虚拟化、高杠杆化、强信息化等特点。因此，金融市场汇聚的风险要远远高于普通市场，加之金融市场对实体经济的重大而广泛的影响力，金融市场风险还会传递到实体经济中，导致整个经济体的风险和危机。作为一种高风险的重要市场，必须要对其进行特别的监督和管理，以有效防控风险、促进市场健康发展。对于绿色金融市场这一金融市场的全新领域来说，是两个高风险领域——金融领域和生态环境领域的叠加，其不仅蕴藏着一般金融市场风险，还新增了同样复杂的生态环境风险，更加需要特别的监管。

  如何对绿色金融市场进行监管才能确保其安全稳健、健康快速发展？首先是要合法监管。在实施监管之前，我们要明确监管本身的性质是由政府监管部门运用行政化力量对市场进行监督和管理。政府力量的介入，是源自我们对金融市场失灵及其引发的金融危机的深刻思考和总结；但是我们也要对政府失灵保持清醒的认识和足够的警惕，要设置监管权力的边界。这就需要制定相应的法律规则，构建公开、透明的法治化监管机制。其次是要效率监管。对绿色金融市场监管的目的是基于安全的价值考虑，但如果因此而阻碍到效率价值的实现，比如过于严苛的监管导致绿色金融创新的不足，将会严重冲击或侵蚀监管的正当性基础。此外，有效监管的另一层含义或者说要求是监管本身的效率性。这就意味着要通过制度立法来对监管者的监管行为进行以效率为目标要求的再监管。最后是要协通监管。绿色金融市场兼跨金融领域和生态环境领域的特殊性，要求必须从金融和生态环境两个角度进行联合监管。实践中这两个领域有着各自的监管体制和机构，这又需要对金融监管体制和生态环保监管体制进行协调和融合，以及需要金融监管部门（以银保监会系统、证监会系统等为主要监管主体）和生态环境管理部门（以生态环境部、自然资源部等为主要管理主体）之间进行沟通、协调，共享信息，实行协同监管。

  综合前述可知，绿色金融法是基于绿色金融市场监管的法治需求而产生和形成的，因此相当程度和内容上也是绿色金融监管法。

三、社会学层面的理论支持

无论是金融问题、生态环保问题,还是两者的交叉部分——绿色金融问题,以及与之相关的法律问题,都必然深嵌在我们所处的这个社会中。因此,从社会学的角度去认识和理解绿色金融及其法律问题,并进而去发掘这一相关领域中可能的理论支持,也有其重要意义。

(一) 风险社会理论

风险社会理论是由德国社会学家尤里奇·贝克在其《风险社会》一书中提出的,源自 20 世纪 80 年代以来,人们对社会中越来越多和越来越严重的各类风险的认识。风险社会理论所讨论的"风险"是工业社会发展特有的产物,是一种人为后果,风险概念表明了人们创造了一种文明,以便使自己的决定将会造成的不可预见的后果具备可预见性,从而控制不可控制的事情,通过有意采取的预防性行动以及相应的制度化措施战胜种种发展带来的副作用。① 随着生态环境危机演变成人类社会的根本性威胁和挑战,生态环境风险就成为风险社会中的首位度风险,并深刻地改变了人类社会许多传统认知和思维。作为一个典型例证,1986 年发生的苏联切尔诺贝利核泄漏事件,造成了一种"人类学震惊"在欧洲出现,导致西方工业社会中大部分人改变了他们对于技术发展的感知。②

风险社会中的风险是无处不在的。如果具体到金融领域,如前文所述,除了一般的金融风险,生态环境危机又加重了这一领域的风险程度,危害到了金融业的持续健康发展。其他领域也与之相似,除了既有的风险之外,也都被各类生态环境风险加诸于身,变得更加复杂化和严重化。如何应对现代社会中的复杂风险,以推进人类文明继续向前发展?在风险社会理论看来,风险社会并不是后现代的社会,要拯救现代社会的风险也不能用碎片化代替秩序,风险社会的任务是在充满人为制造的"不确定性"的社会里重建社会

---

① [德] 贝克、威尔姆斯:《自由与资本主义》,路国林译,浙江人民出版社 2001 年版,第 119 页。

② Ulrich Beck, The Anthropological Shock: Chernobyl and the Contours of the Risk Society, Berkeley Journal of Sociology, 32, 1987.

的秩序，接续启蒙运动所确立的理性传统。① 如何完成早期资本主义社会就已经开始的理性主义革命中未竟的部分——生态理性，重建一种全新的社会秩序，其答案现在已经十分清晰，那就是建设生态文明社会。

生态文明社会的构建，需要从社会经济文化等各个层面、维度进行全面系统地推进和展开。基于经济文明建设之于生态文明建设的重要性，以及金融之于现代经济发展的核心性，绿色金融文明建设具有十分重要的地位，其主要内容包括两个部分：一是运用绿色金融控制和约束机制手段引导传统高污染高能耗经济活动的绿色化转型，二是通过绿色金融激励和促进机制手段支持绿色环保经济活动的不断扩张和增长。绿色金融文明建设需要法律制度的规范、促进和保障，绿色金融法制文明也因此需要同步建设和发展。通过绿色金融与法制文明以及其他文明部分的建设发展，失控的风险社会将被重新调整和塑造，形成全新的安全、健康和有效运行的社会形态。

（二）合作规制理论

合作规制理论严格来说并非一个纯粹社会学领域中的理论，而是一个社会学、政治学、经济学甚至法学等学科交叉而生的理论。然而，从这一理论所讨论形成的基础和背景来看，它与合作治理有着密切关系，以社会化合作可能为前提，在很大程度上有着浓厚的社会学底色。从亚当·斯密关于人是为个人利益最大化而行动的"理性经济人"假设到牛津大学教授道金斯关于人具有"自私的基因"的论述，市场失灵的因子就已经在社会经济中埋下。霍布斯关于政府力量的"利维坦"形象设定，以及实践中政府失灵的种种现象，也让人们看到了政府力量的边界和局限性。既然"利维坦"把持的命令控制体系和自由市场上的"看不见的手"都不能有效管理社会，那我们该怎么办？② 事实上，人的本性是复杂多样的，自私本性和"理性经济人"并非人的全部。人性中也有利他的基因，人也有社会人或道德人的一面。通过合理的方式或机制，人们能够抛开个人之狭隘利益，为社会公共利益展开合作、携手共赢。基于此，美国学者本科勒认为，合作是有效管理经济与社会的第

---

① 李勇进、陈文江：《生态文明建设的社会学研究》，兰州大学出版社2018年版，第154页。
② ［美］尤查·本科勒：《合作的财富》，简学译，浙江人民出版社2018年版，第8页。

三种模式。① 同样的，发展演化到今天的政府力量，也不再完全像"利维坦"那样面目可怖，也在改善自身的力量行使方式，寻求与社会和市场的合作也是更为谦和的立场和更有效率的模式。在这些背景下，合作规制就成为政府行政控制和市场自我约束之外的第三种有时甚至是最好的选择。

合作规制是在社会合作可能性的基础上，吸收政府行政规制和市场自我规制的优势，通过合作共赢的方式避免了政府行政规制和市场自我规制的弊端或失灵，从而形成的一种全新规制模式。合作规制根据政府力量和市场力量的配比不同，大体可以分为求配合的政府规制和受规制的自我规制两种。前者政府力量居于主导地位，要求被规制对象给予积极配合的同时给予其一定利益回馈。从生态环境保护领域的实践来看，主要体现为绿色税费等方式手段。后者市场力量居于主导地位，政府力量仅是从外部或终极部分进行强制性规范。受规制的自我规制是德国合作规制中的最典型代表，可以理解为一种对与公共福祉相关的非国家参与人和国家调控之间的利益协调进行的调整安排。② 在实践中，受规制的自我规制手段体现为排放权交易、合同能源管理等。

在绿色金融领域，合作规制有着较为丰富的适用，在一定程度上表明了该领域中政府规制力量和市场规制力量的灵活配置和创新安排。比如，在绿色证券领域中，既有着以政府力量为主导的监管制度——高污染高能耗的几类行业企业不能公开募股融资，也有以市场自我规制为主的机制——上市公司内部绿色治理机制，还有体现着政府力量和市场力量均衡发挥作用的手段——环境信息披露制度。

第二节 绿色金融法律制度的内容框架

作为一个全新萌生的法律领域，绿色金融法从概念的提出到理论的证成，以及实践层面的初步尝试和发展，事实上已经具有了一些制度规则或手段。

---

① [美]尤查·本科勒：《合作的财富》，简学译，浙江人民出版社2018年版，第20页。
② 金健："德国公私合作规制理论及其对中国的启示"，载《南京政治学院学报》2018年第1期，第116页。

但是，无论是对于绿色金融发展的法制需求来说，还是对于一个全新法律制度体系的形成和完善而言，目前初步呈现的制度内容还是比较粗疏简陋，难以充分地发挥应有功能和作用。为了更好地推进绿色金融法的快速发展和相关制度体系的成熟完善，我们需要从整体上对绿色金融法律制度的内容框架进行一个规划和勾勒，从而为其具体构建和展开画出蓝图或设定路数。当然，这样一种规划和勾勒必须要有其内在逻辑和相关依据，下面拟从系统论和功能论两个维度展开论述。

一、基于系统论的体系涵摄

所谓系统，是指同类事物按照一定的关系组成的整体。系统论则是指研究系统的一般模式、结构、性质和规律的理论。[①] 从宏观角度来看，我们人类社会和自然界都处于地球这样一个宏大的生命系统之中，共同构成了地球生命体。从中观角度来看，地球生命体是由许许多多千差万别的系统组成的，比如，与本书主题有关的生态系统、经济系统、金融系统和法律系统。从微观角度来看，地球上万事万物，包括人类在内的每个个体都存在一个或多个系统之中，成为系统的一部分。系统论要求我们对事物的认识要从系统整体上展开，把握事物所处系统的结构、性质和规律，以及要关注系统之间的相互联系及其影响，这样才能对事物形成深刻的认识和全面的把握。因此，我们对绿色金融法律制度内容和框架的认识和把握，应该从其所处的相关系统情况进行考察和分析。

（一）基于金融系统的体系涵摄

金融系统是庞大经济系统的一部分，主要是由各类资金融通业务或活动构成。金融系统自身包含各类子系统，分类的标准有很多，比如，按照主体分类可以分为监管主体、业务经营主体、中介服务主体，或者投资主体、融资主体。如果按照人们最为常见和理解的所谓金融业"三驾马车"的业务标准分类，又可以分为信贷（银行）、证券（资本市场）和保险三类子系统。当然也有观点认为"三驾马车"之外还有信托、期货、融资租赁等金融业务

---

① 《现代汉语词典（第7版）》，商务印书馆2016年版，第1407-1408页。

系统，此观点也不无道理；但相对来说，信贷、证券和保险是最为基础、影响最大的三大子系统，最值得我们去关注和研究。

绿色金融作为有别于传统金融业务的新领域，如果以与生态环保的关联度作为标准划分，也属于金融系统中相对独立的子系统。如果以最为主要的业务分类标准来看，绿色金融系统涵括了绿色信贷、绿色证券和绿色保险等主要内容部分。

（二）基于生态系统的体系涵摄

根据生态学理论，生态系统是指由特定区域中生命有机体或生命要素，以及非生命的无机物所构成的生物环境或生物群落，如空气、土壤、水、阳光等有机体，它们互相作用，形成一个密切联系的整体。[①] 在整个生态系统中，根据生命有机体和非生命无机体之间的不同联系或功能，又可以形成各种各样的子系统。如果按照人类和其他自然物的区分标准，可以分为人类生命系统和自然生物系统，这一分类对于传统的，包括经济学、法学、社会学以及哲学等人文社会科学的理论研究来说具有重要意义。如果按照对人类社会经济发展的功能来说，又可以分为自然资源能源系统、生态服务系统（包括生态安全服务）等。甚至更为细分地，按照生态环境要素来分类，可以分为大气、土壤、水、森林、湿地、荒漠等子系统。

对于绿色金融活动来说，涉及生态系统的方方面面；从其目标功能来看，更多的还是按照对人类社会经济发展的价值角度来看待和处理金融系统与生态系统之间的关系。因此，绿色金融活动可以分为与资源能源消耗相关的金融活动、与生态服务和生态安全相关的金融活动。其中，与生态服务和生态安全相关的金融活动，实践中更多体现为与环境污染控制问题相关的金融活动。

（三）基于法律系统的体系涵摄

法律是现代社会体系中的一部分，业已形成自己独立的系统。依据卢曼社会系统理论，现代社会是一种功能上不断分化的系统。社会系统分化出它

[①] Jane B. Reece etc., Biology Concepts & Connections, Sixth Edition, Campbell, Neil A., 2009, pp. 2-3.

们各自的子系统,如政治、经济、科学、法律、教育、宗教、家庭等各个系统。一方面,每个系统都具有高度的自律性、独立性及其不可化约性;另一方面,为了凸显自身的自律性,每个系统又各自发展出自己的沟通媒介,如政治系统的"权力"、经济系统的"货币",而在系统内部则相应形成与沟通媒介相称的"二元代码",如法律系统的"合法/非法"、政治系统的"有权/无权"。① 法律系统一方面与其他社会系统之间互相联系、进行沟通,另一方面有着很强的自治性和自我发展能力。法律系统是一个包涵性很强的概念,如果我们从法律系统的构成内容上看,它可能包括法律原则、法律规范和法律制度等部分;如果我们从法律系统的运行和功能实现过程上看,它包括立法、执法、守法和司法等部分。

根据上述对法律系统的基本分析,绿色金融法是整个法律系统中的一部分或者说子系统,属于金融法系统和环境法系统交叉形成的全新部分。从静态上看,绿色金融法系统的内容体系涵括了体现着绿色金融法基本价值和方向的法律原则、以权利义务和责任为主要内容的法律规范以及由法律原则和法律规范共同形成为相应程式化要求的法律制度。从动态上看,绿色金融法系统的内容体系则涵括了绿色金融法律规范的制定、执行适用、遵守和司法适用等更多体现为程序性要求的内容部分。

二、基于功能论的制度构成

所谓功能,一般是指事物的作用和效能。法律制度的功能则指一项法律制度所具有的实现一定的法律价值目标、调整相关的法律关系和塑造相应的社会秩序等作用或效能。功能论是一个宽泛的理论概念,存在和应用于自然科学和人文社会科学的不同领域。我们在这里使用这个概念的初衷很简单,并非要对功能论进行理论层面的研究展开;而是为了与前面部分的"系统论"相关联使用,从而成为一个新的相关视角。在通过系统论的视角观察和构建了绿色金融法的制度体系后,再通过各系统的功能发挥角度,来考察和类型化分析绿色金融法的制度构成。根据绿色金融法各个系统的功能发挥或

---

① 顾祝轩:《民法系统论思维:从法律体系转向法律系统》,法律出版社2012年版,第27页。

实现的不同方式特点，其制度构成主要包括以激励引导为主要内容的市场化驱动机制、激励约束相匹配的混合化规制机制和以限制和惩罚为主要内容的行政化管制机制。

(一) 以激励引导为主要内容的市场化驱动机制

绿色金融法中的市场化驱动机制，在主导力量上，呈现出市场力量居于主导地位的特点；在功能发挥上，体现的是绿色金融法中承担着激励和引导功能的制度规范部分，属于促进性制度立法。这部分内容中，具体又可以分为三类制度规范，第一类是针对融资者，通过给予其更多的金融支持和待遇等，鼓励和引导其走向绿色环保发展路径，典型表现包括上市公司内部治理机制等。第二类是针对投资者，也是通过给予其更多的利益保护，鼓励和引导其把更多的资金投向绿色环保行业或企业。第三类是针对金融中介机构，通过营造一种绿色发展的氛围，形成市场化的绿色金融业务机遇，使其基于市场化理性考虑，追逐和发展绿色金融中介业务。

(二) 激励和约束相匹配的混合化规制机制

绿色金融法中的混合化规制机制，在主导力量上体现为政府力量、市场力量以及社会性力量共同参与、携手合作；在功能发挥上，体现的是激励机制与约束机制相匹配、监管者的监管与被监管者的主动配合以及社会性力量积极参与和促进相结合的制度规范部分。相较于市场化驱动机制以激励引导为主，混合化规制机制不仅规制力量上加入了社会性力量部分，内容上也表现为既有激励，也有相对应的约束；如果被监管者对相应的监管内容予以配合实施并达到监管目标，则给予相应激励，否则要承担相应的约束和不利后果。相对典型的表现有体现着政府力量和市场力量均衡发挥作用的手段——环境信息披露制度（包括强制性信息披露和自愿性信息披露），证券业协会和证券交易所等社会性机构所进行的行业监管和平台监管，等等。

(三) 以限制和惩罚为主要内容的行政化管制机制

绿色金融法中的行政化管制机制，在主导力量上毫无疑问主要体现为政府力量，针对的领域和对象也是属于市场失灵特别严重、生态环境危机特别严峻的部分；在功能发挥上，体现为严格的限制和对违反者的严重处罚等机制手段。相较而言，行政化管制机制更呈现出传统命令控制型行政管制制度的特点，强制性和权威性要求较多，典型表现有绿色证券领域严格要求高污染高能耗的几类行业企业不能公开募股融资等。总体来说，行政化管制机制在绿色金融法中的比重相对较低，属于底线性和保障性的制度内容。但是，基于生态环境风险和金融风险的复杂性，这一类型的制度内容也是不可或缺的。否则，将会使绿色金融法陷入"软法"的泥淖，沦为"没有牙齿的老虎"。在绿色金融法发展初期，这也许可以更多地迎合现实形势状况，获得更多的支持和推动；长远来看，却不利于绿色金融法的权威性和有效性之形成。

三、绿色金融法律制度的具体内容

前文从系统论和功能论两个角度，对绿色金融法的制度体系进行了相应的考察和分析，初步勾勒出了一个较为立体、多层面和多维度的绿色金融法律制度形象，为我们进一步更为全面、深入和细致地研究、分析和构建绿色金融法律制度体系奠定了基础。然而，在多元化视角中，我们还是需要选择一个视角作为主视角切入，来展开对绿色金融法律制度的具体研究。当前金融法领域中最为常用，也最为人们所理解和接受的角度，依然是按照主要业务活动类型进行界分，即银行法（信贷法）、证券法和保险法等不同领域，并据此形成了相应的调控或监管主体（中国人民银行、中国银保监会和中国证监会等）以及相应的调控或监管制度体系。对于绿色金融法来说，尽管加入了一些全新的内容和力量要素——生态环境保护，从历史习惯和接受度上来说仍然应当采取业务活动类型界分为主要视角切入，同时结合生态环保内容因素并体现其特殊性要求，来研究、分析和构建绿色金融法律制度。据此展开，绿色金融法律制度主要包括绿色信贷法律制度、绿色证券法律制度、绿色保险法律制度等几个方面的具体内容。

（一）绿色信贷法律制度

绿色信贷是指商业银行根据法律规定等规范要求，按照绿色环保目标来开展信贷业务活动，向借款人——各类生产经营企业发放贷款。信贷业务是最为重要的传统金融业务，在一国金融活动中居于核心性地位。金融法中把这一部分的法律领域及相关制度称为"银行法"，包括商业银行法和中国人民银行法，并且已经约定俗成。事实上，如果按照业务活动分类的标准来定名，应该称为信贷法，与证券法和保险法也能更好地协调对应。现有的商业银行法由此应该称为商业信贷法，中国人民银行法则应称为商业信贷调控法。当然，鉴于已经约定俗成，已有的称谓无须改变；但在绿色金融法这一全新领域中，我们可以回归到业务活动分类标准上来，将这部分内容领域称为绿色信贷法，相应的制度手段称为绿色信贷法律制度。

（二）绿色证券法律制度

证券市场通常也被称为资本市场，是资金融通的又一重要领域。对于融资者——主要是各类生产经营企业来说，其获取资金的方式主要是股权融资和债权融资。通过股权融资的，付出的对价是给予投资者相应的股权份额，权利的具体形式表现为股票；通过债权融资的，付出的对价是给予投资者相应的利息收益，权利的具体形式表现为债券。无论是股票还是债券，都是用来证明相应权利或权益的凭证，即有价证券。因此，这一金融领域被称为证券市场，相关法律制度也被称为证券法律制度。相对于信贷市场来说，证券市场具有更大的公开性和社会性，影响力十分广泛。绿色证券法就是通过相关法律机制或制度对证券市场进行绿色化调节、规制和监管，引导或限制资本市场上的资本流向，促进和实现绿色发展。

（三）绿色保险法律制度

保险市场是金融市场的又一组成部分，属于相对比较封闭和特殊的金融市场，甚至有时不被放在狭义的金融——资金融通的范围内，以至于和金融并列称为"金融保险"。我们认为，无论是基于保险的储蓄投资性功能，还是基于投保理赔的风险管控性功能，以及保险资金的投资管理业务，保险都是一个充满资金流动和风险管控的行业或市场，应该属于金融大市场的一部分。与此同时，保险业对风险的管控同样可以很好地运用于生态环境风险方面，发挥出高效的作用。绿色保险有着很大的存在和发展空间，相关法律制度建设也应当予以重视、加快发展。

第四章

绿色信贷法律制度

绿色信贷作为绿色金融领域中的重要部分,近年来正在国际和国内两个层面以各种各样的方式实现了稳步发展和推进。随着相关概念的不断使用和清晰化,以及相关业务活动越来越频繁和广泛,相关制度政策相继出台实施,绿色信贷及其法律制度进入一个快速发展的阶段。如何推进制度发展并构建出相应的制度体系,美国的超级基金法和国际社会通行的赤道原则值得关注和研究,其中不乏可以借鉴的部分。当然,最大的创新和进步,只能是依托自身的发展实践、回应相应的制度需求才能真正产生和实现。

第一节 绿色信贷法律制度概述

一、基本概念之厘清

关于绿色信贷的概念,一直有着很多种理解。有学者从信贷的金融学本源追溯,认为绿色信贷是在"银行信用"这一层面的基础上发展而来的,"银行贷款"是其表现形式和最终产品,"信用"则是其经济学本质。在"信贷"这一概念基础上派生出的绿色信贷应当是一种商业银行借助信贷手段来加大对绿色发展(绿色经济、低碳经济、循环经济)的支持,防范环境和社会风险,提升自身的环境和社会表现的金融活动。[①]

[①] 赵峥、袁祥飞、于晓龙:《绿色发展与绿色金融——理论、政策与案例》,经济管理出版社2017年版,第62页。

有的学者则从绿色信贷的具体内容和相关实践出发,认为绿色信贷通常是指银行利用信贷手段支持有环保效益的项目和限制有负面环境效应项目的一系列政策、制度安排及实践。根据中国银行业监督管理委员会"绿色信贷统计"相关文件,绿色信贷项目包括:绿色农业开发项目,绿色林业开发项目,工业节能节水环保项目,自然保护、生态修复及灾害防控项目,可再生能源及清洁能源项目,农村及城市水项目,建筑节能及绿色建筑、绿色交通运输项目,节能环保项目等11类。[①]

我们认为,上述两个代表性的定义从理论和实务的不同角度对绿色信贷的概念进行了相应的界定和厘清,两者并不矛盾,而是互相补充的,这让我们更好地去理解和把握绿色信贷的内涵和外延。事实上,还有其他不少关于绿色信贷的概念界定,虽然这些定义并未完全统一,但对于人们认识绿色信贷以及绿色信贷的发展来说并无多少害处,相反起到了传播绿色信贷理念、扩展绿色信贷影响的作用。因此,至少在当前阶段,似乎并不一定要找到一个完全统一、为社会所公认的定义。当然,未来随着绿色信贷业务及其法律制度的不断发展成熟,一个更加清晰和统一的概念也会自然形成。

二、我国绿色信贷发展现状考察

我国绿色信贷业务的萌芽可以追溯到1995年,当时中国人民银行下发了《关于贯彻信贷政策与加强环境保护工作有关问题的通知》,对商业银行在信贷工作中如何落实环境保护政策进行了规定。但由于当时社会各界特别是金融界环保意识较为淡薄、国家相关环保法律法规要求相对不严以及环境风险并未传递演变为金融风险等主客观因素,绿色信贷业务并未能真正发展起来。绿色信贷真正被高度重视并有了实质性的发展,是从2007年我国的"绿色金融风暴"开始。这场"绿色金融风暴"源起于我国主要金融监管部门与环保主管部门共同或单独发布的一系列有关绿色金融发展的政策文件。自此之后,银行业开始了自身的绿色化行动和转型,绿色信贷业务不断开拓、创新和展开,形成了日益庞大的规模。

---

① 马骏主编:《中国绿色金融发展与案例研究》,中国金融出版社2016年版,第9页。

（一）商业银行的绿色化行动与转型

2007年以来我国各个商业银行几乎都开始了绿色化行动，高度关注和发展绿色信贷，积极进行绿色信贷产品研发，加强和优化业务管理，防控生态环境风险和履行环境责任。部分商业银行甚至有着更为宏大的转型目标，比如，兴业银行提出要打造世界一流的绿色金融服务集团等。为更好地了解和把握商业银行的绿色化发展，我们选取了具有代表性的两家银行——新兴股份制中小商业银行代表的兴业银行和传统大型国有商业银行代表的中国工商银行作为样本，对它们的绿色信贷业务发展情况进行考察和分析。

1. 兴业银行

兴业银行是我国首批设立的股份制商业银行，很早就把绿色信贷业务作为自身发展的重要领域和做大做强的突破口。2007年兴业银行签署了联合国环境规划署《金融机构关于环境和可持续发展的声明》，2008年公开承诺采纳赤道原则，成为我国首家"赤道银行"，并于2009年开展了我国银行业首笔适用赤道原则的项目。兴业银行逐渐明确了环境与社会风险管理目标，设立了环境与风险管理组织架构，制定了一系列环境与社会风险管理举措，形成了贷前—贷中—贷后全流程环境与风险预警管理体系，并自主研发出了绿色金融专业系统——"点绿成金"绿色金融专业支持系统，通过业务管理、风险管理、运营管理三大功能模块，提高绿色项目识别效率，增强环境与社会风险防控能力，并提高专业支持水平。[①] 兴业银行在绿色信贷产品方面一直不断创新，形成了自身富有特色和影响力的"环境金融"产品体系。其中，既有传统信贷产品的绿色化改造，比如，其固定资产贷款被绿色化改造为"适用于企业建设节能环保项目包括购买节能环保设备而申请的贷款"，项目融资改造为"适用于节能环保项目建设融资"；也有创新特色产品，比如合同能源管理项目未来收益权质押融资、合同环境服务融资、碳资产质押融资、排污权抵押融资、节能减排融资、结构化融资和碳金融客户资产专项管理等。此外，兴业银行还根据实践中绿色经济发展的需要，创设了很多全

[①] 兴业银行股份有限公司：《可持续发展报告（2018）》，第36页，兴业银行官方网站，https：//www.cib.com.cn/cn/aboutCIB/social/report/index.html，2019年7月5日访问。

新的融资模式和解决方案，极大地丰富了绿色信贷融资人的产品选择。

2. 中国工商银行

中国工商银行居于我国四大国有控股商业银行之首，在银行业有着重大影响力。在 2007 年开始制定实施绿色信贷政策，一方面，不断加大对绿色经济的支持力度，丰富绿色信贷的内涵，完善重点领域政策体系和金融产品，投向绿色经济领域的融资一直大幅超过全行贷款平均增速，有力地促进了经济的绿色发展。另一方面，严格执行"绿色信贷一票否决"，将绿色信贷管理要求嵌入信贷业务全流程，将环境与社会风险因素纳入客户及项目风险的重要评价内容，确保其节能环保方面的合规性、完整性和相关程序的合法性。工商银行 2015 年加入了联合国环境规划署金融行动机构（United Nations Environment Program-Finance Initiatives，UNEP FI），通过采纳国际标准、遵循国际准则，在服务对外投资中帮助客户有效管理环境与社会风险；2016 年发布《ESG 绿色评级与绿色指数研究报告》和《环保政策变化对商业银行钢铁行业信用风险影响的压力测试分析报告》；并于 2018 年入选联合国环境规划署金融行动机构发起的"全球银行业可持续原则"核心银行工作组。①

（二）绿色信贷规模的发展壮大

在我国经济发展绿色化转型带来的资金需求越来越大和商业银行积极开拓绿色信贷业务的背景下，我国银行业中绿色信贷规模也不断发展壮大。根据我国对绿色信贷的最新统计情况，国内 21 家主要银行机构绿色信贷呈持续健康发展态势，主要有以下特点：一是绿色信贷规模保持稳步增长。从 2013 年年末的 5.20 万亿元增长至 2017 年 6 月末的 8.22 万亿元。二是绿色信贷的环境效益较为显著。三是信贷质量整体良好，不良率处于较低水平。例如，2017 年 6 月末，国内主要银行节能环保项目和服务不良贷款余额 241.7 亿元，不良率 0.37%，比各项贷款不良率低 1.32%。② 由此可见，我国绿色信贷业务不仅规模越来越大，贷款质量也很高，相关风险防控十分有效。

---

① 中国工商银行："工行近万亿融资'贷'动绿色发展"，http://www.icbc.com.cn/icbc/gxk_1/12602.htm；"工商银行积极参与制定国际绿色金融标准"，http://www.icbc.com.cn/ICBC/%e5%b7%a5%e8%a1%8c%e5%a3%8e%e8%b2%8c/default.htm；2019 年 6 月 10 日访问。

② 欧阳剑环："我国绿色信贷规模稳步增长"，载《中国证券报》，2018 年 2 月 10 日。

从商业银行个体来说，以绿色信贷业务发展最为典型和突出的兴业银行为例，自其 2008 年采纳赤道原则以来的 10 年里，累计对 1048 笔项目开展赤道原则适用性判断，所涉项目总投资为 15782.46 亿元；2018 年累计提供绿色金融融资企业数量为 16862 家，提供绿色金融融资 17624 亿元，较之往年持续上升（2016 年提供绿色金融融资 10761 亿元，2017 年提供绿色金融融资 14562 亿元）。① 兴业银行不仅自身实现了快速发展，也为整个社会的绿色经济增长、生态环境保护作出了很大贡献。

三、我国绿色信贷相关制度政策分析

基于生态环境问题的外部性效应，绿色信贷业务的开展并不是一个市场化的过程，而是十分依赖政策立法的激励约束来加以推动。除了日益严厉的环保法律法规及其试行对高污染高能耗型企业产生了严重约束和重大影响，从而为绿色信贷提供了十分有利的市场环境外，大量与绿色信贷直接相关的制度政策的制定实施也在有力地推动着绿色信贷的深入发展。

（一）综合性绿色金融制度政策

1.《中华人民共和国节约能源法》中的相关规定

《中华人民共和国节约能源法》（以下简称《节约能源法》）在 2007 年修正时，其第五章"激励措施"第 65 条对绿色信贷作出了规定：国家引导金融机构增加对节能项目的信贷支持，为符合条件的节能技术研究开发、节能产品生产以及节能技术改造等项目提供优惠贷款。

总体来看，该规定内容相对简略，适用范围上仅针对节能项目，方式上只是由国家引导而无强制性约束，内容上只有贷款优惠，所以影响力较为有限。

2.《生态文明体制改革总体方案》中的相关规定

2015 年 9 月，中共中央、国务院发布《生态文明体制改革总体方案》，其中第八部分"健全环境治理和生态保护市场体系"第 45 条规定："建立绿

---

① 兴业银行股份有限公司：《可持续发展报告（2018）》，第 8、9、37 页，https://www.cib.com.cn/cn/aboutCIB/social/report/index.html，2019 年 7 月 5 日访问。

色金融体系。推广绿色信贷，研究采取财政贴息等方式加大扶持力度，鼓励各类金融机构加大绿色信贷的发放力度，明确贷款人的尽职免责要求和环境保护法律责任。……建立绿色评级体系以及公益性的环境成本核算和影响评估体系。积极推动绿色金融领域各类国际合作。"

这一规定对于绿色信贷发展来说有着十分重要的影响，一方面，体现了绿色信贷作为我国生态文明建设的重要金融手段的地位和作用；另一方面，为绿色信贷及其相关制度的具体发展提供了依据、方向和路径。

3.《关于构建绿色金融体系的指导意见》的相关规定

2016年8月，中国人民银行、财政部、国家发展和改革委员会、环境保护部、银行业监督管理委员会、证券监督管理委员会、保险监督管理委员会等七部委联合发布了《关于构建绿色金融体系的指导意见》。其中，首要内容就是大力发展绿色信贷，并从以下几个方面提出了发展方向和相应举措。

一是构建支持绿色信贷的政策体系。完善绿色信贷统计制度，加强绿色信贷实施情况监测评价。探索通过再贷款和建立专业化担保机制等措施支持绿色信贷发展。对于绿色信贷支持的项目，可按规定申请财政贴息支持。探索将绿色信贷纳入宏观审慎评估框架，并将绿色信贷实施情况关键指标评价结果、银行绿色评价结果作为重要参考，纳入相关指标体系，形成支持绿色信贷等绿色业务的激励机制和抑制高污染、高能耗和产能过剩行业贷款的约束机制。

二是推动银行业自律组织逐步建立银行绿色评价机制。明确评价指标设计、评价工作的组织流程及评价结果的合理运用，通过银行绿色评价机制引导金融机构积极开展绿色金融业务，做好环境风险管理。对主要银行先行开展绿色信贷业绩评价，在取得经验的基础上，逐渐将绿色银行评价范围扩大至中小商业银行。

三是推动绿色信贷资产证券化。在总结前期绿色信贷资产证券化业务试点经验的基础上，通过进一步扩大参与机构范围，规范绿色信贷基础资产遴选，探索高效、低成本抵质押权变更登记方式，提升绿色信贷资产证券化市场流动性，加强相关信息披露管理等举措，推动绿色信贷资产证券化业务常态化发展。

四是研究明确贷款人环境法律责任。依据我国相关法律法规，借鉴环境法律责任相关国际经验，立足国情探索研究明确贷款人尽职免责要求和环境保护法律责任，适时提出相关立法建议。

五是支持和引导银行等金融机构建立符合绿色企业和项目特点的信贷管理制度。优化授信审批流程，在风险可控的前提下对绿色企业和项目加大支持力度，坚决取消不合理收费，降低绿色信贷成本。

六是支持银行和其他金融机构在开展信贷资产质量压力测试时，将环境和社会风险作为重要的影响因素，并在资产配置和内部定价中予以充分考虑。鼓励银行和其他金融机构对环境高风险领域的贷款和资产风险敞口进行评估，定量分析风险敞口在未来各种情景下对金融机构可能带来的信用和市场风险。

七是将企业环境违法违规信息等纳入金融信用信息基础数据库，建立企业环境信息的共享机制，为金融机构的贷款和投资决策提供依据。

4.《关于落实环保政策法规防范信贷风险的意见》的相关规定

2007年7月，国家环境保护总局、中国人民银行、中国银行业监督管理委员会联合发布了《关于落实环保政策法规防范信贷风险的意见》，这一文件是我国第一波"绿色金融风暴"的重要组成部分，对绿色信贷作出了较为全面的规定，涉及环保部门、商业银行、人民银行和银监会等多方面主体。具体包括以下内容。

首先，对相关金融机构的贷款发放行为进行了总体规制，要求其应依据国家建设项目环境保护管理规定和环保部门通报情况，严格贷款审批、发放和监督管理，对未通过环评审批或者环保设施验收的项目，不得新增任何形式的授信支持。同时，进一步要求金融机构应根据情况进行分类管理，对鼓励类项目在风险可控的前提下，积极给予信贷支持；对限制和淘汰类新建项目，不得提供信贷支持；对属于限制类的现有生产能力，且国家允许企业在一定期限内采取措施升级的，可按信贷原则继续给予信贷支持；对于淘汰类项目，应停止各类形式的新增授信支持，并采取措施收回已发放的贷款。

其次，强调多部门合作，进行协同监管。具体而言，各级环保部门应当按照环保总局与人民银行制定的统一标准，提供可纳入企业和个人信用信息基础数据库的企业环境违法、环保审批、环保认证、清洁生产审计、环保先进奖励等信息。人民银行及各分支行要引导和督促商业银行认真落实国家产业政策和环保政策，将环保信息纳入企业和个人信用信息基础数据库，防范可能的信贷风险。各级银行监管部门要督促商业银行将企业环保守法情况作为授信审查条件，严格审批、严格管理；将商业银行落实环保政策法规、配合环保部门执法、控制污染企业信贷风险的有关情况，纳入监督检查范围；要对因企业环境问题造成不良贷款等情况开展调查摸底。各主管或监管部门根据需要可以设立联席会议制度。

最后，对各商业银行提出了更为具体的要求，要求其将支持环保工作、控制对污染企业的信贷作为履行社会责任的重要内容；根据环保部门提供的信息，严格限制污染企业的贷款，及时调整信贷管理，防范企业和建设项目因环保要求发生变化带来的信贷风险；在向企业或个人发放贷款时，应查询企业和个人信用信息基础数据库，并将企业环保守法情况作为审批贷款的必备条件之一。

5.《能效信贷指引》的相关规定

2015年1月，中国银行业监督管理委员会、国家发展和改革委员会联合发布了《关于印发能效信贷指引的通知》。这一文件中规定的能效信贷是指银行业金融机构为支持用能单位提高能源利用效率，降低能源消耗而提供的信贷融资，属于绿色信贷的一部分。具体内容包括以下几个方面。

首先，对监管或主管主体的职责进行了明确，即中国银行业监督管理委员会依法对银行业金融机构开展能效信贷业务实施监督和管理，国家发展和改革委员会依法负责对重点用能单位、节能服务公司、第三方节能量审核机构开展的节能工作实施监督和管理。

其次，规定了信贷方式及其风险控制，具体包括用能单位能效项目信贷和节能服务公司合同能源管理信贷两种方式，并提出了相应的准入要求。同时，要求金融机构要综合考虑项目风险水平、借款人财务状况以及自身风险承受能力等因素，合理测算项目投资、融资需求，根据预测现金流和投资回收期合理确定贷款金额、贷款期限和还款计划。要加强能效信贷尽职调查，全面了解、审查用能单位、节能服务公司、能效项目、节能服务合同等信息及风险点。

再次，要求银行加强贷款管理防控风险，通过现场核查和非现场管控等方式，密切关注国家产业结构调整、节能减排政策变化和节能减排标准提高对授信企业和项目产生的实质性影响，定期对信贷风险进行评价，并建立信贷质量监控和风险预警制度。

最后，鼓励银行在做好风险防范的前提下加快能效信贷产品和服务创新以及能效信贷担保方式创新，同时要加强自身专业能力建设，加强内部治理和风险防控。

（二）中国人民银行绿色信贷制度政策

1.《关于贯彻信贷政策与加强环境保护工作有关问题的通知》的相关规定

1995年2月，中国人民银行发布了《关于贯彻信贷政策与加强环境保护工作有关问题的通知》，在总体上要求各级金融部门在信贷工作中要重视自然资源和环境的保护，把支持国民经济的发展和环境资源的保护、改善生态环境结合起来，要把支持生态资源的保护和污染的防治作为银行贷款考虑的因素之一。在原则上，根据相关企业的环境表现，实行不同类别区别对待。在具体业务上，要严格贷款的审批、发放和监督管理，将贷款项目是否落实防治污染及其他公害的设施与主体工程同时设计、同时施工、同时投产的要求，作为贷款的必要条件之一，从信贷投放和管理上配合环境保护部门严格把关。

如前所述，尽管这一通知抓住了当时已经暴露出来的一些问题，并及时给出了解决方法；但基于当时的背景因素限制，并未能发挥出太大的作用和影响。

2.《绿色贷款专项统计制度》的相关规定

2018年1月，中国人民银行发布了《关于建立绿色贷款专项统计制度的通知》，提出了对银行业相关机构的绿色贷款进行专门统计的要求。绿色贷款专项统计制度目前正在地方各级人民银行贯彻落实，对于央行全面掌握绿色信贷规模和投向等发展情况，从而作出科学有效的调控有着重要的意义。

3.《银行业存款类金融机构绿色信贷业绩评价方案》的相关规定

2018年7月，中国人民银行发布了《关于开展银行业存款类金融机构绿色信贷业绩评价的通知》，制订了《银行业存款类金融机构绿色信贷业绩评价方案》。该方案主要规定以下几方面内容。

一是明确绿色信贷业绩评价的范围和目标。人民银行及其分支机构依据信贷政策规定对银行业存款类金融机构绿色信贷业绩进行综合评价，并依据评价结果对银行业存款类金融机构实行激励约束的制度安排，每季度评价一次。

二是制订了评价指标和方法。绿色信贷业绩评价指标设置定量和定性两类，其中，定量指标权重80%，定性指标权重20%。定量指标包括绿色贷款余额占比、绿色贷款余额份额占比、绿色贷款增量占比、绿色贷款余额同比增速、绿色贷款不良率等。定性指标及得分由人民银行综合考虑银行业存款类金融机构日常经营情况并参考定性指标体系确定。

三是提出了评价结果及其运用方式。评价结果纳入银行业存款类金融机构宏观审慎考核。同时，对银行业存款类金融机构报送的定性指标数据进行校准及不定期核查。未如实填报评估数据的，一经发现，人民银行将按照有关规定严肃处理，并要求限期整改。

央行的绿色信贷业绩评价方案刚出台不久，具体运行效果如何还有待进一步观察。但就方案内容来看，应该会对各商业银行的绿色信贷业务发展有着很大的推动作用。

（三）中国银保监会绿色信贷制度政策

1.《节能减排授信工作指导意见》的相关规定

2007年，中国银行业监督管理委员会发布了《关于印发〈节能减排授信工作指导意见〉的通知》，这也是"绿色金融风暴"的重要组成部分。这一规范性文件从以下几个方面对节能减排方面的授信工作进行了规定。

一是规定了总体要求。银行业金融机构要从战略规划、内部控制、风险管理、业务发展着手，防范高耗能、高污染带来的各类风险，加强制度建设和执行力建设。

二是制定了授信政策。要求银行业金融机构应依据国家产业政策，对列入国家产业政策限制和淘汰类的新建项目，不得提供授信支持；对属于限制类的现有生产能力，且国家允许企业在一定期限内采取措施升级的，可按信贷原则继续给予授信支持；对于淘汰类项目，原则上应停止各类形式的新增授信支持，并采取措施收回已发放的授信。同时，实行差别化信贷政策，比如，对得到国家和地方财税等政策性支持的企业和项目，对节能减排效果显著并得到国家主管部门表彰、推荐、鼓励的企业和项目，在同等条件下，可优先给予授信支持。

三是强化了授信管理制度。内容包括进行严格的合规审查，以项目获得有关主管部门审批通过作为项目授信合规审查的最低要求；加强对项目建设授信资金的拨付管理、项目授信的分类管理，对存在重大耗能和污染风险的授信企业应实行名单式管理，以及加强涉及耗能、污染风险的企业和项目的授信合同管理等。

四是建立了激励约束机制。具体内容为银行业监督管理委员会将把节能减排授信作为银行业机构评级的重要内容，将评价结果与被监管银行业机构高管人员履职评价、分支机构准入、业务发展相挂钩，落实到位的，予以鼓励。对高耗能、高污染行业授信比例大、增长速度快的银行业机构将安排专项检查，并根据检查结果督促其进行整改。必要时，将要求外部审计师关注被审计的银行业机构与高耗能、高污染企业和项目有关的授信风险和合规风险，发挥外部审计的监督作用。

2.《关于加强银行业金融机构社会责任的意见》的相关规定

2007年12月，中国银行业监督管理委员会办公厅发布了《关于加强银行业金融机构社会责任的意见》，从社会责任的角度对银行业金融机构提出了要求。该文件中对社会责任进行了列明，包括对股东、员工、金融服务消费者、社区、社会的责任，以及建立和谐劳动关系和公平竞争市场、可持续发展环境的法律责任和道德责任。文件中提出，增强社会责任感是社会发展对银行业金融机构的要求，履行社会责任则是银行业金融机构推动社会可持续发展，构建和谐社会的基础，是提升银行业金融机构竞争力的重要途径。在此基础上，文件进一步要求银行业金融机构要切实采取措施履行社会责任，包括明确社会责任目标，参照国内外企业社会责任的良好做法，在授信及业务流程和管理程序中体现企业社会责任的管理要求以及要建立适当的评估机制，定期评估企业社会责任履行情况。此外，还要求主要银行业金融机构应定期发布社会责任年度报告，明确在相关利益者权益保护、环境保护、公共利益保护等方面的目标和措施。

3. 《绿色信贷指引》的相关规定

2012年2月，中国银行业监督管理委员会发布了《关于印发绿色信贷指引的通知》，制定了《绿色信贷指引》，这应该是目前关于绿色信贷发展的最为全面和具体的规范性文件，对绿色信贷的规范化和精细化发展有着十分重要的指导作用。其主要内容包括以下几个部分。

一是总体要求。银行业金融机构应当有效识别、计量、监测、控制信贷业务活动中的环境和社会风险，建立环境和社会风险管理体系，完善相关信贷政策制度和流程管理。

二是组织管理。董事会或理事会负责确定绿色信贷发展战略，审批高级管理层制定的绿色信贷目标和提交的绿色信贷报告，监督、评估本机构绿色信贷发展战略执行情况；高级管理层根据董事会或理事会的决定，制定绿色信贷目标，建立机制和流程，明确职责和权限，开展内控检查和考核评价；明确一名高管人员及牵头管理部门，配备相应资源，组织开展并归口管理绿色信贷各项工作。必要时可以设立跨部门的绿色信贷委员会。

三是政策制度及能力建设。政策制度方面，主要是建立并不断完善环境和社会风险管理的政策、制度和流程，明确绿色信贷的支持方向和重点领域，对国家重点调控的限制类以及有重大环境和社会风险的行业制定专门的授信指引，实行有差别、动态的授信政策，实施风险敞口管理制度。制定针对客户的环境和社会风险评估标准、对存在重大环境和社会风险的客户实行名单制管理，要求其采取风险缓释措施等。能力建设方面，要建立健全绿色信贷标识和统计制度，完善相关信贷管理系统，加强绿色信贷培训，培养和引进相关专业人才。

四是流程管理。主要包括加强授信尽职调查，对拟授信客户进行严格的合规审查，加强授信审批管理，通过完善合同条款督促客户加强环境和社会风险管理，加强信贷资金拨付管理，加强贷后管理以及对拟授信的境外项目的环境和社会风险管理，等等。

五是内控管理和信息披露。内控管理方面,应当将绿色信贷执行情况纳入内控合规检查范围,定期组织实施绿色信贷内部审计;同时建立有效的绿色信贷考核评价体系和奖惩机制,落实激励约束措施。信息披露方面,要公开绿色信贷战略和政策,充分披露绿色信贷发展情况。对涉及重大环境与社会风险影响的授信情况,应当依据法律法规披露相关信息,接受市场和利益相关方的监督。必要时可以聘请合格、独立的第三方,对银行业金融机构履行环境和社会责任的活动进行评估或审计。

六是监督检查。主要包括各级银行业监管机构应当加强与相关主管部门的协调配合,建立健全信息共享机制,完善信息服务,向银行业金融机构提示相关环境和社会风险。应当加强非现场监管,完善非现场监管指标体系,强化对银行业金融机构面临的环境和社会风险的监测分析和引导。将银行业金融机构的相关评估作为监管评级、机构准入、业务准入、高管人员履职评价的重要依据。

4.《银行业金融机构绩效考评监管指引》的相关规定

2012年6月,中国银行业监督管理委员会发布了《关于印发银行业金融机构绩效考评监管指引的通知》,《银行业金融机构绩效考评监管指引》中设置了社会责任类指标,把金融机构的社会责任承担情况进行考评。具体内容如下。

首先,对社会责任类指标进行了详细规定,将之用于评价银行业金融机构提供金融服务、支持节能减排和环境保护、提高社会公众金融意识的情况,包括服务质量和公平对待消费者、绿色信贷、公众金融教育等。

其次,将银行业金融机构绩效考评实施情况纳入年度监管评价,并与监管激励措施挂钩,包括与考评对象设立机构、开办新业务以及高级管理人员任职资格核准挂钩。

最后,加大约束力度,对绩效考评制度建设不合规、考评指标体系不科学、考评结果应用不全面的银行业金融机构及其考评对象,加强现场检查力度;绩效考评工作不符合指引要求的,责令限期整改,整改不到位的,依法实施监管措施或行政处罚。

5.《关于绿色信贷工作的意见》的相关规定

2013年2月,中国银行业监督管理委员会办公厅发布了《关于绿色信贷工作的意见》，这个文件并没有在绿色信贷制度政策上作出太多新的规定，更多是在为如何落实好《绿色信贷指引》做一些引导和支撑性工作。因此，文件中主要是简略提出了十个方向性意见：牢固树立绿色信贷理念，积极支持绿色、循环和低碳发展，主动防控"两高一剩"行业信贷风险，严防环境和社会风险引发的风险损失及不利影响，加强环境和社会风险提示，有针对性地开展环境和社会风险排查，加快有关信息共享平台建设，完善绿色信贷统计制度，探索将绿色信贷实施成效纳入机构监管评级，持续推进国内外绿色信贷经验交流工作以及进一步发挥银行业协会的作用。

6. 绿色信贷统计制度的相关规定

2013年7月，中国银行业监督管理委员会办公厅发布了《关于报送绿色信贷统计表的通知》，制定了绿色信贷统计制度。这一制度的出台为促进绿色信贷业务发展、对绿色信贷进行相应监管奠定了扎实的基础。该制度将绿色信贷分为两类，一类是涉及环境、安全等重大风险企业信贷业务；另一类是节能环保项目及服务贷款业务。各自有着不同的标准要求，适用不同的统计表。具体制度内容主要体现为两张统计表，以及为了填好表格而附上的填报说明和为了更清晰地说明环保效果而附上的节能减排量测算指引。可以说，这项制度充满着十分浓厚的环保科技含量，各类环保标准和数据十分全面细致，标志着绿色信贷制度开始从定性走向定量的精准化监控。

具体来说，第一张统计表——环境、安全等重大风险企业信贷情况统计表中，对重大风险企业进行了分类，按照每一类别统计上报相关贷款情况，包括有无采取措施、采取怎样的措施、客户数量多少、贷款余额多少、比年初增减额以及贷款五级分类情况等。第二张统计表——节能环保项目及服务贷款情况统计表中，同样对各类节能环保项目及服务进行了分类，按照每一类别统计上报相关贷款情况，包括贷款余额、比年初增减额以及贷款五级分类情况等。应当说，这两张统计表分别从对环境、安全等重大风险企业的信贷进行控制缩减、釜底抽薪，对节能环保项目及服务贷款进行鼓励支持、雪中送炭，十分有力地改变了信贷资金的流向，推动了绿色信贷和绿色经济的发展。

7. 《绿色信贷实施情况关键评价指标》的相关规定

2014年6月，中国银行业监督管理委员会办公厅发布了《关于印发〈绿色信贷实施情况关键评价指标〉的通知》，这同样是一个为了更好地落实《绿色信贷指引》规定的相关制度要求、推进绿色信贷发展的规范性文件。基于这一文件而制定的《绿色信贷实施情况关键评价指标》，则建立了针对绿色信贷工作进展情况的评价机制。这一机制主要是由相应的评价指标构成，而评价指标则是紧紧围绕着《绿色信贷指引》中的相关制度要求而制定的。

具体考察，评价指标体系包括定性指标和定量指标两大部分。其中定性指标以《绿色信贷指引》中的相关规定为依据而制定，包括以下指标内容。

一是《绿色信贷指引》第二章"组织管理"部分，有董事会职责指标、高管层职责指标、归口管理指标三大部分，具体还设有详细的指标要素分析，评价结果包括"符合、基本符合、较不符合和不适用"四种；二是《绿色信贷指引》第三章"制度政策及能力建设"部分，有制定政策指标、分类管理指标、绿色创新指标和能力建设指标，具体设立了详细的指标要素，评价结果一样分为四种；三是《绿色信贷指引》第四章"流程管理"部分，有尽职调查指标、合规审查指标、授信审批指标、合同管理指标、资金拨付管理指标、贷后管理指标和境外项目管理指标，每一个指标下又设立了详细的指标要素；四是《绿色信贷指引》第五章"内控管理与信息披露"部分，设有内控检查指标、考核评价指标和信息披露指标，各个指标下同样设立了详细的指标要素；五是《绿色信贷指引》第六章"监督检查"部分，设有自我评估指标，设有两项指标要素。

定量指标部分包括核心指标和可选指标两类。核心指标是支持及限制类贷款情况，包括支持及限制类贷款的具体类别、碳减排量、贷款余额、年内及同比增减情况、不良率、户数及占比等指标要素。可选指标则包括机构的环境和社会表现、绿色信贷培训教育情况以及与利益相关方的互动情况等三个指标。

此外，为了更好地运用好相关评价指标，该文件还制定了相关附表，包括应制定信贷政策的行业表、A类B类项目和客户的国民经济代码表、客户环境和社会风险管控情况动态评估表、涉及"两高一剩"行业参考目录表以及环境和社会风险管理合同文本参照内容表等。

（四）生态环境部绿色信贷制度政策

生态环境部前身国家环境保护总局1995年2月发布了《关于运用信贷政策促进环境保护工作的通知》，这一文件是回应中国人民银行稍早一些发布的《关于贯彻信贷政策与加强环境保护工作有关问题的通知》，以及在环保管理领域中提出相对应的管理要求。[①]

该文件规定了几个方面的内容，包括做好环境影响评价审批工作、加强建设项目"三同时"的全过程监督管理、加大环保执法力度，并将相关环保监管信息提供给相关金融部门等。与央行的文件通知一样，囿于当时的条件，这一文件发挥的效果和影响也较为有限。

四、我国绿色信贷制度存在的问题与不足

为了更为全面地了解和把握我国绿色信贷目前的制度政策，前面用了较长的篇幅对相关法律规范文件进行了全面的梳理和全景式的描述。关于现行制度政策规定，我们发现：一方面，我国很早就有了相关规定，现在相关制度政策已经很多，部分制度政策规定的也比较详细，为我国绿色信贷制度的发展提供了有力的支持；另一方面，我们发现这些看似很多很丰富的制度政策，还存在不少问题和不足，以至于并未能从根本上和整体上形成一个科学合理、有机协调、权威有效的制度体系。这些问题与不足，主要表现在以下几个方面。

（一）多为政策文件，很少立法规定

纵览前面所述各类规范文件，一个很明显的特点就是绝大部分都是国务院及其各相关部委颁发的文件，有的甚至是相关部委办公厅发出的通知，在法律效力位阶上较为低下。目前唯一对绿色信贷有着规定的就是《节约能源法》。其他重要的相关法律，比如《中华人民共和国商业银行法》（以下简称《商业银行法》）（2015年8月29日修正，2015年10月1日实施）未能对商业银行的环境责任进行明确规定，《中华人民共和国中国人民银行法》（以下

---

① 中国人民银行的文件通知是1995年2月6日发布的，国家环境保护总局的文件通知是2月14日发布的，因此可以说，后者是对前者的回应和在自身管理范围内的相对应的管理要求。

简称《中国人民银行法》)（2003年12月27日修正，2004年2月1日实施）没有将环保目标列为金融宏观调控的目标依据，《中华人民共和国银行业监督管理法》（以下简称《银行业监督管理法》)（2006年10月31日修正，2007年1月1日施行）中也没有提及绿色信贷业务及对其进行特别监管。《中华人民共和国环境保护法》（以下简称《环境保护法》)（2014年4月24日修正，2015年1月1日施行）第21条规定"国家采取财政、税收、价格、政府采购等方面的政策和措施，鼓励和支持环境保护技术装备、资源综合利用和环境服务等环境保护产业的发展"。该法第22条规定"企业事业单位和其他生产经营者，在污染物排放符合法定要求的基础上，进一步减少污染物排放的，人民政府应当依法采取财政、税收、价格、政府采购等方面的政策和措施予以鼓励和支持"。唯独漏下了"信贷"这一政策和措施。[①]

当然，通过效力层级较低的规范性文件来规定和推进绿色信贷业务，具有灵活性的优势，方便我国对这一领域开展相应的探索和尝试，对于绿色信贷发展的初期来说，有着应然性和必然性。但是，随着绿色信贷发展不断深入，很多缺陷和弊端逐渐凸显。因此，将相关政策经验和做法上升为更高层级的立法规定迫在眉睫。

（二）多为鼓励引导性的软法规定，很少强制约束性的硬法规定

通观各类规范文件中关于绿色信贷的规定内容，包括《节约能源法》在内，大多是一种鼓励、支持和引导性的规范要求，对于积极开展绿色信贷业务、减少对高污染高能耗领域中贷款资金给予相应的优惠政策。这一点在较早时期的相关文件中表现得特别明显。关于绿色信贷的强制约束性规定，相对要少很多，基本上到了2012年之后的相关规范性文件中才开始较多出现并有着落实性和配套性的规定内容。相对而言，2016年《关于构建绿色金融体系的指导意见》中规定了"研究明确贷款人环境法律责任。依据我国相关法律法规，借鉴环境法律责任相关国际经验，立足国情探索研究明确贷款人尽职

[①] 事实上，在《环境保护法》修改的过程中，曾经提出引入绿色信贷政策措施以鼓励和支持环保产业发展、遏制高污染高能耗产业，但后来因为种种原因，未能在正式的修正案中规定下来，不能不说是一大遗憾。

免责要求和环境保护法律责任，适时提出相关立法建议"。这一规定是目前关于绿色信贷业务中对银行业金融机构最具有强制约束性的硬法规定，但我们看到规定中只是要求对之进行研究和借鉴国际经验，在合适时间才提出立法建议，充分说明目前还没有相关法律规定。此外，具有一定的强制约束力的规定主要是监管对待方面。即如果银行业金融机构在绿色信贷领域中表现不佳，将会被加强监管和检查，在机构设立和高管审批核准方面给予劣后对待，或者会被要求进行相应整改。这或者可以视为一种相对较轻微的行政法律责任。

总体来说，鼓励支持和引导性的软法规定有助于绿色信贷业务初期的启动和发展；但过少甚至阙如的强制约束性的硬法规定，也会导致绿色信贷业务发展缺乏足够的推动力而裹足不前，这是我国绿色信贷进一步发展中需要考虑解决的问题。

(三) 多业务发展和监管方面的制度政策，少金融宏观调控方面的制度政策

综合考察我国绿色信贷现有的制度政策内容结构，可以发现绝大部分内容都是围绕着相关金融机构绿色信贷业务的经营管理和银监会等监管部门的监督管理而制定和展开。这些制度内容毫无疑问能够直接引导和培育市场，同时对市场中可能的风险进行有效监管和控制。然而，无论是绿色金融市场的发展，还是更为本源性的目标——调节资金撤出高污染高能耗产业领域、流向绿色环保产业领域，都离不开绿色化的金融宏观调控，这方面的制度政策却十分缺乏。在我国，金融宏观调控主体主要是中国人民银行，由其出台的关于绿色信贷的政策文件如前所列，只有三个。一个是1995年2月发布的《关于贯彻信贷政策与加强环境保护工作有关问题的通知》，这个文件一方面时间较为久远，即便当时也未能发挥多大作用；另一方面当时中国人民银行集市场监管和宏观调控职能于一身，这个文件更多是基于其市场监管职能和身份发布的。因此，真正以宏观调控职能和身份发布的政策文件其实只有两个：2018年1月发布的《关于建立绿色贷款专项统计制度的通知》和2018年7月发布的《关于开展银行业存款类金融机构绿色信贷业绩评价的通知》。前者有助于中国人民银行全面掌握绿色信贷规模和投向等发展情况，对作出

科学有效的调控有着重要的意义；后者真正开始将绿色信贷业务评价结果纳入银行业存款类金融机构宏观审慎考核，但具体有着怎样的影响和差别对待并未实际列明，由于刚刚开始推行，实际如何操作也无法有效观测。此外，其他方式比如税收、财政等方式的宏观调控也没有形成明确清晰的制度政策并加以落实。

因此，对于绿色信贷市场的监管制度已经初步成型，但对绿色信贷市场的宏观调控制度政策的规定很少，尚未落到实处。这无疑不利于绿色信贷市场的进一步快速发展。

（四）环保管理部门、金融监管部门以及宏观调控部门之间形式上的协作较多，实质上的合作较少、效果较差

绿色信贷涉及的政府部门相对较多，既有环境保护管理部门，还有金融宏观调控部门。管理部门的多元性和复杂性不仅是传统信贷领域所不具有的，甚至是其他绿色金融领域比如绿色证券和绿色保险等所无法比拟的。这就对环境保护管理部门、信贷监管部门和信贷宏观调控部门之间的协调合作提出了很高的要求。

为了破解多部门协作管理的先天困境，很多相关规范性文件都对此作出了相应的规定。比如，《关于构建绿色金融体系的指导意见》中规定要将企业环境违法违规信息等企业环境信息纳入金融信用信息基础数据库，建立企业环境信息的共享机制；《关于落实环保政策法规防范信贷风险的意见》要求各级环保部门应当按照环保总局与人民银行制定的统一标准，提供可纳入企业和个人信用信息基础数据库的企业环境违法、环保审批、环保认证、清洁生产审计、环保先进奖励等信息，各主管或监管部门根据需要可以设立联席会议制度；《绿色信贷指引》中规定各级银行业监管机构应当加强与相关主管部门的协调配合，建立健全信息共享机制，完善信息服务，向银行业金融机构提示相关环境和社会风险。这些规定都在一定程度上缓解了多部门之间协调的困难和障碍。

然而，多个管理部门之间在对绿色信贷的认知、重视态度、价值目标、推进节奏以及管理制度和措施方面都存在一定的差异，各自也都有着自己发

布的规范性文件作为依据，相应的协调机制还是比较脆弱和低效的。比如，银行业监督管理委员会和人民银行各自推出了自己的绿色信贷统计制度，虽然可能各有自己的侧重点和诉求，但无论是基于效率、为商业银行减负还是可行性考虑，两者都可以合并成一个具有一定兼容性的统计制度体系。因此，在绿色信贷监管或调控方面，还需要一个更加有力度、更具权威性以及更为有机协调的协作监管机制。

第二节　绿色信贷制度的美国样本

——以《超级基金法》为中心的考察分析

从世界范围内看，绿色信贷业务及其相关制度发展历史进程中，美国的相关制度经验和做法是一个十分重要的样本。与很多国家在推进和发展绿色信贷过程中主要依靠一些鼓励性和支持性的制度政策相比，美国很早就通过相关立法直接规定了商业银行的环境法律责任，其中最为严格的就是贷款人的环境损害赔偿责任。这一立法规定是美国著名的超级基金法所确立的，极大地改变了商业银行在涉及环境风险信贷领域中的法律责任预期，对其充分关注环境风险、转向绿色信贷业务产生了强大的推动作用。尽管美国近几十年来在绿色信贷发展和相关制度政策制定方面也有着很多正面积极引导、经济鼓励支持性的手段做法，甚至出现了部分州政府支持设立具有政策性或一定公共性的绿色银行，比如 2011 年成立的康涅狄格州立绿色银行、2014 年成立的纽约州立绿色银行以及 2014 年成立的新泽西州能源适应力银行等；[①] 但其通过立法规定贷款人相关法律责任的制度最具标杆性和影响力。因此，基于典型性样本考虑，我们主要以超级基金法的相关规定为中心，来考察分析美国的绿色信贷制度。

---

① 李美洲、胥爱欢、邓伟平："美国州政府支持绿色金融发展的主要做法及对我国的启示"，载《西南金融》2017 年第 3 期，第 12 页。

一、《超级基金法》的立法背景

《超级基金法》本来是指美国于 1980 年制定通过的《综合环境反应、赔偿和责任法》（Comprehensive Environmental Response, Compensation, and Liability Act, CERCLA），由于该法为了解决美国当时大量存在的、被严重污染的"棕色地块"修复整治问题，设立了一个超级基金来支付相关费用，所以又被人们普遍称为《超级基金法》。该法产生的背景是在美国长期的工业化发展过程中，各类环境污染已经严重危及了人们的生命健康和财产安全，肇始于 20 世纪 60 年代的美国环境正义运动就是美国人民对越来越严重的环境问题及其带来的各种危害后果的一种广泛而强烈的抗议。1978 年发生的拉夫运河（Love canal）事件[①]不仅再一次暴露了环境污染对人类社会特别是孕妇和儿童等弱势群体的身体健康甚至生命的严重危害后果，也把人们对环境污染问题的严重抗议推上了新的高潮，并且成为后来影响深远的超级基金法出台的最为重要的推手。

早在拉夫运河事件发生前，美国就出现了一些历史遗留污染造成的公众健康受损案例，只是因为规模较小未曾引起广泛关注。虽然在《清洁水法》《资源保护与恢复法》以及《有毒物质控制法》中有些零散的规定，但是无法为清理历史遗留污染场地和消除其对公众健康的隐患提供有力的法律支持，尤其对那些法律生效前产生的污染问题的追责更是束手无策。正因如此，在几乎整个 20 世纪 70 年代，美国国会有 4 个立法小组在开展相关的立法工作。所涉议案包括：众议院 85 号议案（名为《石油污染责任和赔偿法》，在《清洁水法》的基础上修改而成），众议院 7020 号议案（《危险废物污染法》，在《固体垃圾处置法》的基础上修改而成），参议院 1480 号议案（《环境紧急反应法》）和参议院 1341 号议案（《石油、危险物质和危险废弃物反应、责任和赔偿法》，又称卡特政府议案）。拉夫运河事件的爆发和政府处置不力以及随后政府须承担的数十亿美元的沉重财政压力，让国会面临失职的指责，迫

---

① 拉夫运河事件的影响在美国不亚于位列老"八大公害事件"的洛杉矶烟雾事件和新"八大公害事件"的美国三里岛核泄漏事件。英文名为"爱之河"的拉夫运河（Love Canal）很长时间里带给周围居民的非但不是爱，反而是严重的病痛和生命的死亡。

使国会在1980年后半年加速了立法进程,最终在当年国会休会前,以《危险废物污染法》为蓝本,在吸收另外三个议案内容的基础上,"拼凑"出《综合环境反应、赔偿和责任法》,并得以通过。①

二、《超级基金法》的内容与影响

(一) 立法内容

《超级基金法》在美国法典中属于第42卷"公共健康与福利"部分,1980年的《超级基金法》共有15条,即从第101条到第115条。其中第107条是关于责任的规定。由于超级基金法出台后产生了重大影响,包括引发了巨大争议,1986年《超级基金法》被修订,《超级基金修正与再授权法》(Superfund Amendments and Reauthorization Act,SARA)出台,对既有的一些概念、标准、主体和费用范围等都进行了修改,还增加了11个条款,极大地丰富了《超级基金法》的内容。如今我们提到《超级基金法》,一般都是包括了《超级基金修正与再授权法》确立的相关内容在内。

与绿色信贷相关的内容主要规定在第107条责任条款中,该条款的(a)项中首先规定了可能承担环境责任的主体有四类:②

(1) 容器、设施的所有人、经营人;

(2) 危险废弃物处置时设施的所有人、经营人;

(3) 通过合同、协议或者其他方式安排来对自己或其他个人或实体所拥有、经营的设施或焚烧炉中的危险废弃物进行处理或处置,或者用运输工具对他人或实体所拥有的设施或焚烧炉的危险废弃物进行运输处理或处置的个人或者实体;

(4) 接受且运输危险废弃物到其所选定的处理或处置设施、焚烧炉或场地中(这将会产生有害物质的泄漏或泄漏风险问题)的个人或者实体。

第107条被广泛解释为是对符合法规对可能承担环境责任的主体,也即

---

① 阳平坚、贾峰:"美国超级基金法的今生与前世",载《中国生态文明》2019年第1期,第54页。

② See SEC.107, 42 U.S.C. § 9607.

潜在责任方（Potentially Responsible Parties，PRP）定义的任何个人或企业施加清理责任。其目标是将环境污染治理的资金负担从联邦或州政府转移到任何可能的个人或企业。1980年超级基金法继而在107条的（b）项中对潜在责任方的责任提出了两种非常有限的抗辩：（1）如果污染是由"上帝的行为"（即不可抗力）造成的，法院不会追究责任。（2）战争行为。基于此，《超级基金修正与再授权法》则增加了第三项豁免：（3）被告的雇员或代理人以外的第三人的作为或不作为。[1] 同时，《超级基金修正与再授权法》通过修改第101条中的术语定义，对责任主体的范围进行了进一步确定：第101条（20）（A）中，将那些没有实质参与船舶或设施的管理，只是为了自己的担保权益而持有者或经营容器或设施的，排除出了应当承担责任的所有者、经营者的范围。在该条（20）（B）——（D）项中，把契约承运人、公共承运人以及非自愿方式获得所有所有权和控制权的国家和地方政府排除出了潜在责任主体的范围。[2]

（二）司法实践

鉴于《超级基金法》关于潜在责任方及其承担责任要件的规定存在较大的模糊性，贷款人等潜在责任方面临着责任承担上的巨大不确定性，而这又给司法实践中的审判者——法院和法官留下了很多自由裁量的空间。

在1989年国际临床实验室诉斯蒂文斯（International Clinical Laboratories v. Stevens）一案中，法院认为，如果一个人无法看到任何环境问题，如果一个人没有独立的判断污染的知识，如果购买价格足够到不会向买方提示可能存在问题，则买方就被认为达到了尽职调查责任，从而获得责任豁免。[3] 这也被称为"无辜的土地所有者的辩护"，对于那些获得土地的所有者来说，在他们获得所有权之前并不知道，后来才知道这块土地受到了污染，如果他们在获取所有权时尽到了尽职调查责任，就可以获得责任豁免。而在1988年BCW联营公司诉西方化学公司（BCW Associates v. Occidental Chemical

---

[1] See SEC. 107, 42 U.S.C. § 9607, (b) (1) - (3).
[2] See SEC. 101, 42 U.S.C. § 9607, (20) (A) - (D).
[3] International Clinical Labs. Inc. v. Stevens, 710 F. Supp. 466 (E.D.N.Y. 1989).

Corp.）案件中，买家被判负有责任，尽管他曾分别进行了两项由独立工程公司进行的环境调查，但都错误地发现该物业没有受到污染。法院仅以财产受到污染这一事实为依据就强制要求承担责任。①

在 1986 年美国诉马里兰银行信托公司（United States v. Maryland Bank & Trust Co.）案件中，法庭在引用《超级基金法》中模糊的责任条款时，认为该款规定就像许多匆忙拼凑的妥协法案一样，并不是法定清晰性的典范。②

1990 年的美国诉福利特公司（United States v. Fleet Factors Corp.）一案影响很大，该案中法院判定福利特这家商业贷款公司承担法律责任，理由是"如果担保债权人参与设施管理的范围足够广泛，足以支持这样一种推论：如果它选择这样做，可能会影响危险废物处置的决定，那么它将失去法律规定的豁免。③

（三）重要影响

以拉夫运河事件为代表的严重环境污染问题给美国政府和社会带来很大挑战，大量棕色地块治理所需要的不确定但必定是巨额的资金负担压力下，《超级基金法》对环境法律责任的规定是十分严苛的，将之规定为连带性、有溯及力的法律责任。责任的连带性要求制造了直接责任主体之外广泛的潜在责任主体。但潜在责任方在什么情况下变成为实在的责任主体，在立法上是有模糊性的。其中，受到冲击最大的主体之一就是以商业银行为主要表现形式的贷款人。特别是在污染企业因为巨额赔偿或费用承担而面临破产时（这在当时的美国是经常出现的现象），银行就会基于其债权及相应的担保物权成为可能的责任主体——相关设施的所有人或经营人。而法院在具体案件的审理中，更是通过相关典型案件，把这种立法上可能的风险，绝大部分情况下变成了程度不同的针对贷款人的实际责任。尽管引发了银行业的反弹和抗议，但这毫无疑问为银行业向污染型企业发放贷款敲响了警钟，迫使商业银行关注借款人的环境风险。

---

① Karin Oliva, Lender Liability under CERCLA, Southern California Law Review, Vol. 68：1423, 1995.
② United States v. Maryland Bank & Trust Co., 632 F. Supp. 573 – 578, D. Md., 1986.
③ United States v. Fleet Factors Corp., 01F. 2d 1556 – 1558, 11th Cir., 1990.

三、《超级基金法》的发展
——从《贷款人责任规则》《贷款人责任法》到《棕地再生法》

（一）《贷款人责任规则》

《超级基金法》在责任追究上的严苛性以及责任主体范围上的开放性和模糊性规定，以及由此留给法院和法官的高度自由裁量权，让商业银行时刻面临着承担环境责任的巨大不确定性，不仅招致了商业银行的抗议，也引发了相关行业的严重不满——无法获得相应贷款资金。为应对这些抗议压力，在法院一直忽视的情况下，更加贴近行业领域的美国联邦环境保护署（Environmental Protection Agency，EPA）采取了一些缓和与限制的行动。

1992年，美国联邦环境保护署发布了《贷款人责任规则》（Lender Liability Rule），通过给那些用污染资产做抵押物的问题贷款人提供可接受的行动指南，来对超级基金法中的担保权豁免进行定义和澄清。由于该规则为那些普通贷款人提供了更多的责任豁免可能，因此也被称为《安全港规则》（Safe Harbor Rule）。该规则承认担保债权人有必要管理、监督或以其他方式采取行动保护担保利益，具体规定了贷款人可以安全地从事哪些习惯行为。在一项与福利特案判决直接相关的条款中，联邦环境保护署的《安全港规则》明确指出，贷款人"仅具有影响"与环境有关的决定的"能力"，而没有实际参与这些决定，不足以解除豁免。此外，联邦环境保护署将参与管理的标准定义为"实际参与管理或运营相关设施。如果贷款人只是为了保护其担保利益而控制担保资产或设备，或者贷款人对资产设备的控制和运营并没有导致污染的发生，也不承担责任"。① 应当说，《安全港规则》放宽了对潜在责任方的责任豁免条件要求，消除了商业银行等贷款人的一些担忧和不安，使其具有了更为清晰的制度预期。

但是，联邦环境保护署的行动引发了来自法院系统、有关行业甚至地方政府的质疑——联邦环境保护署有没有权力制定或者实质性制定规则，其所给出的《贷款人责任规则》是否在制定而不是解释说明和执行法律？在1994

---

① 40 C. F. R. § 300.1100 (c) (1), 1992.

年克莱诉联邦环境保护署（Kelley v. EPA）一案中，华盛顿特区上诉法院的裁决宣告了《贷款人责任规则》归于无效。[①] 贷款人的环境责任规则又回到了《超级基金法》中的不确定状态。

（二）《贷款人责任法》

关于联邦环境保护署有无权力制定或实质性制定规则，在美国法的"三权分立"语境下，答案毫无疑问是否定的。克莱案中不仅是法院，还有美国化学品制造商协会、密歇根州都认为联邦环境保护署发布《贷款人责任规则》是走得太远、越权了。由此，《超级基金法》的发展又进一步回归到了国会立法的路径。1996年9月30日，国会通过了《资产维持、贷款人责任和存款保险保护法案》（Asset Conservation, Lender Liability and Deposit Insurance Protection Act），由于该法案最重要的目的之一和影响力最大的内容都是对贷款人环境责任的规定，因此被简称为《贷款人责任法》。

该法案一定程度上承认或接受了联邦环境保护署《贷款人责任规则》中的内容，沿袭了适当放宽贷款人责任要求的基本思路。具体来说，该法案修正了《超级基金法》第101条（20）（A）项中模糊起草的"所有者或经营者"定义，增加了实际上不参与设施管理的贷款人责任豁免的界定。此外，如果贷款人从事特定的止赎前和止赎后活动[②]，该法还提供了某些保护措施（"安全港"），使其免于承担责任。[③]

关于责任承担及豁免的条件设置方面，《贷款人责任法》作出了更为具体和明确的规定，包括了止赎前和止赎后两类活动情况。在止赎前活动方面，"参与管理"被要求是实际参与设施的管理或业务事务，而不包括"仅具有影响的能力，并未实际行使对设施的控制"这类情形。只有以下情况才被认为是"参与管理"：贷款人对设施的有害物质处理或处置行为承担管理责任、贷款人在日常决策中表现出对环境合规事务的管控以及对设施的所有业务功

[①] Kelley v. EPA, 15 F. 3d 1100, D. C. Cir., 1994.
[②] 止赎（foreclosure）是一个专门术语，指借款人停止赎回担保物。
[③] Joseph M. Macchione, Lender Liability under CERCLA in Light of the Asset Conservation, Lender Liability and Deposit Insurance Protection Act of 1996: Does the Act Spell Lender Relief or Continued Heartburn, 16 Temple Environmental Law & Technology Journal, 1997.

能（环境功能除外）的管控。止赎后活动方面，只要贷款人没有实际参与管理，考虑到市场状况、法律和监管要求的情况下，可以在切实可行的、商业合理的时间内，以商业合理的条款，对设施进行止赎，然后出售、重新租赁、清算或以其他方式转让该设施，而不必承担环境责任。① 这些全新的规定，无疑使得贷款人承担环境责任的构成条件更加公平、合理，在一个更为优化的层面平衡了政府、污染企业和商业银行之间的利益关系。

（三）《棕地再生法》

2002 年 1 月，美国时任总统布什签署了《小企业责任救济与棕地再生法》法案（Small Business Liability Relief and Brownfields Revitalization Act），由于该法的主要目的之一是对棕色地块进行整治使之再生，所以也被简称为《棕地再生法》。该法案为《超级基金法》下财产所有人和小型企业承担的责任提供了急需的辩护，并对《超级基金法》在州自愿清理计划场所的执法权限提出了限制。该法案还显著扩大了联邦拨款的权力，以激励棕地改造。②

关于贷款人责任方面，《棕地再生法》新增了两项抗辩或豁免理由，即微型企业责任豁免（De Micromis Exemption）和市政固体废弃物责任豁免（Municipal Solid Waste Exemption）。微型企业责任豁免主要是针对环境污染量较小的企业，具体标准是处置或处理以及运输的含有有害物质的物质总量或固体废物少于 110 加仑或 200 磅。豁免只适用于所有或部分有害物质或固体废物的处置、处理或运输是在 2001 年 4 月 1 日前发生。此外，在场地污染方面的"贡献"少于两桶液体废物或者相当数量固体废物的微型企业，也可以得到责任豁免。但是，如果联邦环境保护署判定这些微型企业对环境污染的"贡献"十分重大，无论是单独还是总体作出的，都不能适用这一豁免。③ 至于何为"重大贡献"，是从"质的方面"提出的要求，并无十分明确和具体的标准，由联邦环境保护署判定，并且不受司法审查，以免引发太多旷日

---

① See Act of September 30, 1996, Pub. L. No. 104 - 208, § 2502 (b).

② Robert D. Fox, Paul McIntyre, A Summary and Analysis of the Federal Small Business Liability Relief and Brownfields Revitalization Act, 21 Temple Environmental Law & Technology Journal, 2002.

③ See Small Business Liability Relief and Brownfields Revitalization Act, Pub. L. No. 107 - 118, 115 Stat. 2356, 2002.

持久的诉讼。市政固体废弃物责任豁免方面，对于在国家优先清理地块（National Priorities List，NPL）中产生和处理（不包括运输，这点与前面一项豁免理由不一样）市政固体废弃物的，可以得到责任豁免。所谓市政固体废弃物，则被定义为"家庭（包括多户住宅）产生的废物，或基本上是商业或工业实体产生的家庭废物"，以此与工业固体废弃物区别开来。①

总体来说，《棕地再生法》从企业规模和性质以及固体废弃物的来源和性质两个方面提供了新的责任抗辩或豁免，对于贷款人等潜在责任方来说，也是可以相应地享受到责任豁免待遇的。因此，实质上来说贷款人责任在《棕地再生法》中被进一步合理化地限制了。

四、评价与借鉴

（一）对《超级基金法》的评价

《超级基金法》作为当时环境抗议运动高涨压力下催生出来的法案，其对环境责任的严格规定应该说大大超越了同一时期美国的相关立法。这一领先性一方面极大地推进了美国环境保护立法进程，尤其是在贷款人责任方面的立法进程，较好地回应和解决了当时巨大的环保压力（包括舆论压力和财政资金压力）；另一方面引发了与其他法律规范以及司法判例方面的矛盾和冲突，并给银行业带来了巨大的冲击和压力，招致了后者的抗议和不满。事实证明，《超级基金法》的制定实施是有着十分积极的意义和重要价值的，因此后续的问题就是如何修正和发展《超级基金法》，使之更为清晰、合理从而易被接受。由于法院的迟缓、漠视，联邦环境保护署扮演了积极的角色，采取了激进甚至越权的行动。尽管引发争议、诉讼并被实质性裁决撤回，但这事实上是一个方向正确的尝试。《超级基金法》在贷款人责任等内容方面的升级版——《贷款人责任法》和《棕地再生法》，也常常被认为是《超级基金法》宽泛意义上的组成部分，最终在贷款人责任承担方面达成了平衡，形成了更为清晰与合理的规则。

---

① See Small Business Liability Relief and Brownfields Revitalization Act, Pub. L. No. 107 – 118, 115 Stat. 2356, 2002.

《超级基金法》及其相关法案不仅对美国环境问题作出了很好的应对解决，推动了银行业高度关注环境风险，从而为绿色信贷的发展奠定了法律基础及提供了强制性规范要求，也对其他国家产生了很大影响。加拿大、日本等国家也都纷纷借鉴，确立了贷款人承担环境责任的相应规则。

（二）可资借鉴之处

《超级基金法》在我国同样有着广泛的影响，我国环境法学界和实务界关于《超级基金法》的研究、论述和引用十分之多，但还是缺乏一个全面和完整的背景、过程及具体内容介绍，以及更为深入的分析和思考。当然，本书限于主旨和篇幅，也未能对《超级基金法》及相关法案和规则进行全景式的展开论述，只是选取了与本部分内容最为密切关联的内容规定进行了分析和评述。以此为基础，结合我国相关实际，笔者认为有以下几个方面可资借鉴。

1. 设立综合治理专项基金以解决环境污染治理资金不足问题

长期高污染高能耗式的粗放发展，导致环境污染问题已经变成一个复杂多样、积重难返的难题，如果对之进行根本性的解决应对，将需要巨额资金加以支持。对于许多国家来说，这都是无法承受之负担。《超级基金法》通过向相关污染型企业征收税费，来设立一个超级基金，用来填补棕色地块等环境污染治理所需要的资金缺口，较好地解决了通过传统民事赔偿责任机制无法筹集足够的治理资金、政府财政负担过重而无法充分补足资金的矛盾问题。

这一做法事实上后来被很多国家借鉴和采用，我国 2018 年 1 月 1 日开始征收的环境保护税和 2015 年开始试点、2018 年 1 月 1 日正式试行的生态环境损害赔偿改革方案中确立的生态环境损害赔偿资金都或多或少地借鉴了《超级基金法》的做法。尽管我们未必需要建立一个和超级基金完全一样的基金，但是其资金来源、资金管理和资金使用等方面的制度经验，依然值得我们学习和借鉴。

2. 以过程性、系统性和连带性视角看待环境问题成因及其责任设定

《超级基金法》除了规定和追究显性责任人——直接造成环境污染的企

业等主体，还把贷款人等相关主体纳入责任主体范围，成为潜在责任方。这一做法的直接原因固然与美国政府和国会想扩大责任主体范围，为环境污染治理找到更多的"埋单者"，以破解作为显性责任主体的污染企业无力支付或无力全额支付治理费用、破产甚至倒闭等原因造成的环境治理资金不足，政府财政负担过重也无法相应承担的困局；但另外一个同样很重要的原因则是，要以过程性、系统性和连带性的全新视角来看待环境问题的成因，即环境问题并不是仅由生产经营企业制造了污染这么简单，污染行为只是整个经济活动中的一部分，污染后果不只是或不全是这个环节的问题，而应该是相关经济活动共同作用的结果。因此，在设定和追究污染治理责任时，除了污染行为主体应当承担相应责任外，贷款人等相关主体也应承担连带性或补充性责任，特别是当他们有着实质性介入、对污染行为有着一定的影响力和控制力的时候。

3. 明确规定贷款人的环境责任并进行合理限定

要在立法上确立商业银行等贷款人的环境责任并在司法中进行严格追究，不论在20世纪80年代还是现在，都不是一件十分容易、自然而然的事情。毕竟，贷款人并非环境污染的直接制造者，很难按照传统的法律责任构成要件来去证成贷款人的环境责任。事实上，美国在仓促制定《超级基金法》时，也未能去充分、深入地进行理论论证；即便已经开始有意或无意地将看待环境问题成因的视角转向过程性、系统性和连带性等要素方面，也并未完全形成理论上的自洽性和逻辑上的必然性。但是，这一略显仓促和激进的做法，今天看来在方向上是十分正确的。尽管引发了很大的争议，但通过其司法实践探索和立法修正改进，将开始充满模糊和不确定性的贷款人责任规则不断进行合理限制和调整，最终形成了兼具正当性和效率性的责任制度。事实证明，正是（一定程度上只有）明确规定贷款人的环境责任，才能真正推进信贷业务的绿色化，实现绿色信贷的发展，从而极大地限制污染活动、保护生态环境。

对于我国来说值得对之充分借鉴，只靠鼓励引导和正面刺激，虽然也能够促进绿色信贷发展，但推动力是远远不够的。特别是到了更深的层面和更高的发展阶段，如果没有对商业银行等贷款人的强有力的法律约束，绿色信贷很可能寸步难行。当然，如何规定贷款人的环境责任，也必须慎之又慎。美国《超级基金法》在开始阶段的模糊性、不确定性甚至过于严苛的责任规则所带来的问题，应当作为教训而加以吸取；此后不同机构和不同方式的修正和改进，对贷款人责任进行相应的限制与合理调整，则应当作为有益经验而进行借鉴。

第三节　绿色信贷的国际规则
——以赤道原则为重点的梳理评价

在国际社会经济领域中，目前并无相应的国际法律文件对绿色信贷进行规定，甚至那些对国际环境保护相关资金机制进行了一些规定的国际法律规范，比如《联合国气候变化框架公约》，更多地也是对公共资金机制进行规定，而对于商业银行等私人部门资金活动则基本没有涉及。赤道原则是对国际社会经济领域中的私人部门资金活动在环保和社会风险问题上进行引领、规范和限制的自愿性规则，而并非国际法律规范，但由于其日益广泛和深入的社会影响力，使其变成了被高度认可和接受、真实的有效适用性甚至超过某些国际法律规范的行业性和自愿性规则，成为事实上的绿色信贷国际规则。

一、赤道原则的提出和发展

（一）提出背景

赤道原则提出有两个主要背景。一个是随着国际社会对环境保护的重视和环保立法及其责任机制的不断完善，商业银行等金融机构的环境风险及其相关法律风险越来越大；另一个是金融机构在环境保护中应承担更多的责任、转向绿色化发展也成为日益普遍的共识。在这样的背景下，2002年10月，荷兰银行和国际金融公司（International Finance Corporation，IFC）在英国伦敦格林威治村主持召开了一个由9个代表性国际商业银行参加的会议，探讨如何应对在项目融资中经常遭遇到的环境与社会风险问题，最终于2003年6

月讨论形成了一套参照国际金融公司有关环境与社会保障政策而制定的规则指南，用于应对处理国际项目融资中的各类环境和社会风险问题。这一规则指南被称为赤道原则（the Equator Principles，EPs）。赤道原则被定义为金融机构采用的用于确定、评估和管理项目中的环境和社会风险的风险管理框架，主要目的是提供一个尽职调查和风险监测的最低标准，以支持负责任的风险决策。[1]

2003年6月4日，有8家国际商业银行正式宣布适用赤道原则，成为首批赤道银行。赤道原则所适用的业务范围主要是与大型项目建设相关融资，具体包括了项目融资咨询服务、项目融资、与项目相关的企业贷款以及过桥贷款等。赤道银行——参加赤道原则的银行均承诺在其内部环境和社会政策、程序和项目融资中适用和遵守赤道原则的相关标准和要求，不会向不遵守或无法遵守赤道原则相关标准要求的项目提供相应贷款。这样就能够从资金链条层面很好地遏制环境风险的发生，促进经济的绿色发展，同时也对赤道银行自身的健康和安全发展起到了很好的保障作用。

（二）发展历程

自2003年6月赤道原则提出并被许多国际商业银行采用和实施后，赤道原则的影响力越来越广泛和深入。到目前为止，宣布加入赤道原则的已经扩展到来自37个国家和地区，共97家国际商业金融机构。赤道银行占据了国际项目融资业务市场90%以上的市场份额。

我国第一家采用和遵从赤道原则的银行是兴业银行，于2008年10月31日加入。2017年1月20日，江苏银行正式加入赤道原则；2019年7月16日，湖州银行也宣布加入赤道原则。到目前为止，大陆地区已经有3家赤道银行。此外，我国台湾地区的华侨银行也于2019年1月23日加入赤道原则。

赤道原则自身也在不断发展完善，相继推出了赤道原则2.0（EP II，2006年6月）和赤道原则3.0（EP III，2013年6月）。2019年6月，赤道原则协会（Equator Principles Association，EPA）发布了赤道原则4.0草案

---

[1] See About the Equator Principles, https://equator-principles.com/about/, last visited at September 22, 2019.

(EP4 Draft)。从赤道原则 1.0 到赤道原则 3.0,不仅文本内容更为全面和丰富,相关标准和要求也在不断与时俱进。赤道原则的发展完善,不仅使其成为国际项目融资领域中事实上的"国际法律规范",推动了国际经济领域中绿色信贷的发展,也对包括我国在内的许多国家绿色信贷发展产生了很大的助推作用。

二、赤道原则的主要内容

目前正在适用的赤道原则是其 2013 年 6 月修正的 3.0 版本(EP Ⅲ),主要内容包括了序言、范围、方法、原则声明、免责声明、附件和附录等共七个部分,较之于 2003 年 6 月出台的 1.0 版本的两个部分(序言和原则声明),2006 年 6 月修正的 2.0 版本的五个部分(含附件),又多出了方法和附录两个部分。七个部分的内容具体如下。

(一)序言

序言部分内容比较简单,主要是指出大型基础设施和工业项目会对人和环境会产生负面影响,商业银行等融资人应以结构化方式持续为客户识别、评估和管理环境和社会所产生的风险及影响,从而促进社会和环境的可持续发展。

赤道原则旨在提供一套通用的基准和框架,以便赤道金融机构在为项目提供融资活动时加以适用和遵守。假如客户不愿或无法遵守赤道原则,将拒绝为项目提供项目融资或提供用于项目的公司贷款。①

(二)范围

赤道原则的适用范围涵括了全球各个行业。具体的业务领域主要包括以下几个方面。②

(1)项目资金总成本达到或超过 1000 万美元的项目融资咨询服务。

---

① See Preamble, The Equator Principles, June 2013, https://equator-principles.com/wp-content/uploads/2017/03/equator_ principles_ Ⅲ. pdf, last visited at September 22, 2019.

② See Scope, The Equator Principles, June 2013, https://equator-principles.com/wp-content/uploads/2017/03/equator_ principles_ Ⅲ. pdf, last visited at September 22, 2019.

（2）项目资金总成本达到或超过1000万美元的项目融资。

（3）符合下述四项标准的用于项目的公司贷款（包括出口融资中的买方信贷形式）：

①大部分贷款与客户拥有实际经营控制权（直接或间接）的单一项目有关；

②贷款总额至少为1亿美元；

③EPFI（赤道金融机构）单独贷款承诺（银团贷款或顺销前）至少为5000万美元；

④贷款期限至少为2年。

（4）过桥贷款，贷款期限少于两年，且计划借由预期符合上述相应标准的项目融资或一种用于项目的公司贷款进行再融资。

（三）方法

赤道原则的适用方法主要是由赤道银行与客户进行沟通交流，使其明白赤道原则的内容要求和采用的好处，以及与同行业进行相关的信息共享，从而推进赤道原则的有效适用。

（四）原则声明

原则声明是最为主要的内容部分，主要包括10项原则，具体内容如下。[①]

原则1：审查和分类。本原则主要是对项目潜在社会和环境的影响和风险程度进行审查，将之分为A、B、C三类。A类项目对环境和社会有潜在重大不利并/或涉及多样的、不可逆的或前所未有的影响；B类项目对环境和社会可能造成不利的程度有限和/或数量较少，而影响一般局限于特定地点，且大部分可逆并易于通过减缓措施加以解决；C类项目对社会和环境影响轻微或无不利风险和影响。

原则2：环境和社会评估。主要是对于被评定为A类和B类的项目，赤道银行会要求客户开展环境和社会评估，并解决与项目有关的环境和社会影

---

① See Statement of Principles, The Equator Principles, June 2013, https://equator-principles.com/wp-content/uploads/2017/03/equator_principles_III.pdf, last visited at September 22, 2019.

响和风险。

原则 3：适用的环境和社会标准。本原则规定评估首先要符合东道国相关的法律、法规和许可。在此基础上，假如项目位于非指定国家，则评估过程应符合当时适用的国际金融公司社会和环境可持续性绩效标准（绩效标准），以及世界银行集团环境、健康和安全指南。假如项目位于指定国家①，评估过程在社会和环境问题方面，应符合东道国相关的法律、法规和许可。当然，前述标准是最低标准，赤道银行可以根据他们独立判断适用额外要求。

原则 4：环境和社会管理系统与赤道原则行动计划。本原则要求，对于 A 类和 B 类项目，赤道银行会要求客户开发或维持一套环境和社会管理体系。当适用标准不能令赤道银行满意时，客户和赤道银行还要共同达成一份赤道原则行动计划，旨在概述根据适用标准，距离符合赤道银行要求还存在的差距和所需做出的承诺。

原则 5：利益相关者参与。本原则规定，对于 A 类和 B 类项目，赤道银行应要求客户证明已经采用一种在结构和文化上均合适的方式，持续与受影响社区和其他利益相关方开展了有效的利益相关者参与行动。对受影响社区有潜在重大不利影响的项目，客户将实行通报协商和参与流程。

原则 6：投诉机制。本原则规定，对于 A 类和部分视情况而定的 B 类项目，赤道银行应要求客户设立一套投诉机制，来收集并促进解决对项目的社会和环境绩效的关注和投诉。

原则 7：独立审查。本原则要求，无论是 A 类和 B 类的项目融资，还是用于项目的公司贷款，对相关环境社会风险的审查和评估都应当由客户无直接利害关系的顾问独立进行。

原则 8：承诺性条款。本原则规定，客户将在融资文件内加入承诺性条款，在所有重要方面遵守东道国一切相关的环境和社会法律、法规和许可。

原则 9：独立监测和报告。本原则要求，为了确保赤道原则的有效适用，

---

① 所谓指定国家，是指被认为有着健全的环境和社会治理与立法制度，以及能够保护环境和人民的制度能力。到目前为止，赤道原则协会指定了包括澳大利亚等 32 个国家，我国还不在其列。

相关项目融资和用于项目的公司贷款，应当委任一名独立社会和环境顾问或要求客户聘请有资格且经验丰富的外部专家，对项目运行过程进行持续监测，并核实和提交相关监测信息。

原则 10：报告和透明度。本原则要求，融资客户和赤道银行都要提交报告，将环境与社会影响评估情况、项目实施产生的实际影响以及赤道原则适用情况进行适当披露。

（五）免责声明

免责声明是对赤道原则的自愿性性质进行宣告，赤道原则是金融界中各机构发展其内部社会和环境政策、程序和惯例的基准和框架。赤道原则没有对任何法人、公众或个人设定任何权利或责任。金融机构自愿和独立地采纳与实施赤道原则。假如适用的法律法规与赤道原则中提出的要求存在明显冲突，则优先遵守当地的法律法规。①

（六）附件

附件部分主要是根据赤道原则的 10 项原则内容而提出的执行要求，具体包括了 A、B 两个附件。②

附件 A 是"气候变化：替代分析，温室气体排放的定量和报告"。其中"替代分析"部分内容是要求对在技术和财务方面可行以及成本效益好的可替代方案进行评估，以便能减少项目在设计、建设和运营期间与项目相关的温室气体排放。"定量和报告"部分是要求融资客户按照国际公认的方法和良好实践对温室气体排放进行定量，以及每年公开报告温室气体排放等级或排放量。

附件 B 是"最低报告要求"。主要规定了赤道银行每年至少要向公众公布的数据和执行报告。数据包括了项目融资咨询服务数据、项目融资和用于项目的公司贷款数据和过桥贷款数据；执行报告则包括了对赤道原则的执行

---

① See Disclaimer, The Equator Principles, June 2013, https://equator-principles.com/wp-content/uploads/2017/03/equator_ principles_ Ⅲ. pdf, last visited at September 22, 2019.

② See Annexes: Implementation Requirements, The Equator Principles, June 2013, https://equator-principles.com/wp-content/uploads/2017/03/equator_ principles_ Ⅲ. pdf, last visited at September 22, 2019.

情况和项目融资的项目名称。

（七）附录

附录部分主要是对正文内容的一些支持性信息，包括了术语表、环境和社会评估文件中涉及的潜在环境和社会问题的示例清单、国际金融公司环境和社会可持续性绩效标准及世界银行集团环境、健康和安全指南三个部分。[①]

三、赤道原则4.0草案的最新变化

赤道原则3.0自2013年7月以来已经实施了6年，进一步推动了赤道原则在更广范围和更深程度上的适用和绿色信贷在国际经济领域中的发展，但近年来也面临着一些新的问题、挑战和机遇。比如，气候变化问题正受到更多的关注，2015年12月12日《巴黎协定》获得通过并于2016年11月4日生效，生物多样性在全球范围内的快速减损以及更为具体相关的指定国家环保合规标准争议等，都要求赤道原则作出回应和解决。2018年3月开始对目前施行的赤道原则3.0进行相应修改的工作正式启动，并于2019年6月提出了赤道原则4.0草案（EP4 Draft）。尽管草案并非最后的文本，但其呈现的最新变化对我们更好地把握赤道原则的发展方向有着重要参考价值。最新变化主要有以下几个方面。

（一）序言

序言部分的变化内容，首先，增加了"赤道银行在适当的情况下应鼓励客户解决项目开发生命周期中确定的潜在或实际的不利风险和影响"的要求；其次，特别提出了要在尊重人权、应对气候变化和保护生物多样性方面发挥作用；再次，对于不愿或无力遵守赤道原则的客户，"与项目相关的再融资"和"与项目相关的收购融资"这两项新增产品也纳入拒绝提供的清单里；最后，对赤道银行在赤道原则之外的金融产品提出了更为广泛的识别和

---

① See Exhibits Supporting Information, The Equator Principles, June 2013, https：//equator-principles. com/wp-content/uploads/2017/03/equator_ principles_ Ⅲ. pdf, last visited at September 22, 2019.

管理环境与社会责任风险及尊重人权的责任要求。①

（二）范围

范围部分的变化内容，一是将用于公司项目的贷款门槛从总额1亿美元降低到了5000万美元；二是新增加了"与项目相关的再融资"和"与项目相关的收购融资"两项金融产品，并对其适用条件进行了规定。②

（三）方法

方法部分的变化内容主要与新增加的"与项目相关的再融资"和"与项目相关的收购融资"两项金融产品有关，赤道银行将继续把赤道原则的有关要求适用于基础项目，并确保所有现有环境和社会相关义务继续列入新的融资文件中。③

（四）原则声明④

原则1：审查和分类中，增加了对尊重人权和气候变化的风险审查。

原则2：环境和社会评估中，一方面强调了对所有类别项目（包括A、B、C）都要进行评估，另一方面增加了对人权和气候变化方面评估的要求和相应的规则。

原则3：适用的环境和社会标准中，提高了对位于指定国家的项目的风险评估要求，而不再简单相信该国的环境和社会标准；而是要求赤道银行要评估项目的具体风险，以确定除了东道国法律之外，是否适用国际金融公司的一项或多项绩效标准作为指导来处理这些风险。

原则5：利益相关者参与中，把"工人"纳入利益相关者，同时加强了对原住民相关利益的尊重和保护，并提出了与负责任的东道国政府进行合作的要求。

---

① See Preamble, The Equator Principles Draft For Consultation, June 2019, www.equator-principles.com, last visited at September 23, 2019.

② See Scope, The Equator Principles Draft For Consultation, June 2019, www.equator-principles.com, last visited at September 23, 2019.

③ See Approach, The Equator Principles Draft For Consultation, June 2019, www.equator-principles.com, last visited at September 23, 2019.

④ See Statement of Principles, The Equator Principles Draft For Consultation, June 2019, www.equator-principles.com, last visited at September 23, 2019.

原则 7：独立审查中，提高了对"与项目有关的公司贷款"的独立审查要求，将之与"项目融资"同等对待。

原则 8：承诺性条款中，一方面丰富了基本承诺内容，强调了违背承诺的补救措施；另一方面要求"与项目有关的公司贷款"与"项目融资"要有同样的承诺性条款。

原则 9：独立监测和报告中，与原则 7 和原则 8 一样，将对"与项目有关的公司贷款"的要求提升到与"项目融资"一样的程度。

原则 10：报告和透明度中，在客户报告部分增加了对生物多样性相关内容的要求。

(五) 免责声明

这部分没有实质性的修改。

(六) 附件

附件"执行要求"部分，首先，增加了一个总体说明，即附件中详细说明的实施要求是赤道原则的内在组成部分。其次，附件 A "气候变化：替代分析，温室气体排放的定量和报告"中，在"定量和报告"部分提出要按照《温室气体议定书》的标准要求来进行计量，并全新规定了气候变化风险评估的做法。最后，在附件 B "最低报告要求"中增加了对"与项目相关的再融资"和"与项目相关的收购融资"这两项金融产品的相关数据及报告要求。①

(七) 附录

附录"支持信息"部分，附录 I 术语表中新增了"收购融资""气候物理风险""转轨性气候风险""极度濒危和濒危物种""免费、事先、知情和同意""全球生物多样性信息设施""巴黎协定""人权"以及"再融资"等术语界定，并对"原住民"等术语进行了重新界定。附录 II 环境和社会评估文件中涉及的潜在环境和社会问题的示例清单中，对评估文件内容进行了增

---

① See Annexes: Implementation Requirements, The Equator Principles Draft For Consultation, June 2019, www.equator-principles.com, last visited at September 23, 2019.

加，规定了巴黎气候变化协定、国家自主贡献承诺、温室气体排放水平和排放强度、水资源利用情况、土地覆盖和土地利用实践以及实际或潜在的人权负面影响等方面。① 附录Ⅲ 国际金融公司环境和社会可持续性绩效标准及世界银行集团环境、健康和安全指南，这部分则没有任何变化。

四、评价与借鉴

（一）对赤道原则的评价

赤道原则是近十多年来国际社会在保护生态环境、推动企业社会责任实现和促进绿色发展的重要制度创新，也是国际银行业在勇担环保责任、发展绿色信贷和践行可持续发展的积极探索。赤道原则并不是一项国际法律原则或规则，不具有强制约束力；但正是这样一个自愿性的原则或规则，逐渐被国际商业银行等金融机构广泛采用，变成一项普遍适用的行业性准则，事实上产生了强有力的约束作用，其约束力甚至超过了很多国际法律规范。因此可以说，赤道原则是国际绿色信贷业务发展的基础性准则。不仅如此，赤道原则还深刻地影响到许多国家国内银行业的绿色化发展，甚至成为许多国家在推进自身绿色信贷发展的重要参照依据。

赤道原则之所以有着这样大的影响力，除了其科学引入或借鉴了国际金融公司的环境和社会可持续性绩效标准、世界银行集团环境、健康和安全指南以及《巴黎气候协定》等相关国际环境法律规范中的制度规则，还源自其建立了一整套富有包容性、实体与程序有机结合的运行机制，并且根据实践发展需要和相关情势变迁进行及时的修改完善。从2003年6月的赤道原则1.0到2019年6月的赤道原则4.0草案，16年时间里就有了3次修改完善，保持了赤道原则的时效性和生命力。

（二）对赤道原则的借鉴

赤道原则的蓬勃发展和广泛适用，对我们推进绿色信贷发展和构建绿色信贷制度有着很多值得借鉴的地方，其中以下几个方面尤为值得借鉴。

---

① See Exhibits: Supporting Information, The Equator Principles Draft For Consultation, June 2019, www.equator-principles.com, last visited at September 23, 2019.

1. 环境风险的识别与分类机制

赤道原则引入国际金融公司的可持续性绩效标准,世界银行集团的环境、健康和安全指南以及相关国际环境法律规范和东道国环境法律规范作为标准和依据,对融资项目的环境风险进行识别、评估和分类,并与对客户或者说所提供的金融产品的分类相结合,在源头上就建立起了一套风险把握和预防制度,这一点与环境影响评价制度有着相似的理念和做法。对于我国在关注环境风险、推进绿色信贷方面有着较大的借鉴意义。

2. 商业银行的环境风险管理与业务管控机制

赤道原则强调商业银行一方面自身要管控环境风险;另一方面要与融资客户一起构建风险管理体系,制订赤道原则行动计划。这事实上改变了传统上商业银行与客户业务流程保持距离的做法,变得更加贴近甚至一定程度上介入客户业务流程,真正变成了休戚与共的伙伴关系。这一点有助于商业银行真正了解和掌握客户的环境风险,并作出合理决策,对于国内商业银行如何实施信贷业务的绿色化转型、控制环境风险来说有着参考价值。

3. 利益相关者参与和投诉机制

利益相关者参与和投诉机制都是为了听取相关意见,特别是一些不同的批评性意见,进行相互的沟通和交流,从而预防和控制后续的风险和问题。无论是从知情权和参与权保障、程序民主和透明等角度考虑,还是从风险控制的效率衡量,充分的沟通交流都是十分必要和有效的,很多时候风险往往就是因为缺乏参与和沟通交流而产生的。我国的许多商业银行在这一方面往往是弱项,应当予以参考和借鉴。

4. 独立审查、监测和报告机制

赤道原则要求对潜在环境风险实行独立的审查,对项目实施或运营过程中的环境管理进行持续性监测,并对相关情况和信息进行报告。这就保证了环境风险管控的客观性、过程性和效果性,而不会流于主观任意和形式化。这对于我们如何去构建科学合理的保障机制、把绿色信贷制度要求真正落在实处,有着很大的借鉴意义。

第四节 我国绿色信贷法律制度的构建与完善

如前文所述,尽管我国在绿色信贷方面已经展开了越来越丰富的尝试,相关业务发展也呈现了蓬勃向上的态势,相关的规范性制度文件也不断制定出台,但理性地考察分析,我们还尚未建立起一套较为完整的法律制度体系,更遑论成熟和完善。许多制度还没有建立,尚属于空白状态;许多制度则有了一些规范要求,但还处于碎片化状态;还有一些制度已经在发挥着较好的作用,但还需进一步改善或革新。因此,无论是从完备性和体系化角度,还是从具体制度规则的制定或完善角度,我们都需要根据绿色信贷发展的实际情况和制度需求,充分借鉴以超级基金法和赤道原则为代表的国外先进制度经验,进行我国绿色信贷法律制度的构建和完善。具体而言,需要从以下几个重要方面推进和展开。

一、商业银行绿色化治理机制

公司治理及其结构对于公司运行来说有着重要的影响和决定作用,作为一种特殊的公司,商业银行如何治理意义重大。要从根本上确立绿色化发展理念,发展绿色信贷业务,商业银行首先必须要在公司治理层面上进行绿色化改造,构建绿色化治理机制。我国《上市公司治理准则》第86条规定了上市公司应当积极践行绿色发展理念,将生态环保要求融入发展战略和公司治理过程,主动参与生态文明建设,在污染防治、资源节约、生态保护等方面发挥示范引领作用。从公司治理的视角出发,商业银行的绿色化治理机制构建应从以下几个方面着手。

(一)董事会层面

目前,《绿色信贷指引》中已经对董事会在绿色信贷业务发展方面提出了要求,即董事会或理事会负责确定绿色信贷发展战略,审批高级管理层制定的绿色信贷目标和提交的绿色信贷报告,监督、评估本机构绿色信贷发展战略执行情况。这一要求为董事会层面上树立和落实绿色信贷理念奠定了基础，然而从治理机制的形成来说仍然是不够的。进一步需要加强的是，要从董事会构成上进行改革，形成绿色化保障机制。

具体来说，董事会构成中应当有成员具有绿色经济发展、环境管理保护或环境法律专业背景，能够在商业银行运营发展中的重大决策上提供绿色环保方面的专业建议，有效防控环境风险。从我国商业银行目前的治理结构来说，为了使绿色信贷发展战略可以在公司发展决策中被客观独立地提出和落实，而不被狭隘的经济盈利目标所淹没，应当在战略委员会独立董事选任时选择具有绿色环保专业背景的董事，即绿色独立董事。

（二）监事会层面

监事会要履行好法律规定的职责，对商业银行的各项经营管理事项进行有效监督，必须要具备相应的专业知识。如果要对商业银行的绿色信贷发展战略及其执行落实、环境风险防控措施制定实施情况进行监督，也需要具备相应的专业知识。尽管可以通过聘请外部环保专业机构来进行审核评估，但毕竟是对外部专业力量的引入和借用。如果监事会中有成员具有绿色经济、环境科技或环保法律方面的专业知识背景，即绿色监事，就能够更为有效地进行这方面事项的审查监督，更好地履行监事会职责。

（三）经营管理层面

《绿色信贷指引》中要求高级管理层应根据董事会的决定，制定绿色信贷目标，建立机制和流程，明确职责和权限，开展内控检查和考核评价；明确一名高管人员及牵头管理部门，配备相应资源，组织开展并归口管理绿色信贷各项工作。必要时可以设立跨部门的绿色信贷委员会。这些规定为在经营管理层面确立绿色信贷目标、发展绿色信贷业务奠定了很好的基础。

为更好地推进绿色信贷业务发展，需要进一步加强的是将绿色信贷委员会上升为治理机制的必然选项，即在商业银行中普遍建立绿色信贷委员会，形成专门性的组织、协调和评价机构。比较性考察，瑞穗银行等国际著名商业银行都已经设立了类似的机构，统筹实施绿色信贷业务战略。

二、绿色信贷业务运营制度

在商业银行治理机构这一顶层制度上构建了绿色治理机制后,接下来就是要在具体的业务运营中确立起相应的绿色信贷制度。根据绿色信贷业务运营的内容或环节,主要包括以下几个方面的制度。

(一)绿色信贷产品开发与供给

商业银行的首要任务是提供信贷产品,要从传统信贷业务转向绿色信贷业务,首先是要淘汰旧的、为高污染高能耗经济形态所开发和提供的非绿色环保信贷产品,在此基础上根据发展绿色经济而产生的市场需求,来开发和提供绿色信贷产品。

绿色信贷产品的开发,一方面要能够满足我国环境保护法律规范要求,另一方面是一种市场化的创新,并没有一种绝对统一的模式。一般包括两个方向或路径:一是对传统信贷产品进行绿色化改造,比如对提供给高污染高能耗行业或企业的传统信贷产品提高风险防控要求、严格贷款条件等,而对于绿色环保产业或企业的传统信贷产品则适当放宽抵押、担保等方面的要求,要给予更为优惠的贷款条件等。二是进行全新的产品创造开发,比如针对绿色经济发展中出现的新业务需求——合同能源管理业务、碳排放权交易业务,开发出相应的能效信贷和碳信贷产品。目前来看,兴业银行等商业银行在绿色信贷产品开发供给方面取得了令人振奋的进展,已经形成较为丰富的绿色信贷产品体系,在整个产品体系中占据了较为显著的地位。

(二)绿色信贷业务流程改造

绿色信贷产品的开发和供给只是第一步或基础,绿色信贷业务的开展还需要构建起一套绿色化的业务流程。这套业务流程包括了对客户或项目环境风险的识别和判断、评估和分类、产品匹配和决策以及贷后持续监测和管理等环节或部分。在环境风险识别和判断方面,需要具有相应专业知识的人员或机构来根据环境保护法律规范和标准要求,利用环保专业技术和设备来进行,形成初步的环境影响及风险数据。然后进入环境风险评估和分类环节,根据前面环节形成的环境影响及风险数据,对客户或项目按照风险类别和大小等因素进行评估和分类,分配到不同的业务条线进行后续处理。进入不同的业务条线的客户或项目,再与相应的信贷产品匹配,并由绿色贷款委员会、贷款审查委员会等进行决策是否发放以及发放条件等。贷款发放后,还要进一步加强贷后管理,特别是要持续监测客户或项目的环境风险变化情况,并据之采取相应对策。

(三) 绿色信贷业务考评机制

为更好地推进和规范发展绿色信贷业务,商业银行还应建立起相应的考核评价机制,对绿色信贷产品开发、业务流程管理、贷款发放及后续监测管理以及绿色信贷资产占比等情况进行考察和评价。只有将绿色信贷执行情况纳入商业银行内控合规检查范围,定期组织实施内部自查自纠,并建立相应的奖励和惩罚机制,才能真正把绿色信贷发展战略和业务举措落到实处。具体的业务考评和奖惩机制如何设计,由各商业银行根据自身实际而定。

三、绿色信贷外部监管制度

如前文所述,绿色信贷市场同样存在很多风险,某种意义上可能比传统信贷市场的风险更加复杂,不仅有着金融风险,还存在环境风险,甚至两种风险还会叠加或混合。因此,要确保绿色信贷市场能够健康地发展,必须对其进行相应的监管。与商业银行的内部风险控制相比,这种监管主要来自外部,由专门的监管部门来负责和实施。目前,我们国家对绿色信贷市场的外部监管制度还不够有效和完善,需要从以下几个方面继续予以构建和加强。

(一) 银行监管制度

银行业监管主要是由银行业监管部门——以前是中国银行业监督管理委员会,现在是中国银行保险监督管理委员会来负责实施。对于绿色信贷市场来说,其本质上,首先是一个金融信贷市场,金融风险依然是首位度的风险问题,需要对之进行业务监管;其次是一个商业银行作为主要市场主体的信贷市场,需要对之进行主体监管。因此,银行业监管部门应当根据当前金融监管职责和分工对绿色信贷市场进行相应监管,不能因为其与绿色环保相关的特殊性而放松了金融监管。

（二）环保监管制度

绿色信贷业务及相关市场又有自身的特殊性，即与绿色环保目标和战略实施相关，除了金融风险外还存在环境风险，仅对其进行金融监管还是不够的，无法防范、控制和解决所有的风险。而要对环境风险进行防控，就需要来自环保部门的专业化监管。因此，环保部门——以生态环境部为主，也需要肩负起相应的监管职责。但总体来说，环保监管属于绿色信贷市场的辅助性监管，并非直接针对信贷业务和商业银行，而是针对进行融资的借款人和融资项目的环境风险问题而展开。

（三）协同监管制度

鉴于绿色信贷业务及相关市场兼有金融风险和环境风险，不仅要进行金融监管还要进行环保监管。然而，这两种监管不是重复或重叠的，而是分工配合的，环保监管是为了更好地金融监管而服务的。这就需要对两种监管进行有机协同，整合监管资源，最大化地发挥出监管合力和监管效果。目前，我国已经在绿色信贷协同监管方面作出了一些规定，比如，建立企业环境信息的共享机制、监管部门之间制定的统一信息统计标准、各主管或监管部门根据需要可以设立联席会议制度，一定程度上提升了监管合作程度和效率。但依然存在一些问题和不足，进一步加强协同、提高效率的空间还很大。之后我们应该在现有规定和做法的基础上进一步将监管协同制度化，建立一套密切配合的联合监管机制。

首先，环保部门和金融部门设立联合监管机构，定期交流和讨论监管问题；其次，环保部门牵头、金融部门配合，共同制定出一套适用于绿色信贷的环境规则与标准参照体系，并定期进行更新和发布；再次，实行环保与金融监管信息的共享与交换，提升监管效率；最后，针对绿色信贷市场中出现的重大违法违规问题，组成联合调查处理小组共同实施现场监管。[1]

四、绿色信贷宏观调控制度

绿色信贷的推进和发展不仅需要作为市场主体的商业银行自身努力、监

---

[1] 李传轩：《生态经济法——理念革命与制度创新》，知识产权出版社2012年版，第308页。

管部门的风险监管和保障，还需要从宏观角度进行调控和引导，创造和提供有利于其快速发展的政策环境。能够产生积极影响的宏观调控制度有两个方面，金融宏观调控和财税宏观调控。目前，我国在通过宏观调控手段促进绿色信贷发展方面，还没有采取相关的举措，属于比较薄弱的环节。事实上，在金融和财税宏观调控方面都有着一些具体的制度措施可以采用，进而形成相应的制度体系。

（一）金融宏观调控制度

金融宏观调控是中国人民银行运用基准利率、存款准备金率、再贷款、再贴现、公开市场操作和常备借贷便利等货币政策工具来实现对市场中货币供应量的调节，进而调控经济活动的制度做法。要促进和支持绿色信贷业务发展，就是要通过适当的货币政策工具来引入更多的货币资金进入绿色信贷领域，实行定向性的"绿色量化宽松"。具体来说可以利用以下几个货币政策工具。

1. 基准利率调控

通过基准利率进行调控主要包括两个方面的制度措施：一方面，为鼓励商业银行开展绿色信贷业务，中国人民银行可以对绿色信贷适用更低的基准贷款利率，引导更多的资金流向绿色信贷领域；另一方面，为限制或遏制商业银行继续开展传统的高污染高能耗领域中的信贷业务，中国人民银行可以对这一领域的信贷业务适用更高的基准贷款利率，引导更多的资金流出这一领域。通过两个方向的基准利率差别政策，就能够实现商业银行信贷业务更多地转向绿色环保领域。

2. 法定存款准备金率调控

如果说基准利率调控是一种以信贷业务属性为依据的普适性调控，即只要是绿色信贷都可以适用较低的基准利率，只要是高污染高能耗信贷都要适用较高的基准利率；那么，法定存款准备金率调控则是根据商业银行的类别而进行不同的调控。为促进绿色信贷业务发展，中国人民银行可以根据商业银行绿色信贷业务占总体业务比例情况规定适用不同的法定存款准备金率。绿色信贷业务占比较高的商业银行，可以适用较低的法定存款准备金率，从而可以投放更多的资金进入市场；绿色信贷业务占比较低的商业银行，则适用较高的法定存款准备金率，从而限制其资金投放量。

3. 再贷款调控

再贷款调控也是主要根据商业银行在绿色信贷业务方面的发展表现，给予不同的再贷款政策条件，进行相应的调控。具体来说，对于那些在绿色信贷业务方面表现优良的商业银行，给予规模更大、利率等条件更好的再贷款待遇；对于那些在绿色信贷业务方面表现较差的商业银行，则在再贷款规模、利率等方面给予较差的待遇条件。通过这种差别对待，对商业银行的信贷业务选择进行激励和约束。当然，再贷款是一种非常态的调控手段，仅适用于商业银行遇到资金危机等问题时。不过，有了再贷款方面的优惠待遇，能够让商业银行在开展绿色信贷业务时更少一些担忧、更多一些保障。

（二）财税宏观调控制度

除了金融调控，宏观调控的制度手段还有财政和税收等。通过制定相应的财政和税收制度措施，也能够促进绿色信贷市场的发展和遏制高污染高能耗信贷业务。

1. 财政调控制度

财政调控主要是通过给予财政资金补贴的方式进行。对于某些公共物品的生产与提供，通过市场机制无法实现；或者具有一定的正外部性效应的行为活动，市场机制也无法进行成本和收益的均衡化安排，就需要通过财政资金支持或补贴的方式进行调控。绿色信贷既具有一定的环保公共物品属性，也有着较强的环保正外部性，要使其能够在市场中存在并持续发展，需要对其进行一定的财政支持和资金补贴。即应对利用政府财政资金，给予开展绿色信贷业务的商业银行一定的财政补贴，或者直接给符合条件的融资人或融资项目以相应的利息财政补贴，具体标志和方式可以根据财政资金充足情况和商业银行绿色信贷业务具体开展情况来确定。

2. 税收调控制度

正如前文关于庇古税理论的介绍，税收手段可以矫正负外部性带来的成本溢出问题。一方面，商业银行向高污染高能耗行业或企业发放贷款一定意义上具有相当的负外部性效应，可以通过加重其税负来予以矫正和调控。另一方面，对于积极开展绿色信贷业务支持绿色环保行业或企业发展的，可以通过税收优惠的手段给予其鼓励和支持。从我国当前税收制度情况看，通过加重某些税种税负的方式来进行矫正和调控比较复杂和困难。从操作便利性角度考虑，对于高污染高能耗信贷业务不予相关税收优惠待遇，而对于绿色信贷业务则给予相关税收优惠待遇。具体方法可以是，根据绿色信贷业务占总信贷业务量超过一定比例的商业银行，可以享受企业所得税、增值税方面的优惠待遇；根据超过比例不同，也可以设置不同档次的优惠待遇。

五、政策性环保银行和绿色担保机构

如前文所述，绿色信贷具有一定的公共物品属性，单纯依靠市场机制往往无法充分提供，尽管我们通过相关的政策立法和制度手段来要求和引导商业银行发展绿色信贷，但在部分领域特别是风险较大的领域中，商业银行的积极性是远远不够的。此外，绿色信贷业务开展过程中，常会遇到的一个困境就是担保问题。许多绿色环保企业有着很好的发展前景，但往往资信不足，特别是按照传统资信评估标准，绿色环保类资产估价中并未能充分体现出其生态价值，事实上是被低估了，也就是说其风险并不大，资信方面应该有着更好的表现，应该可以获得相应的贷款。针对上述两方面问题，我们可以通过创设政策性环保银行和绿色担保机构来应对和解决。

（一）政策性环保银行

政策性银行与商业银行不同，是由政府设立的服务于特定公共或社会利益、贯彻和落实一定的社会经济政策的银行，不以营利为目的。目前，我们国家先后设立了三家政策性银行，即国家开发银行、农业发展银行和中国进出口银行。尽管 2015 年以后三家政策性银行都进行了改革，但除了国家开发银行具有部分商业化功能，政策性银行依然是其主要功能属性。鉴于生态环境保护和资源能源节约开发利用已经成为我国长期的基本国策，特别是在当前背景下其重要性和优先性甚至已经超过大型项目开发、农业发展和进出口贸易发展等战略事项，因此迫切需要创建一个类似的政策性银行来为生态环境保护事业提供长期稳定的支持,尤其是支持那些商业银行不愿进入和提供融资、风险较大的环保事业领域。

事实上,国际社会普遍重视政策性银行在弥补商业银行在环保领域融资之不足,为那些意义重大、风险较高、投资回报周期较长的特殊领域稳定给予资金支持的重要作用。比如,德国的复兴开发银行、英国的绿色投资银行、美国的纽约州立绿色银行、日本的政策投资银行,都是从事绿色信贷业务的政策性银行,在推进本国绿色信贷发展中扮演着重要角色。

对于我国来说,尽管已经有着越来越多的商业银行开始进入绿色信贷领域,但总体上经济发展的绿色化转型、生态环境保护的资金缺口还是很大的,创建专门性政策性环保银行十分有必要。如何创建环保政策性银行,目前有两个模式。一个是在国家开发银行的基础上,注入绿色信贷投入和支持功能,将之打造成全新的绿色环保政策性银行;另一个是全新创建一个专门性的环保政策性银行,其名称可以定为"中国绿色发展银行",专门从事政策性绿色信贷业务,支持和促进绿色经济发展和生态环境保护事业。我们认为,目前的情况下可以先考虑采用第一个模式,将国家开发银行进行绿色化转型,使其在原有支持国家大型开发建设项目功能的基础上,具有环保政策性银行的功能。事实上,国家开发银行已经开始了绿色信贷业务的尝试和投入,设计了一套由管理制度、组织架构和联席机制构成的绿色信贷管理体系,制定了《绿色信贷工作方案》《绿色信贷管理暂行办法》《环保及节能减排方案》《关于加强境内人民币贷款项目绿色信贷管理有关的通知》等多项内部政策文件。[①] 实践中,也积极支持了环巢湖地区生态修复工程等项目。可以说,国家开发银行已经具备了成为环保政策性银行的基础。如果将来对政策性绿色信贷资金的需求不断加大,也可以将国家开发银行的这部分资产和功能独立出来,成立专门性的中国绿色发展银行。

(二)绿色担保机构

针对绿色项目通常存在的资信不足、担保不够等融资难或融资贵的问题,

[①] 赵峥、袁祥飞、于晓龙:《绿色发展与绿色金融——理论、政策与案例》,经济管理出版社2017年版,第115页。

许多国家都对此予以关注并通过建立公共性或政策性的担保机构,为绿色项目提供专门担保来加以解决。比如,美国能源部于 2009 年推出"金融机构合作计划"(Financial Institution Partnership Program,简称 FIPP),通过加强与获批的私营贷款商的合作,撬动私营部门的人力和资金,该项目在美国《经济复苏与再投资法案》框架下获得了 7.5 亿美元融资,该笔资金为 80 亿美元的贷款提供了担保。[1]

在我国绿色信贷发展的初期,也应当考虑由政府部门牵头和出资,设立政策性绿色信贷担保机构,为那些仅仅是因为资信不足而无法或很难获得融资,但又具有重要环保价值的绿色项目提供担保。同时,要积极鼓励和引导建立市场化的绿色担保专门机构,从而拓宽绿色项目的融资空间。

六、绿色信贷法律责任制度

从美国的经验可以发现,商业银行等贷款人要承担环境法律责任是促使绿色信贷发展的重要制度基础。通过道德责任要求、激励和引导的方式可以推进绿色信贷在一定程度上的发展,但是如果没有法律责任的要求约束,在市场严重失灵的情况下绿色信贷的发展必然无法走向全面和深入,更大的可能是浮于表面、沦为"花瓶"。因此,从绿色信贷的长远发展来看,需要确立贷款人的环境法律责任制度要求。

(一)贷款人的民事法律责任

尽管民事责任的形式种类有很多,但赔偿责任毫无疑问是其中最核心、最常用的一种,贷款人要承担的民事责任也主要是赔偿责任。如果说前面我们已经对贷款人承担法律责任的必要性有了清晰的结论,接下来问题的关键在于贷款人应当在什么情况下承担民事赔偿责任。

从民事责任的构成要件来看,贷款人承担民事责任最大的障碍或者说需要解决的问题是因果关系,即贷款人怎样的行为状态会与环境污染的损害后果之间构成因果关系。这事实上也是美国《超级基金法》中贷款人责任一波

---

[1] 丛斌、陈芳芳:"绿色担保国际案例对我国的借鉴与启示",载《金融纵横》2016 年第 7 期,第 45 页。

三折进程的重要考虑因素。如果贷款人只是按照传统信贷模式发放贷款、被动地追求单纯的贷款利息，那么其风险仅在于该笔贷款支持的项目因为环境风险而失败后带来的贷款本金和利息不再安全甚至变成呆账坏账的损失，而不应扩展到对项目环境风险带来的相关损失的赔偿责任，后者还是应当由借款人也即项目所有人承担。无论出于怎样的利益考虑，如果贷款人积极主动参与到借款人公司中与贷款资金相关的项目或设施（投资项目或抵押设备等）的运行、管理，将被视为环境污染行为的共同行为人，也即共同侵权人，当然构成因果关系，需要承担连带赔偿责任。

如果没有参与对项目或设施的实际运行和管理，无论是发放贷款还是为了实现担保权而控制或占有了抵押设备，其行为是否与环境损害后果之间构成因果关系？毫无疑问，这不是典型的因果关系，但是否就没有因果关系？这个问题目前理论研究没有定论，涉及直接因果关系和间接因果关系，甚至如何定义因果关系等问题。篇幅和主旨所限，我们不打算在此具体展开讨论，而只是给出具体的操作性建议：只要其尽到了尽职调查和合理的风险防控义务，就不必承担责任。毕竟，针对贷款人的严格责任在目前发展阶段无法具有足够的可接受性基础。但贷款人如果没有对贷款项目进行合理的调查和风险防控，则要对环境损害承担一定的补充责任，责任范围可以考虑限定在贷款预期收益范围内。

（二）贷款人的行政法律责任

相对而言，在绿色信贷背景下贷款人基于行政法律规范的要求而承担相应的行政法律责任是更加容易证成的。行为的违法性是承担行政责任的最核心要件，危害后果、主观过错等都不是必要的承担责任的条件，特别是在绿色信贷领域的监督管理中。只要行政法律规范规定了相应的义务要求，而行为人的行为没能遵守或符合法定义务要求，其行为就构成了违法，如果没有其他特别要求，即要承担相应的行政法律责任。

行政法律责任的形式分为行政处分和行政处罚两种，前者主要是针对行政主体内部人员的责任形式；后者则是针对行政相对人的责任形式。贷款人的行政法律责任毫无疑问是后一种，主要包括警告、罚款、没收违法所得、没收非法财物、责令停产停业、暂扣或者吊销许可证、暂扣或者吊销执照以及行政拘留。然而，目前绿色信贷法律实践中，我们似乎并没有看到有关行政处罚责任被适用于贷款人，被加以适用的顶多是些在机构开设、高管人员资格核准、加强现场检查等方面的不利对待，一般都属于监管措施，而并非行政法律责任。这表明即便在更加容易证成的行政法律责任方面，我国也未能为贷款人设置相关的责任要求。为了更好地推进和保障绿色信贷的发展，我们应当尽快对贷款人设置或适用相关行政法律责任要求。当然，这需要我们首先对《商业银行法》等相关法律规范进行相应修改，毕竟规范性文件是无法对行政法律责任的承担进行规定和要求的。

（三）贷款人的刑事法律责任

至于贷款人的刑事法律责任，特别是与环境保护有关的刑事法律责任，一般认为只是基于贷款人的贷款行为并不会触发。因为刑事责任的构成要件更加严格复杂，特别是对主观要件和因果关系要件的要求很高。无论是从"帮助犯""协从犯"还是其他相关角度，都很难证成。只有在贷款人实际控制或成为相关设施的所有人之后实施了环境污染或破坏行为并构成了犯罪，才能被追究相应的刑事责任。在其他情况下，不管其是否尽到尽职调查或风险防控义务，也许会承担民事责任，但按照我国当前的刑事责任构成要件规定，都无法追究刑事责任。

第五章

绿色证券法律制度

证券业是金融业一个重要领域和市场,与更为传统和悠久的银行业信贷市场相比,证券业市场更为晚近和复杂多样。一般来说,市场实体的主要融资方式包括两种:股权融资和债权融资。债权融资中银行借贷是最为传统的和典型的方式,非银行的借贷则相对不多,特别是通过发行债券的方式更是具有专门性,与股权融资等共同形成了证券资本市场。但是,近几十年来证券资本市场已经成为越来越重要的企业获取资金的渠道和场所,尤其是对于中大型企业。因此,如何调控证券市场的资金流向使之从高污染高能耗领域转向绿色环保领域,是绿色证券法律制度的宗旨和应有之义。

第一节 绿色证券法律制度概述

一、基本概念之厘清

一般来说,证券是一种经济性权利的凭证,代表着相应的财产权利(有时也具有一定的人身权利),具有一定的流通性和风险性。证券市场中的证券产品主要是股票和债券。绿色证券法律制度涉及的基本概念有绿色证券、绿色股票、绿色债券以及绿色证券法律制度等。

(一) 绿色证券

绿色证券的提法和使用在实践中经常出现,却鲜有对其进行严谨的定义。从一定意义上看,绿色证券的表面含义与其所具体指代的内容并不完全一致,可以说绿色证券的概念并不严谨，但已经约定俗成。绿色证券并非单纯指绿色股票、绿色债券等绿色金融产品，更是指如何运用绿色化的证券市场机制和证券法律制度手段来遏制环境污染和生态破坏、促进环境保护和绿色发展。因此，绿色证券这一提法事实上指的是绿色证券制度政策，不过在市场运行中会聚焦为绿色股票和绿色债券等绿色金融产品。

（二）绿色股票

作为最为重要的证券之一，股票是一种代表着股东权益的凭证。绿色股票的概念很少有专门提出和论述，基本上都内含于绿色证券之中。除了特别说明和专门提出的绿色债券等，绿色证券主要指的就是绿色股票。根据前面所述，绿色股票其实就是在遵循证券市场机制的基础上，通过相关制度政策的干预和调节，使股东的股权投资从传统的高污染高能耗行业中抽离，转而投向绿色环保行业。

（三）绿色债券

债券是特定债权的凭证，代表着基于特定债权债务关系的债权人权利。关于绿色债券的定义，不同的语境下有着不同的表述。国际资本市场协会将绿色债券定义为将募集资金专用于为新增及/或现有合格绿色项目，提供部分或全额融资或再融资的各类型债券工具。① 世界银行集团则将绿色债券定义为专门用来为气候或环境项目筹集资金的债务证券。② 从这两个定义看，虽然表述不同，但内容差不多。气候债券倡议组织将绿色债券定义为募集资金专项用于具有环境效益的项目，这些项目以减缓和适应气候变化为主，③ 但事实上涵括了绝大部分的与环境效益有关的绿色项目。

（四）绿色证券法律制度

结合前文所述，绿色证券法律制度就是规范、调节证券资本市场上资金

---

① See ICMA, Green Bond Principles: Voluntary Process Guidelines for Issuing Green Bonds, July 2018. https://www.icmagroup.org/green-social-and-sustainability-bonds/green-bond-principles-gbp/, last visisted at September 23, 2019.

② See the World Bank: What Are Green Bonds, https://www.worldbank.org/en/topic/climatechange/brief/what-are-green-bonds, last visited at September 23, 2019.

③ 气候债券倡议组织、中央国债登记结算有限责任公司：《中国绿色债券市场现状报告 2016》，https://www.chinabond.com.cn/cb/cn/yjfx/zzfx/nb/20170118/146165612.shtml，2019 年 9 月 23 日访问。

募集与投放、促进环境保护和绿色发展的法律制度措施,是相关证券法律制度绿色化的产物和成果。根据制度内容和功能,主要包括了证券市场的环境保护准入制度、上市公司的环保监管制度和环保信息披露制度等部分。

二、我国绿色证券发展现状考察

我国绿色证券的发展源起于2001年9月,当时国家环境保护总局发布了《关于做好上市公司环保情况核查工作的通知》,开始将环保监管工作投向了上市公司及相应的证券市场。随后2003年颁布的《关于对申请上市的企业和申请再融资的上市企业进行环境保护核查的通知》,进行了更为详细的规定。至此,无论是对公司上市还是对已上市公司的监管,绿色环保表现都成为重要的监控环节和内容。如果说这两个通知文件只是我国绿色证券发展的最早尝试,2007年的绿色金融风暴则宣告了绿色证券进入了正式发展阶段。2007年国家环境保护总局办公厅发布了《关于进一步规范重污染行业生产经营公司申请上市或再融资环境保护核查工作的通知》,2008年中国证券监督管理委员会发布了《关于重污染行业生产经营公司IPO申请申报文件的通知》,2008年国家环境保护总局进一步发布了《关于加强上市公司环境保护监督管理工作的指导意见》,这些文件通知都规定了较为详细的有关公司上市融资以及上市后的环保监管要求,绿色证券市场得以发展并初具雏形。2014年以来,环境保护部改革调整了上市环保核查制度做法,不再进行上市前的环保核查,转而要求公司强化环境保护内部控制和加强环境信息披露。2015年以后中国证券监督管理委员会也开始对公司环境保护信息披露进行明确和严格的规定,制定并不断更新了环境信息披露的准则要求。可以说,我国绿色证券制度由政府主导模式起始,随着制度不断完善更新,绿色证券制度经历了由政府主导的环保核查变为市场主导的绿色证券的历程。[①]

值得特别指出的是,作为一个相对独立的产品和市场,绿色债券自2014年以来在我国发展得十分迅速。2015年12月15日,中国人民银行发布了

[①] 田雪等:"我国市场主导绿色证券制度建设与路径探析",载《环境保护》2018年第22期,第18页。

《关于在银行间债券市场发行绿色金融债券有关事宜的公告》和与之配套的《绿色债券支持项目目录》，同年 12 月 31 日国家发展和改革委员会也发布了《绿色债券发行指引》，标志着中国绿色债券市场发展的正式开始。2016 年 3 月 16 日上海证券交易所发布《关于开展绿色公司债券试点的通知》，同年 4 月 22 日深圳证券交易所发布《关于开展绿色公司债券业务试点的通知》，从交易场所和一线监管主体的角度为绿色债券发展提供了进一步的指南。2017 年 3 月 3 日，中国证券监督管理委员会发布《关于支持绿色债券发展的指导意见》，2017 年 10 月 26 日中国人民银行、中国证券监督管理委员会制定了《绿色债券评估认证行为指引（暂行）》，为绿色债券发展提供了更为全面和详细的制度要求，进一步促进了绿色债券的发展。2018 年的数据是，符合国际定义、符合国际绿色债券定义的中国发行额达到 2103 亿元人民币（312 亿美元），包括中国发行人在境内和境外市场共发行的 2089 亿元人民币（309 亿美元），以及 14 亿元人民币（2.08 亿美元）的绿色熊猫债。这一规模占全球发行量的 18%，与 2017 年的 1578 亿元人民币（235 亿美元）相比，这一数字增长了 33%。[①] 我国绿色债券市场仅用了 3 年左右的时间就发展到今天的规模，仅次于美国居于世界第二位，可以说十分迅猛。

三、我国绿色证券相关制度政策分析

（一）综合性制度政策规定

1. 《生态文明体制改革总体方案》中的相关规定

2015 年 9 月，中共中央、国务院发布《生态文明体制改革总体方案》，其中第八部分"健全环境治理和生态保护市场体系"中第 45 条规定："建立绿色金融体系。……加强资本市场相关制度建设，研究设立绿色股票指数和发展相关投资产品，研究银行和企业发行绿色债券，鼓励对绿色信贷资产实行证券化。……建立上市公司环保信息强制性披露机制。……"

[①] 气候债券倡议组织、中央国债登记结算有限责任公司：《中国绿色债券市场 2018 年度报告》，https://www.chinabond.com.cn/cb/cn/yjfx/zzfx/nb/20190227/150962459.shtml，2019 年 9 月 23 日访问。

这一规定对于绿色证券发展来说有着十分重要的影响，一方面体现了绿色证券作为我国生态文明建设的重要金融制度手段的地位和作用，另一方面为绿色证券相关制度的具体发展提供了依据、方向和路径，有利于绿色证券市场的健康快速发展。

2.《关于构建绿色金融体系的指导意见》的相关规定

2016年8月，中国人民银行、财政部、国家发展和改革委员会、环境保护部、银行业监督管理委员会、证券监督管理委员会、保险监督管理委员会等七部委联合发布了《关于构建绿色金融体系的指导意见》。该文件中第三部分"推动证券市场支持绿色投资"对绿色证券市场发展进行了相应规定，主要包括以下几个方面内容。

一是完善绿色债券的相关规章制度，推进绿色债券发展。具体包括统一绿色债券界定标准，研究完善各类绿色债券发行的相关业务指引、自律性规则，明确发行绿色债券的信息披露要求和监管安排等，采取措施降低绿色债券的融资成本，以及研究探索绿色债券第三方评估和评级标准等。

二是积极支持符合条件的绿色企业上市融资和再融资。在符合发行上市相应法律法规、政策的前提下，积极支持符合条件的绿色企业按照法定程序发行上市。支持已上市绿色企业通过增发等方式进行再融资。

三是支持开发绿色债券指数、绿色股票指数以及相关产品。鼓励相关金融机构以绿色指数为基础开发公募、私募基金等绿色金融产品，以满足投资者需要。

四是逐步建立和完善上市公司和发债企业强制性环境信息披露制度。对属于环境保护部门公布的重点排污单位的上市公司，研究制定并严格执行对主要污染物达标排放情况、企业环保设施建设和运行情况以及重大环境事件的具体信息披露要求。加大对伪造环境信息的上市公司和发债企业的惩罚力度。培育第三方专业机构为上市公司和发债企业提供环境信息披露服务的能力。鼓励第三方专业机构参与采集、研究和发布企业环境信息与分析报告。

五是引导各类机构投资者投资绿色金融产品。鼓励养老基金、保险资金等长期资金开展绿色投资，鼓励投资人发布绿色投资责任报告；以及提升机构投资者对所投资资产涉及的环境风险和碳排放的分析能力，就环境和气候因素对机构投资者的影响开展压力测试等。

（二）股票发行上市、上市公司环保监管及环境信息披露的制度政策规定

1. 证券监管部门制定的相关制度政策

（1）《关于发布〈公开发行证券公司信息披露内容与格式准则第9号——首次公开发行股票申请文件〉的通知》的相关规定

2001年3月6日，中国证券监督管理委员会发布了《关于发布〈公开发行证券公司信息披露内容与格式准则第9号——首次公开发行股票申请文件〉的通知》，在附件"首次公开发行股票申请文件目录"的第八章"其他相关文件"中规定，发行人关于其业务及募股资金拟投资项目符合环境保护要求的说明，污染比较重的企业应附省级环保部门的确认文件。这是监管部门第一次对公司首次公开发行股票提出了环保方面的要求，尽管这个文件已经被取代和失效，但也已经表明绿色证券理念已经被监管部门开始确立。

（2）《关于重污染行业生产经营公司IPO申请申报文件的通知》的相关规定

2008年，中国证券监督管理委员会发布了《关于重污染行业生产经营公司IPO申请申报文件的通知》，该文件内容比较简单，主要是要求从事火力发电、钢铁、水泥、电解铝行业和跨省从事重污染行业的公司首次申请公开发行股票的，必须提供国家环保总局出具的环保核查意见。

（3）《关于加强上市公司社会责任承担工作暨发布〈上海证券交易所上市公司环境信息披露指引〉的通知》的相关规定

2008年5月14日，上海证券交易所发布了《关于加强上市公司社会责任承担工作暨发布〈上海证券交易所上市公司环境信息披露指引〉的通知》，对在上海证券交易所上市的公司环境信息披露进行了规定。鉴于上海证券交易所兼具一线证券市场监管职能，该规定事实上也具有规范性文件的法律效力。具体内容包括以下几个方面。

一是要求上市公司发生以下与环境保护相关的重大事件，且可能对其股票及衍生品种交易价格产生较大影响时，应当自该事件发生之日起两日内及时披露事件情况及对公司经营以及利益相关者可能产生的影响。同时，对

"重大事件"进行了列举式规定。

二是要求上市公司根据自身需要，在公司年度社会责任报告中披露或单独披露相关环境信息，包括公司环境保护方针、年度环境保护目标及成效；公司年度资源消耗总量；公司环保投资和环境技术开发情况；公司排放污染物种类、数量、浓度和去向；公司环保设施的建设和运行情况；公司在生产过程中产生的废物的处理、处置情况，废弃产品的回收、综合利用情况；与环保部门签订的改善环境行为的自愿协议；以及公司受到环保部门奖励的情况等。对从事火力发电、钢铁、水泥、电解铝、矿产开发等对环境影响较大行业的公司，应重点说明公司在环保投资和环境技术开发方面的工作情况。

三是要求被列入环保部门的污染严重企业名单的上市公司，应当在环保部门公布名单后两日内披露下列信息：公司污染物的名称、排放方式、排放浓度和总量、超标、超总量情况；公司环保设施的建设和运行情况；公司环境污染事故应急预案；以及公司为减少污染物排放所采取的措施及今后的工作安排等。上市公司不得以商业秘密为由，拒绝公开前款所列的环境信息。

（4）《公开发行证券的公司信息披露内容与格式准则第 3 号——半年度报告的内容与格式（2017 年修订）》的相关规定

2017 年 12 月 26 日，中国证券监督管理委员会发布了《公开发行证券的公司信息披露内容与格式准则第 3 号——半年度报告的内容与格式（2017 年修订）》，该文件在第 40 条中对相关公司环境信息披露进行了规定。

属于环境保护部门公布的重点排污单位的公司或其重要子公司，应当根据法律、法规及部门规章的规定披露包括排污信息、防治污染设施的建设和运行情况、建设项目环境影响评价及其他环境保护行政许可情况、突发环境事件应急预案、环境自行监测方案等主要环境信息。公司在报告期内以临时报告的形式披露环境信息内容的，应当说明后续进展或变化情况。

重点排污单位之外的公司可以参照上述要求披露其环境信息，若不披露的，应当充分说明原因。此外，还鼓励公司自愿披露有利于保护生态、防治污染、履行环境责任的相关信息。环境信息核查机构、鉴证机构、评价机构、指数公司等第三方机构对公司环境信息存在核查、鉴定、评价的，鼓励公司披露相关信息。

(5)《上市公司治理准则》（2018年）的相关规定

2018年9月30日，中国证监会修订通过的《上市公司治理准则》中，对上市公司绿色发展和治理进行了相应的规定。该法第八章"利益相关者、环境保护和社会责任"中第86条规定：上市公司应当积极践行绿色发展理念，将生态环保要求融入发展战略和公司治理过程，主动参与生态文明建设，在污染防治、资源节约、生态保护等方面发挥示范引领作用。

2. 环保管理部门制定的相关制度政策

(1)《关于做好上市公司环保情况核查工作的通知》的相关规定

2001年9月27日，国家环境保护总局发布了《关于做好上市公司环保情况核查工作的通知》，以回应证券监督管理委员会在同年3月6日对首次公开发行股票的公司提出的监管要求。

该文件规定，上市公司的环保情况核查是一项预防性环保措施，对于避免由于上市公司环境保护工作滞后或募集资金投向不合理对环境造成严重污染和破坏而带来的市场风险、保护广大投资者的利益是十分必要的；要求各地环境保护行政主管部门要高度重视这项工作，积极协助证券监督管理部门做好上市公司的环保情况核查。在核查工作中，既要考虑企业现实的环保状况，又要考虑长远的环境影响。环保情况核查应包括的主要内容有：近三年是否发生环境污染事故和环境违法行为；现阶段生产过程是否对环境造成污染，是否达到国家和地方规定的环保要求，对环境污染是否采取治理措施以及治理效果评价；募股资金拟投资项目是否符合环境保护要求。

目前这一文件已经被取代和失效，但同样表明当时环保部门也已经确立了绿色证券的相关理念。

(2)《关于对申请上市的企业和申请再融资的上市企业进行环境保护核查的规定》的相关规定

2003年6月16日，国家环境保护总局发布了《关于对申请上市的企业和申请再融资的上市企业进行环境保护核查的通知》，制定了《关于对申请上市的企业和申请再融资的上市企业进行环境保护核查的规定》。该文件主要规定了以下内容。

一是确定了核查对象范围，包括重污染行业申请上市的企业和再融资募集资金投资于重污染行业的上市企业,重污染行业的范围包括冶金、化工、石化、煤炭、火电、建材、造纸、酿造、制药、发酵、纺织、制革和采矿业。

二是规定了核查内容和要求,申请上市企业要核查污染物排放许可与达标情况以及是否居于国内先进水平,工业固体废物和危险废物安全处置率是否达到100%,新、改、扩建项目"环境影响评价"和"三同时"制度执行率是否达到100%,并经环保部门验收合格,环保设施稳定运转率是否达到95%以上等;申请再融资的上市企业除符合上述对申请上市企业的要求外,还要核查募集资金投向不造成现实的和潜在的环境影响,募集资金投向有利于改善环境质量,募集资金投向不属于国家明令淘汰落后生产能力、工艺和产品,有利于促进产业结构调整等内容。

为进一步规范从事火力发电、钢铁、水泥、电解铝行业和跨省从事重污染行业申请上市或再融资公司的环保核查工作,2007年8月13日国家环境保护总局办公厅又发布了《关于进一步规范重污染行业生产经营公司申请上市或再融资环境保护核查工作的通知》。这两个文件规定在2014年被环境保护部在简政放权改革中废止,但不可否认其在绿色证券发展中的历史意义和所发挥的重要作用。

(3)《关于加强上市公司环境保护监督管理工作的指导意见》的相关规定

2008年2月22日,国家环境保护总局发布了《关于加强上市公司环境保护监督管理工作的指导意见》,规定了以下内容。

一是进一步完善和加强上市公司环保核查制度,严把上市公司环保核查关口,健全环保核查专家审议机制,加强对上市公司以及相关技术单位的培训,拓宽公众参与和社会监督渠道,加大宣传力度。

二是积极探索与证券监管部门一起建立上市公司环境信息披露机制,促进上市公司特别是重污染行业的上市公司真实、准确、完整、及时地披露相关环境信息,增强企业的社会责任感。同时,将上市公司的环境信息披露分为强制公开和自愿公开两种形式,发生可能对上市公司证券及衍生品种交易价格产生较大影响且与环境保护相关的重大事件属于强制公开的范围,投资者尚未得知时,上市公司应当立即披露,说明事件的起因、目前的状态和可能产生的影响；并且对"重大事件"进行了列举式界定。

三是开展上市公司环境绩效评估研究与试点，选择比较成熟的板块或高耗能、重污染行业适时开展上市公司环境绩效评估试点，建立上市公司环境绩效评估信息系统，编制并公开发布上市公司年度环境绩效指数及综合排名等。

四是加大对上市公司遵守环保法规的监督检查力度，及时向社会公开对上市公司的环境行政处罚情况，公开拒不执行环境行政处罚决定、超标或超总量排放污染物、发生重大或特大环境污染事件的上市公司名单等信息。

该文件虽然于2016年7月13日被环境保护部废止，但在绿色证券发展过程中起到了相当重要的作用。

(4)《关于改革调整上市环保核查工作制度的通知》的相关规定

2014年10月19日，环境保护部发布了《关于改革调整上市环保核查工作制度的通知》，宣布停止受理及开展上市环保核查，已印发的关于上市环保核查的相关文件予以废止，其他文件中关于上市环保核查的要求不再执行。

与此同时，要求加强对上市公司的日常环保监管，加大监察力度；督促上市公司切实承担环境保护社会责任，按照有关法律要求及时、完整、真实、准确地公开环境信息，并按《企业环境报告书编制导则》（HJ617—2011）定期发布企业环境报告书；加大对企业环境监管信息公开力度，以便保荐机构和投资人可以依据政府、企业公开的环境信息以及第三方评估等信息，对上市企业环境表现进行评估。

（三）绿色债券特有的制度政策规定

1.《关于在银行间债券市场发行绿色金融债券有关事宜的公告》的相关规定

2015年12月22日，中国人民银行发布了《关于在银行间债券市场发行绿色金融债券有关事宜的公告》和与之配套的《绿色债券支持项目目录》，具体规定内容包括以下几个方面。

一是对绿色金融债券进行界定，绿色金融债券是金融机构法人依法发行的、募集资金用于支持绿色产业并按约定还本付息的有价证券，绿色产业项目范围则参考《绿色债券支持项目目录》。

二是对发行机构提出要求,包括具有良好的公司治理机制,最近一年盈利(开发性银行、政策性银行除外)、最近三年没有重大违法违规行为,符合宏观审慎管理要求、金融风险监管指标符合金融监管机构相关规定以及具有完善的绿色产业项目贷款授信、风控、营销等制度规定和成熟的业务团队。

三是对申请发行材料进行规定,主要包括募集资金拟投资的绿色产业项目类别、项目筛选标准、项目决策程序和环境效益目标以及绿色金融债券募集资金使用计划和管理制度等内容,并要求出具募集资金投向绿色产业项目的承诺函。

四是要求发行人应当在募集说明书承诺的时限内将募集资金用于绿色产业项目,开立专门账户或建立专项台账,对绿色金融债券募集资金的到账、拨付及资金收回加强管理,以及保证资金专款专用,在债券存续期内全部用于绿色产业项目。

2.《绿色债券发行指引》的相关规定

2015年12月31日,国家发展和改革委员会办公厅发布了《关于印发〈绿色债券发行指引〉的通知》,对绿色债券发行进行规定。具体包括以下内容。

一是规定了适用范围和支持重点,明确了绿色债券的概念和范围,主要列举了节能减排技术改造项目等12个种类的重点支持项目。

二是规定了审核要求,对企业申请发行绿色债券给予程序简化、相关条件要求放宽的优惠待遇。

三是规定了相关优惠政策,包括鼓励地方政府通过投资补助、担保补贴、债券贴息、基金注资等多种方式支持绿色债券发行和绿色项目实施,拓宽担保增信渠道,以及推动绿色项目采取"债贷组合"增信方式,鼓励商业银行进行债券和贷款统筹管理等。

3. 沪深交易所《关于开展绿色公司债券试点的通知》的相关规定

2016年3月16日,上海证券交易所发布《关于开展绿色公司债券试点的通知》,同年4月22日,深圳证券交易所发布《关于开展绿色公司债券业务试点的通知》,两个交易所的通知文件是从交易场所和一线监管主体的角度为绿色公司债券发行提供指引,主要内容还是沿袭央行的文件规定,集中在募集资金管理与投向、绿色项目进展以及相关信息披露等方面。

4.《关于支持绿色债券发展的指导意见》的相关规定

2017年3月3日,中国证券监督管理委员会发布《关于支持绿色债券发展的指导意见》,对发行绿色公司债券进行规定,主要内容包括以下几方面。

一是对拟发行绿色公司债券的发行人资格进行规定,除要符合《证券法》《公司法》和《公司债券发行与交易管理办法》规定的公司债券发行条件外,原则上不得属于高污染、高能耗或其他违背国家产业政策导向的行业,并列举了重点支持的范围:长期专注于绿色产业的成熟企业、在绿色产业领域具有领先技术或独特优势的潜力企业、致力于中长期绿色产业发展的政府和社会资本合作项目的企业以及具有投资我国绿色产业项目计划或致力于推动我国绿色产业发展的国际金融组织或跨国公司。

二是规定了程序上的便利性待遇,绿色公司债券申报受理及审核实行"专人对接、专项审核",适用"即报即审"政策。

三是规定了发行人的信息披露义务,要按照规定或约定真实、准确、完整、及时地披露绿色公司债券相关信息,包括募集说明书应当披露的内容、募集资金使用情况、绿色产业项目进展情况和环境效益等内容。

四是规定了发行人应当按照有关规定或约定开立募集资金专项账户,对发行绿色公司债券所募集的资金进行专户管理,确保资金真正用于符合要求的绿色产业项目。受托管理人应当勤勉尽责,对发行人发行绿色公司债券的募集资金使用和专项账户管理情况进行持续督导。

5.《绿色债券评估认证行为指引(暂行)》的相关规定

2017年10月26日,中国人民银行、中国证券监督管理委员会制定了《绿色债券评估认证行为指引(暂行)》,对之前各自监管的在银行间市场发行的绿色金融债券和在沪深交易所发行的绿色公司债券以及其他与绿色债券相关的产品应当如何评估认证进行了规范。主要包括以下几个方面内容。

一是对绿色债券评估认证进行界定,绿色债券评估认证是评估认证机构对债券是否符合绿色债券的相关要求,实施评估、审查或认证程序,发表评估、审查或认证结论,并出具报告的过程和行为。同时,界定绿色债券的范围，包括绿色金融债券、绿色公司债券、绿色债务融资工具、绿色资产支持证券及其他绿色债券产品。

二是规定了评估认证机构的资质条件，包括建立开展绿色债券评估认证业务所必备的组织架构、工作流程、技术方法、收费标准、质量控制、职业责任保险等相关制度，具有有权部门授予的评级、认证、鉴证、能源、气候或环境领域执业资质，具有相应的会计、审计、金融、能源、气候或环境领域专业人员，以及最近三年或自成立以来不存在违法违规行为和不良诚信记录。

三是要求评估认证机构开展绿色债券评估认证业务应向绿色债券标准委员会备案，并提交相关备案材料。

四是对业务承接进行了规定，对工作态度、专业能力、独立性等提出了要求。

五是对业务实施进行了规定，包括发行前评估需要认证的内容、存续期评估需要认证的内容、评估认证方式和程序等内容。

六是对出具报告进行了规定，包括评估认证报告的内容、不同的结论、法律后果及其信息披露等。

七是对评估认证的监督检查，包括评估认证机构的自我检查、绿色债券标准委员会的自律性监管和债券发行管理部门的政府监管，以及对违法违规行为或情形的自律性处分和行政处罚等。

四、我国绿色证券制度存在的问题与不足

从综合性制度方案到专门性政策文件，我国在绿色证券领域已经有着为数不少的制度规定，一定程度上回应和解决了该领域中的法律制度需求。但是，无论是从制度规定本身，还是从绿色证券进一步发展的需求来看，现有制度规定都还存在着明显的问题和不足，主要表现为以下几个方面。

（一）制度规则效力层级较低，立法等级和技术需要提升

从上面对绿色证券相关制度政策的梳理可以看出，目前形成的制度规则都是源自各类通知文件，绝大部分都是效力层级较低的规范性文件，有的甚

至并不具有法律规范的效力。其中效力层级最高的是《上市公司治理准则》，属于部委规章。到目前为止，还没有一部法律或法规对绿色证券进行相应的规定。在绿色证券发展的初始阶段，以规范性文件的方式来制定相关规则、推进绿色证券发展是必要和有益的。但是，这一尝试阶段已经开始了将近十多年，有了相当的经验积累，要更加规范和有力地推动绿色证券发展，就需要考虑在总结既有规则经验和教训的基础上进一步提升立法等级。

此外，现有制度文件的制定还比较粗放和简陋，许多规则都不够健全或存在一些漏洞和冲突。立法的程序也不够规范和民主，从现有相关法律法规和政策的制定过程来看，立法者还较少对外公开征求意见，一些法律规则与政策主要是由相关职能部门起草并在小范围内征求行业或专家的意见，与绿色金融运用相关的或者深受绿色项目影响的更多行业和公众却往往缺乏对即将出台的绿色法规政策的知情权、参与权、建议权和监督权。①

(二) 鼓励性和引导性规则较多，约束性和规范性规则不足

纵观绿色证券相关制度文件内容，可以发现大部分规则都是鼓励性和引导性的，包括上市公司绿色化治理、环境信息披露、绿色债券发行等方面，不仅给予了相关主体充分的自主性，还在财政资金、担保政策等方面有着较多的优惠和支持，呈现出强烈的赋权性和促进性立法色彩。相对而言，约束性和规范性规则较少，尤其是缺乏有着相应的法律责任要求的约束性规范。特别是环保部门先后出台的一系列关于公司上市环保核查的规范性文件因为简政放权改革需要被相继废止后，强制约束性规则更是大为减少。如果说在绿色证券发展的起始阶段应当更多地制定鼓励性和引导性规则，那么在进入常规发展阶段后就应当考虑适当增加一些约束性和规范性规则，一方面是权利义务相对应和相平衡的需要，另一方面是推动绿色证券发展走向深入的重要动力和根本保障。

(三) 政府主导还是市场主导的发展模式选择遭遇困境

如前所述，尽管绿色证券领域一样有着较为典型的外部性表现、公共物

---

① 洪艳蓉："绿色债券运作机制的国际规则与启示"，载《法学》2017年第2期，第131页。

品问题和市场失灵现象，单纯依赖政府力量或者市场力量均无法克服，而是需要政府力量和市场力量联合起来才能够实现有效发展。但是，究竟是政府力量主导还是市场力量主导依然是一个需要根据实际情况进行合理选择的问题。证券市场本身是一个崇尚自由和创新的领域，绿色环保目标的公益特性很难依靠这一市场的固有机制来实现。因此，在绿色证券发展初期应当更多依靠政府力量的积极推动，体现出更强的政府主导性；随着绿色证券发展不断深入，市场机制开始能够发挥出应有作用，政府力量应当逐渐减弱，市场力量则应该逐渐生长，进而过渡到市场主导型发展阶段。

然而，从我国绿色证券发展情况看，对这两种发展模式的选择和适用并不是十分科学与合理的。在开始阶段，政府主导和推动是十分必要的，环保部门和证券监管部门（包括中国人民银行和中国证券监督管理委员会）的积极推动发挥了重要作用。然而，一方面，随着环保部门根据国务院行政审批改革要求而进行简政放权，环保部门对公司上市的环保核查制度被取消，尽管还有关于环境信息披露和环境道德责任履行的要求，事实上放弃了对这一领域中的强行性监管；另一方面，证券监管部门在对公司上市制度进行改革，方向同样是简政放权，从之前的审批或核准制转向了通道制或保荐制，下一步的改革目标更加彻底——注册制，这就把资本市场的准入权完全放给了市场，由保荐人等专业中介机构来承担起一定的核查职责——也即保荐人职责。如此一来，问题或困境就出现了。单独看任何一种改革和转型，都是合理的和必要的：环保部门的管理方式需要简政放权，减少审批和行政控制；证券监管部门也需要扫除旧有的公司上市审核制的种种弊病，市场的归市场，先实行保荐制，并逐渐走向注册制；绿色证券的发展也需要从最初的政府主导逐渐转向市场主导。但是，当这三种改革或转向叠加在一起，就显得过于突兀和陡峭了：一方面，政府主导一下子全部转向市场主导，政府力量在证券市场的环保准入机制中突然消失；另一方面，市场调控机制所需要的强大的环境信息披露制度、良好的环境社会责任履行基础以及严格有力的法律责任机制等并没有真正成熟和完善。两方面之间的落差或冲突就带来了绿色证券健康发展的困境。

（四）多部门监管存在竞争化和差异化，缺乏统一标准和协调监管

绿色证券领域虽然并非一个庞大的领域，却十分复杂多样。如果从证券种类来看，包括了绿色股票、绿色债券以及其他绿色证券品种，其中绿色债券又分为绿色金融债券和绿色公司债券。如果从绿色证券的发行情况来看，又分为首次公开发行上市和已上市后的再融资。如果从发行人情况来看，又分为金融机构（主要是商业银行）、拟上市公司和已上市公司。因此，按照传统的监管分工原则，绿色证券领域涉及的监管部门包括了中国人民银行和中国证券监督管理委员会两个金融监管部门，以及生态环境部和国家发展和改革委员会两个环保监管部门。

整个绿色证券市场尽管有着不同的产品和业务类别，但并非简单割裂的，而是有着各种各样的联系。如此一来，多部门监管就会出现一定的政府失灵问题，表现为监管竞争化、监管差异化，以及由此带来的监管割裂化和冲突化。加上这个市场本身刚刚开始发展，相关规则更多的是一些政策性、原则性的规定，目前缺乏一整套明确具体和细致有效的规则来规范和引导。2017年10月26日，中国人民银行、中国证券监督管理委员会联合制定的《绿色债券评估认证行为指引（暂行）》是朝着统一标准迈进的一步，在评估认证方面形成了较为统一的标准和规则。统一评估认证规则的出台，一定程度上避免了标准不一、"洗绿"或"漂绿"、进行制度套利等问题，但并未能从根本上杜绝。而在协调监管和联合监管方面，依然还有很长的路要走。

第二节 绿色证券制度的国际经验
——以责任投资原则和绿色债券原则
为典型的考察借鉴

一、国际绿色证券制度的发展状况

绿色证券及其相关制度自20世纪90年代起就在许多金融和环保发达国家萌芽和发展。美国证监会早在1993年就发布了《92财务告示（SAB92）》，

要求上市公司对现存或潜在的环境责任进行充分及时的披露，不按照要求披露环境信息的公司将被处以 50 万美元以上罚款并通过媒体曝光。此外，美国环保署与美国证监会联手执法，确保上市公司明确环境责任、公开披露环境信息。① 英国作为金融大国也高度重视气候变化与环保问题，并将环保目标纳入金融体系发展。2012 年，伦敦政府决定在伦敦证券交易所的所有上市公司都需要提交温室气体报告，富时指数前 100 位的 100%、前 206 位的 99% 都披露了其温室气体排放情况。伦敦证券交易所在全球 45 个证券交易所中关于可持续透明度方面的排名，由 2013 年的第 11 位上升到 2014 年的第 5 位。2014 年，伦敦证券交易所加入了可持续证券交易所倡议（Sustainable Stock Exchange Initiative，SSEI）。信息披露为将可持续性因素纳入市场估值和分析提供了重要先决条件。②

在国际社会层面，可持续投资作为社会责任投资（Socially Responsible Investment，SRI）的重要组成部分，自 20 世纪 90 年代初期开始发展，创造出了一个全新的投资模式。特别是进入了 21 世纪以来，可持续股票市场取得了很大的发展，愿意关注环境可持续性问题，进行可持续投资的投资者越来越多。联合国责任投资原则（Principles for Responsible Investment，PRI）的提出更是将这一发展推向了更多国家和更高阶段。更重要的是可持续投资的表现超过了社会责任投资项下的另外两个子分类，甚至胜过了主流指数。过去 5 年间（2002 年 12 月 31 日—2017 年 12 月 31 日，作者注），可持续投资的平均收益率为 18.7%，而 MSCI 世界指数为 17%，S&P500 指数为 13.2%，FTSE100 指数为 13%。③ 近十年以来，绿色债券作为绿色证券发展的新品种异军突起，取得了飞速发展。气候债券倡议组织（Climate Bond Initiative，CBI）于 2011 年发布的《气候债券标准》（Climate Bonds Standard，CBS）和国际资本市场协会（International Capital Market Association，ICMA）于

---

① 王建明、印丹榕、陈红喜："国外上市公司的环境信息披露比较分析及启示"，载《生态经济（学术版）》2007 年第 1 期，第 96 页。
② 温源远、李宏涛、杜譞："英国可持续金融系统转型及对我国的启示"，载《环境保护》2016 年第 10 期，第 168 页。
③ [美] 卡里·克劳辛斯基、尼克·罗宾斯：《绿色金融：可持续投资的国际经验》，于雅鑫、李鉴墨译，东北财经大学出版社 2017 年版，第 20 页。

2014年制定的《绿色债券原则》（Green Bond Principles，GBP）虽然都是自愿性行业准则，并不具有强行性法律效力，但对绿色债券的规范和发展起到了事实上的软法作用，有力地促进了国际社会绿色债券的发展。世界银行集团则是绿色债券领域的领跑者之一，也是绿色债券发行量最大的机构之一，2008年以来已发行了200多只绿色债券，为气候和环境相关投资项目筹集了160多亿美元资金。①

二、联合国责任投资原则的考察与借鉴

（一）联合国责任投资原则的提出背景和影响

随着环境问题成为全球性的危机和挑战，社会责任投资开始成为国际投资领域中应对环境问题的创新工具，可持续投资也得到了较快的发展。为了更好地推进社会责任投资的发展进程，联合国前秘书长科菲·安南于2006年牵头发起了联合国责任投资原则组织（UN Supported Principles for Responsible Investment，UNPRI），目前主席为马丁·斯坎克，总部位于英国伦敦。该组织的宗旨是帮助投资者理解环境、社会和公司治理等要素对投资价值的影响，并据此作出相应的投资决策。联合国责任投资原则组织认为兼具经济效率和可持续性的全球金融体系对于长期价值创造不可或缺。只有在这样一种金融体系下，负责任的长期投资才能够取得回报，惠及整个环境和社会。该组织提出了责任投资应当遵循的六项原则，并鼓励各方采纳并合作贯彻负责任投资原则，完善公司治理、诚信和问责机制，并通过扫除市场运作、结构和监管方面面临的障碍，建立起可持续的全球金融体系。②

联合国责任投资原则组织充分利用联合国的相关平台，特别是通过联合国全球契约与联合国环境署金融倡议两家创始合作伙伴，来不断推广和深化自己的影响。事实上，该组织及其所提倡的责任投资原则越来越受到世界各国的普遍关注，签署加入的各类投资机构越来越多，所代表的资产增长十分

---

① See Green Bonds，https：//www.worldbank.org/en/results/2017/12/01/green-bonds，last visitecl at July 22，2019.

② See UNPRI，Principles for Responsible Investment Brochure，2018，https：//www.unpri.org/pri/about-the-pri，last visited at September 24，2019.

迅速，对世界范围内的绿色证券发展产生了重大影响。目前，签署机构已达2370家，遍布60多个国家，代表着逾80万亿美元的资产。[①] 其中，我国签署加入的机构有22家，包括嘉实基金、华夏基金和南方基金等。

（二）联合国责任投资原则的具体内容

联合国责任投资原则组织将责任投资定义为将环境、社会和治理（Environment, Social and Governance, ESG）因素纳入投资决策和积极所有权的策略和实践。特别指出，其所谓的责任投资与传统的道德投资、社会责任投资或影响力投资并不相同——后几种投资均试图将经济回报与道德伦理因素挂钩，而责任投资可以由甚至应该由只追求经济回报的投资者开展，因为负责任投资理论认为，忽略环境、社会和治理因素就是忽略对客户和受益人回报有重大影响的风险和机遇。[②] 这充分表明绿色发展已经成为全新的投资机遇，以及环境污染等问题已经变成切实的投资风险。

在此基础上，该组织联合全球规模最大的20家机构投资者共同制定了责任投资的六项基本原则，并分别给出了相应的行动计划或流程，从而形成了一整套将环境、社会和治理相关因素纳入的投资方案，具体内容如下。[③]

1. 原则1：将环境、社会和治理纳入投资分析和决策过程

该原则的实施包括了在投资政策声明中阐明环境、社会和治理问题，支持开发环境、社会和治理相关工具、指标、开展环境、社会和治理相关分析，评估内部投资管理人纳入环境、社会和治理问题的能力，评估外部投资管理人纳入环境、社会和治理问题的能力，要求投资服务提供商（如财务分析师、顾问、经纪商、研究公司和评级公司）将环境、社会和治理因素纳入持续研究和分析，鼓励开展有关该主题的学术研究和其他研究以及主张投资专业人士开展环境、社会和治理培训等内容部分。

---

① See UNPRI, Annual Report 2019, https://www.unpri.org/pri/about-the-pri/annual-report, last visited at September 24, 2019.

② See UNPRI, Principles for Responsible Investment Brochure, 2018, https://www.unpri.org/pri/about-the-pri, last visited at September 24, 2019.

③ See UNPRI, Principles for Responsible Investment Brochure, 2018, https://www.unpri.org/pri/about-the-pri, last visited at September 24, 2019.

2. 原则2：成为积极的所有者，将环境、社会和治理问题纳入所有权政策和实践

该原则的实施包括制定并披露符合负责任投资原则的积极所有权政策，行使投票权（若投票权"外包"，则监督对投票权行使情况），培养直接参与或"外包"参与的能力，参与制定相关政策、规则和标准（比如促进、保护股东权利），提交符合长期环境、社会和治理考量的股东决议，与公司沟通环境、社会和治理问题，参加合作参与倡议以及要求投资管理人开展并报告环境、社会和治理相关参与活动等内容部分。

3. 原则3：寻求被投资实体合理披露环境、社会和治理相关问题

该原则的实施包括要求使用全球报告倡议等工具对环境、社会和治理问题进行标准报告，要求将环境、社会和治理问题融入年度财务报告，要求公司提供有关采纳或遵守相关规范、标准、行为准则或国际倡议（如联合国全球契约）的信息，以及支持促进环境、社会和治理披露的股东倡议和决议等内容部分。

4. 原则4：推动投资业接受并贯彻落实负责任投资原则

这一原则的具体实施包括将负责任投资原则相关要求纳入征求建议书，相应调整投资委托授权、监督流程、绩效指标和激励结构，向投资服务提供商传达环境、社会和治理要求，对于未达到环境、社会和治理要求的服务提供商要重新考虑合作关系，支持开发环境、社会和治理整合基准衡量工具，以及支持制定促进执行负责任投资原则的监管政策等内容部分。

5. 原则5：齐心协力提高负责任投资原则的实施效果

这一原则的具体实施包括支持或参加网络和信息平台，共享工具、集中资源并将投资者报告用作学习材料，共同应对新问题，发起或支持适当的合作倡议等内容部分。

6. 原则6：报告负责任投资原则的实施和进展情况

这一原则的具体实施包括披露环境、社会和治理问题是怎样与投资实践相结合的，披露积极所有权活动（表决、参与和/或政策对话），披露服务提供商需要就责任投资原则采取哪些行动，与受益人就环境、社会和治理问题和责任投资原则进行沟通，采用"遵守或解释"的方法报告责任投资原则相

关进展和/或成就，尝试确定负责任投资原则的影响以及利用报告提高利益相关者群体的责任投资意识等内容部分。

（三）联合国责任投资原则的借鉴意义

联合国责任投资原则的影响越来越大，签署加入的机构越来越多，影响的资产规模越来越大，成为国际绿色证券市场发展中十分重要的力量。其成功经验值得我们加以借鉴，主要有以下几个方面。

一是将环境等因素纳入投资分析和决策的工具体系，使之成为一个重要的考虑因素或内生变量。这是一个十分重要的前提或基础，对于环境等要素既不能像以前那样视而不见，也不是像道德投资那样仅基于道德或慈善责任感将之作为一种额外的非市场化的因素进行考量。换句话说，要让环境因素（包括收益和风险两个方面）成为市场化考量的部分。惟其如此，责任投资才能够真正落实和持续下去。

二是要重视机构投资者的力量并充分发挥其影响。机构投资者是投资者中比较专业和成熟的部分，一方面有能力去分析判断环境等因素的影响（包括收益和风险两个方面）并作出理性决策，另一方面对中小投资者有着很大的影响力。因此，尽管机构投资者的投资额和股权比例可能并不是太高，但其影响事实上被放大了。

三是要重视发挥投资者作为所投资实体的股东的作用，从而影响所投资实体的环境表现。尤其是机构投资者，如果改变以往相对消极的股东身份，变得更加积极、更加主动地用手投票（即对公司经营管理提出意见和建议）而不是用脚投票（消极对待投票权，不对公司经营管理发表意见，只是选择卖掉所持有的股票），就能够把其所秉持的环境保护、绿色发展等理念和原则，通过公司治理机制传递给公司管理层并加以贯彻和实现。

四是要重视环境等方面信息披露，这是形成负责任的投资决策的重要基础和条件。需要披露的环境信息首先是拟投资对象的相关环境表现，包括绿色环保、具有绿色竞争力的正面表现和环境污染、违反环境法律规范等负面表现；其次是公共性的环境信息，包括环保政策法规的规定、行业性环保规则要求等。这些环境信息的披露，一方面是要求被投资公司提供，另一方面要借助合作伙伴的力量支持，包括政府部门、第三方机构等。

三、国际资本市场协会绿色债券原则的考察与借鉴

（一）绿色债券原则的提出背景和影响

在国际资本市场上，近年来绿色证券受到了普遍的关注，市场需求也在不断扩大。尤其是绿色债券融资，近十年来被越来越多的融资者所热衷和追捧。在这一背景下，国际资本市场协会（International Capital Market Association，ICMA）于 2014 年 1 月 31 日发布了《绿色债券原则》（Green Bond Principles，GBP），对市场上绿色债券的发行和融资进行引导、促进和规范。历经 2015 年 3 月、2016 年 6 月和 2018 年 6 月多次修订，目前绿色债券原则的最新版本就是 2018 年 6 月修订形成的版本。

国际资本市场协会是国际金融界最有影响力的行业协会之一，其总部位于英国伦敦，目前拥有分布于全世界 60 多个国家和地区的 575 家会员，包括买方和卖方。① 尽管其绿色债券原则只是一套绿色债券发行的自愿性流程指引，但基于国际资本市场协会的重要影响力，这套原则体系在国际债券融资市场正发挥着越来越大的作用。

（二）《绿色债券原则》的具体内容

《绿色债券原则》首先对绿色证券进行了界定，然后确立了四大核心要素，即募集资金用途、项目评估与遴选流程、募集资金管理和报告。四大核心要素之外，还有一个十分重要的部分——外部审核。具体内容主要体现在以下几方面。②

1. 募集资金用途

作为绿色债券的基石，债券募集资金应当用于绿色项目，这些项目应具有明确的环境可持续效益，发行人应对其进行评估并在可行时进行量化。合

---

① See ICMA, Membership, https://www.icmagroup.org/membership/, last visited at July 20, 2019.

② See ICMA, Green Bond Principles: Voluntary Process Guidelines for Issuing Green Bonds, June 2018, https://www.icmagroup.org/green-social-and-sustainability-bonds/green-bond-principles-gbp/, last visisted at September 23, 2019.

格绿色项目有多个类别，均有助于实现改善环境的目标，比如，气候变化减缓与适应、自然资源保护、生物多样性保护以及污染防治。

被认可的绿色项目类别排名不分先后，包括但不限于：可再生能源、能效提升、污染防治、生物资源和土地资源的环境可持续管理、陆地与水域生态多样性保护、清洁交通、可持续水资源与废水管理、气候变化适应、生态效益性和循环经济产品、生产技术及流程以及符合地区、国家或国际认可标准或认证的绿色建筑等。

2. 项目评估与遴选流程

绿色债券发行人应向投资者阐明绿色项目的环境可持续发展目标、判断项目是否遵从上文提及的绿色项目类别的评估流程以及相关准入标准（包括负面清单和其他用于识别和管理与项目相关的潜在社会和环境重大风险的流程）等。

《绿色债券原则》鼓励发行人将上述信息纳入发行人关于环境可持续管理的总体目标、战略、制度和/或流程，同时鼓励发行人披露项目遴选过程中参考的所有标准或认证结论。

3. 募集资金管理

绿色债券的募集资金净额或等额资金应记入独立子账户、转入独立投资组合或由发行人通过其他适当途径进行追踪，并经发行人内部正式程序确保用于与绿色项目相关的贷款和投资。在绿色债券存续期间，募集资金净余额应当根据期间合格募投项目的情况进行追踪和定期分配调整。发行人应当使投资者知悉净闲置资金的临时投资方向。

《绿色债券原则》提倡高透明度，建议发行人引入审计师或第三方机构对绿色债券募集资金内部追踪方法和分配情况进行复核，为募集资金管理提供支持。

4. 报告

发行人应当记录、保存和每年更新募集资金的使用信息，直至募集资金全部投放完毕，并在发生重大事项时及时进行更新。年度报告内容应包括配置绿色债券募集资金的项目清单，以及项目简要说明、资金配置量和预期效果。

《绿色债券原则》建议定性评价指标与定量指标相结合，并在可行情况下使用定量指标（如能源容量、发电量、温室气体减排量、清洁能源使用人数、水资源节约量、汽车使用削减量），并披露定量分析中的方法论及假设。同时，鼓励有能力进行预期效果评估的发行人在定期报告中披露上述信息。

5. 外部审核

发行人应通过外部审核机构按照《绿色债券原则》中提出的四个核心要素要求对其绿色债券进行审核。发行人在筹备绿色债券发行流程时可借鉴多种渠道的外部意见，并以不同层次和类型的审核内容向市场提供。外部审核机制具体包括以下几个环节。

一是第二方意见，由独立于发行人并拥有环境等领域专业知识的机构提供。该机构还应独立于发行人所聘请的顾问，或应在机构内部采用设立信息壁垒等适当程序，以确保第二方意见的独立性。第二方意见一般包括与该原则四大核心要素对标情况的评估。

二是验证，发行人可根据一套特定标准进行独立验证，这些标准通常与业务流程及环境标准有关。验证内容可侧重与内部标准、外部标准或发行人相关声明的一致性。发行人还可以对募集资金用途的内部跟踪措施、绿色债券募集资金的分配、环境声明或报告机制与《绿色债券原则》的一致性进行验证。

三是认证，发行人可根据公认的绿色外部准则或贴标要求，对其绿色债券框架或募集资金用途进行认证。各准则或贴标要求会界定具体标准，且通常由具备相应资质且被普遍认可的第三方对该标准的对标情况进行检验，以验证是否与该认证标准具有一致性。

四是绿色债券评分或评级，发行人可聘请具备相应资质的第三方（比如专业研究机构或评级机构），根据既定的评分或评级方法对其绿色债券框架或募集资金用途等主要特性进行评估或评级。

(三)《绿色债券原则》的借鉴意义

国际资本市场协会制定的绿色债券原则虽然只是一套自愿性和行业性的原则体系，但从其规则涉及和取得的成就和影响力看，有着不少值得我们借鉴的地方。

一是建立了募集资金的专门管理机制。评估遴选出适格的绿色项目只是基础，必须将募集资金用于绿色项目也只是定性要求，更为关键的是如何对募集到的资金进行管理控制并具体落实投放到绿色项目中去。《绿色债券原则》建立了专门的资金管理机制，包括设立独立子账户、独立投资组合或由发行人通过其他适当途径进行追踪，以及制定内部正式程序来确保用于与绿色项目相关的贷款和投资。同时，对于绿色债券存续期间募集资金净余额、合格募投项目的情况也要进行追踪和定期分配调整。这就从制度和程序上保证了募集资金按照规定用途专项使用。

二是构建了充分与透明的信息披露机制。信息不对称、信息偏在往往是政府失灵和市场失灵的罪魁祸首。特别是在证券市场，信息的公开、透明意义重大。充分的信息对于债券投资者来说是至关重要的考量和决策依据，同时也是进行相应的监督管理的重要基础。《绿色债券原则》在每一个环节都强调信息披露的透明、准确和真实，构建了一个良好和高效的信息披露机制，有力地增强了绿色债券市场的互信程度。

三是引入了独立的外部审核与评估机制。绿色债券市场是一个高度专业化的市场，兼具金融专业性和环保专业性，即便对于机构投资者来说也未必能够完全熟悉和掌握。如何了解和保证绿色债券发行及募集资金管理和使用的正当性与合目的性，需要一个客观公正的审核、评估和结论。绿色债券原则引入了独立的外部审核与评估机制，通过第二方意见、验证、认证和评分或评级等一系列独立的审核评估工作，取得了良好效果。

第三节　我国绿色证券法律制度的构建与完善

我国绿色证券市场在经过初始时期的萌动和尝试后，目前正面临着进一步发展和成熟的要求和挑战。我们必须正视存在的问题和不足，适当借鉴相关国际经验，不断探索和创新，构建和完善相关法律制度，从而推动绿色证券市场健康、快速发展。

一、逐渐提升立法效力层级和立法技术

随着绿色证券市场的不断发展,初始时期以灵活性、便利性和探索性为价值取向的规范性法律文件开始暴露出权威性不够、立法技术粗糙等问题,构成了限制绿色证券发展的法制桎梏。因此,必须适时进行相关立法的修改和完善。

首先是要提高绿色证券立法的效力层级。这是一个渐进的立法过程,要与绿色证券市场发展相一致,同时也要遵循基本的立法规律,并不能一蹴而就,最终的目标是形成一个由不同效力层级的法律规范共同组成的法律体系。基于这一目标,我们可以从三个方面着手:一是在法律层面上对绿色证券作出相应规定,尤其是在《证券法》《公司法》《证券投资基金法》等相关法律中进行原则性规定,从而为下位法进行具体规定提供依据。二是在行政法规或部委规章层面上对绿色证券作出相关性和专门性规定,相关性规定是指在《上市公司治理准则》《公司债券发行与交易管理办法》等中作出相应规定,专门性规定则是指在条件成熟时制定专门的行政法规或部委规章,其名称可定为绿色证券管理办法或者类似名称。三是继续保留在规范性文件层面的立法,以保持相关规则制定和实施的灵活性和操作便利性。

其次是不断提高立法技术。立法技术泛指立法过程中所形成的一切知识、经验、规则、方法和技巧的总和。它包括规定立法机关组织形式的规则、规定立法程序的规则,关于法的结构和形式、法的修改和废止的方法、法的问题、法的系统化方法等方面的规则。① 从这个角度来看,现有的规范性文件普遍存在立法技术不高、不够完备的问题,特别是在法律规范的统一性、协调性和系统性方面以及立法程序方面,都需要进一步提高和完善。因此,在逐步提高立法效力层级的同时,也要提升立法技术。一方面,要使各个法律规范之间有机协调,不能存在冲突矛盾或者缺乏衔接等问题;另一方面,要注重立法程序的规范性和开放性,通过各种有效方式来向社会公众、利益相关者、专业人士等征求意见,并进行充分论证,从而提升立法质量,实现更好的法治效果。

---

① 马长山主编:《法理学导论》,北京大学出版社 2014 年版,第 263 – 264 页。

二、进一步完善绿色证券发行制度

如前所述，我国证券发行制度目前正处于重大改革时期，已经从传统的核准制转向了保荐制，未来方向是注册制。与此同时，环保部门也在推行简化审批、简政放权改革。这就使得绿色证券发行方面从2001年以来的政府主导型模式在2014—2016年一下子就转到了市场主导型模式。虽然绿色证券发行制度最终也需要转向市场主导型模式，但毕竟不同于普通证券的发行要求，还是需要一个过渡时期来适应。甚至即便是最终转向市场主导型模式后，也不同于普通证券的发行要求。因此，无论是基于过渡期需要，还是基于绿色证券的特殊性，我们都不应当采取这么激进和紧急的转向。当然，对这一转向的弊病批判，并不意味着我们再回到政府主导老路上去。即使是近几年刚开始发展，目前还处于政府主导阶段的绿色债券来说，也是要逐渐转向市场主导型发展模式。这一点联合国责任投资原则的成功发展经验已经给了我们充分的启示。

接下来我国绿色证券发行制度需要从两个层面进行完善。一是继续加强政府部门的监管力量，在取消公司上市环保核查之后，把更多的监管力量放在环保信息披露方面，加大对环保信息披露的力度、范围、真实性要求。特别是环保部门，依然要保持既有的积极主动。在我国目前环保法律意识仍然不足、公司环保表现依旧不尽如人意的情况下，这一点十分重要。二是加大对绿色证券发行中违法违规行为的处罚力度，进一步强化对与环保信息相关的虚假陈述问题的民事赔偿责任追究等。这样就可以通过加强事中和事后的监管，来弥补取消事前监管的落差，同时又避免了事前刚性监管带来的相关弊病。

三、持续改进证券发行公司的绿色治理与监管制度

证券发行公司的环境表现如何也会影响投资者的投资决策和投资收益，尤其是部分公司在成功发行证券并上市交易后就开始放松了在环保方面的努力，更是会损害到投资者利益。因此，作为绿色证券制度的延伸，证券发行公司的绿色治理和监管制度十分重要。我国目前在这两个方面还需要持续改

进和提升。

在证券发行公司的内部绿色治理方面,一方面,我们可以借鉴联合国责任投资原则的制度经验,充分发挥专门性机构投资者作为积极所有者的作用,通过股东大会或股东会制度来参与公司治理。专门性机构投资者基于责任投资的考量,不仅在购买公司证券进行投资前会审核评估公司的环境表现,在投资成为股东后也持续要求公司董事会和管理层关注环境问题、实行绿色发展。另一方面,在公司内部建立绿色治理机制,包括引入绿色独立董事、设立绿色战略发展部门等。

在证券发行公司的外部环保监管方面,环保监管部门应当进一步加大监管力度。一方面,公司证券成功发行上市后就变成了公众性公司,具有了一定的社会影响力,一旦发生环境风险,带来的影响比较广泛,因此需要加强监管力度、进行持续性监管;另一方面,能够发行证券和上市交易的公司一般都是比较大的公司,募集到社会资本后更是会扩大生产经营规模,如果不能实行绿色发展,对生态环境的污染破坏力度将会远超一般公司,需要重点监督。在监管方式和手段选择方面,应当将刚性监管和柔性监管相结合。所谓刚性监管,是指环保主管部门依据其行政职权对证券发行公司进行相应的监督和检查;所谓柔性监管,是指环保主管部门与社会专业机构合作,建立上市公司环境绩效评估体系,对上市公司的环境表现进行评价,促使其不断改进和提高。

四、努力构建充分与透明的环境信息披露制度

公开、公正和公平是我国证券市场的基石性法律原则,其中公开更是居于首位,由此可见,信息的公开透明对于一个有效的证券市场来说是多么重要。美国著名大法官路易斯·布兰代斯曾经说过:"公开应当被推荐为消除社会和企业弊病的补救方法。阳光是最好的消毒剂,灯光是最有效的警察。"[①] 而要做到充分公开,就需要构建一个充分与透明的信息披露制度。对

---

① Louis Dembitz Brandeis, Other People's Money: and How the Bankers Use It, Frederick A. Stokes Company, New York, 1914, p.92.

于绿色证券市场来说,相关的环境信息因为其专业性而更容易发生信息不对称的失灵现象,尤其需要进行充分、准确和真实地披露。无论是在绿色证券发行阶段(一级市场)还是在上市交易阶段(二级市场),相关环境信息的充分披露都是保护投资者利益、保障绿色证券市场健康发展的重要基础。

我国目前已经初步建立起来的绿色证券信息披露制度还需要进一步调整和改善。信息披露制度包括两个部分:强制性信息披露制度和自愿性信息披露制度。在强制性信息披露制度部分,一是要拓宽需要特别披露相关环境信息的上市公司范围。目前需要特别披露信息是环保部门认定和公布的重点排污单位,这是十分狭窄的,只关注到了环境污染领域的风险,非环境污染的资源能源浪费、生态系统破坏等风险没有纳入。因此,需要扩展到整个生态环境风险领域,由环保部门(包括生态环境部、自然资源部等)确定一个环境风险重点公司目录,凡是被列入的公司都应当根据行业或自身情况特别披露相关环境信息。二是要进一步规范和完善绿色债券的信息披露制度。目前已经确立的信息披露制度,无论是绿色金融债券还是绿色公司债券,都比较原则和简单;实践中的信息披露就更加不够规范、充分和透明了。我们需要充分借鉴联合国责任投资原则和国际资本市场协议绿色债券原则的信息披露制度做法,构建一套覆盖了绿色债券发行、募集资金使用和管理、所支持的绿色项目运行等全过程的环境信息披露制度,并充分发挥绿色债券发行人、环保部门、第三方专业服务机构等主体的信息提供和分享功能。在自愿性信息披露制度部分,我国目前处于基本放任状态,只是要求其通过发布社会责任报告等方式任意披露,这是远远不够的。一方面,我们可以借助行业性组织或环保非政府组织的力量,进行合作性规制,引导其更多地披露相关环境信息,发挥软约束功能;另一方面,我们需要为自愿性信息披露提供规范性和统一性的模板,使其能够更为有效地披露信息。

五、不断探索建立专业性中介服务体系

无论是识别、评估环境风险,还是检查、确定环境损害,以及评价和认定环境效果,只靠政府环保部门都是不够的。这时就需要借助专业化、客观独立的第三方机构或组织的力量。此外,即便政府环保部门有着充分的人力、物力，也会遭遇客观性与合理性怀疑。这时同样也需要借助独立于政府部门或相关利害关系人之外的第三方专业机构的力量。尤其是在我国绿色证券发展模式正从政府主导型转向市场主导型的背景下，对这些客观独立的专业性中介服务的需求也在大幅增加。因此，我们需要积极培育一些有资质、有能力的第三方专业机构，探索建立一个客观、独立和高效的专业性中介服务体系。

这一专业性中介服务体系包括了环境信息识别、评估与核查，绿色项目与绿色债券评估与认证，绿色证券评估与评级以及绿色发展指数编制与评价等业务内容。受益于环境影响评价制度的实施，目前我们在环境影响评价机构及其专业服务方面获得了较大发展，可以提供一定的专业服务，其他领域还都比较薄弱，需要尽快培育。要建立和发展这一专业性中介服务体系，需要在政策立法上给予规范、指引和支持。同时，也要积极与联合国责任投资原则组织、国际资本市场协会、气候债券倡议组织、赤道原则组织以及国际标准化组织进行沟通交流与合作，借鉴其有益经验，尽快推动我国相关机构和服务体系的构建与成熟。

六、尽快形成标准统一、有机协调的监管机制

目前我国绿色证券市场中基于功能监管而形成的多部门监管所存在的问题和挑战，前面已经述及。解决的思路和方案并不是要交由某一个部门负责所有监管职责，实际上这也不可能实现；而是要尽可能地确立一个各监管部门之间有机协调、互相配合和联合的监管机制，实质上而不是形式上发挥监管合力。这样一套监管机制的构建和形成，至少需要具备以下几个方面的内容。

一是确立一个统一的监管标准体系。监管标准包括很多方面，比如，环保法律规范、各类污染物排放和环境质量标准、环境风险评估标准、环境损害认定标准、绿色项目认证标准、绿色证券认证或贴标标准以及绿色证券评分或评级标准等。目前相关监管部门（生态环境部、国家发展和改革委员会、中国人民银行、中国证券监督管理委员会等）在相关标准的确定上一方面比较原则性和粗放性，不够明确和具体，另一方面相互之间未能充分沟通和协调一致。尽管各个标准所适用的对象并非完全一致，但一些基本的、共通的和技术性的内容部分是完全可以统一和共享的。这一标准体系的确立也要与国际接轨，要考虑和借鉴国际绿色证券标准，毕竟绿色证券市场在很多方面都是与国际资本市场互联互通的。当然，国际绿色标准并不能够完全适用于我国，我们需要制定符合中国实际情况，同时被各金融市场及参与方认可和接受的、统一权威的绿色监管标准。

二是建立统一的监管信息沟通和共享机制。目前环保主管部门与证券监管部门已经初步建立了监管信息合作机制，原环境保护部和中国证券监督管理委员会2017年6月12日共同签署了《关于共同开展上市公司环境信息披露工作的合作协议》，双方将定期进行沟通和交换相关环境信息，联合加强对上市公司信息披露情况的监管工作。[1] 但这只是一个很好的开始，我们还需要进一步扩展监管信息沟通和共享机制的范围，包括更多的相关监管主体参与、更广泛的环境信息被收集和共享。

三是建立协调监管与联合监管机制。监管标准的统一、监管信息的共享是发挥监管合力的重要基础和前提，面对绿色证券市场复杂多样、叠加融合的各种风险，各相关监管主体还需要建立有效的协调监管与联合监管机制。各监管主体在根据功能监管要求和相关法律法规规定各司其责的基础上，不可避免要对一些边缘性和交叉性问题进行协调，对一些共通性问题进行统一，以及对一些重大复杂问题进行联合。作为协调监管和联合监管的必要载体，我们还是需要建立一个由相关各方共同参加的绿色证券监管联席会，并设立办公室来加以支撑。

---

[1] 郄建荣："两部门将强化企业环境信息披露，督促上市公司履行环境保护社会责任"，载《法制日报》2017年6月13日。

第六章

绿色保险法律制度

保险是金融领域中相对独立的部分,相应地,绿色保险也是绿色金融领域中相对独立的一部分。相较于发展的如火如荼的绿色信贷和绿色证券来说,绿色保险的发展一直不温不火,相关的理论与实务研究更是较为薄弱、殊少为人关注。这一点其实并非我国所独有,从国际范围来看也是如此。除了保险本身相对于银行信贷和证券资本具有一定的消极性外,我们对保险在应对环境危机方面的作用重视不够也是原因之一。事实上,作为风险管理的手段,保险在管理和防控环境风险、解决相关纠纷方面有着独特的作用,是一支十分稳健和重要的机制和力量。在环境危机日益严重的今天,我们有必要对其进行充分研究和探索,并通过制定和运用相关法律制度手段来推进和保障绿色保险发展,从而更好地解决环境危机、建设生态文明。

第一节 绿色保险法律制度概述

一、基本概念之厘清

关于绿色保险,有很多的概念提法或称谓,绿色保险是其中概括性相对较强、代表性较为广泛的一种。此外,还有可持续保险、环境责任保险、环境污染责任保险等很多概念,每一个概念的提出和使用都有其自身的语境和用途,但也有着很多共同或共通之处。通过对这些概念的厘清和比较,能够更好地理解绿色保险的内涵和外延。

(一) 绿色保险

绿色保险是目前在公众范围内使用最为广泛的一个概念，它与绿色发展、绿色经济和绿色金融等概念相一致，所以获得了更多的使用和认可。但即便如此，对绿色保险的理解和定义也并非完全统一，依然有着不同的表述。有学者认为，绿色保险是一种通过市场化手段来实现环境风险分担、保障和补偿的制度。① 也有学者认为，绿色保险通常是指与环境风险管理有关的各种保险安排，其实质是将保险作为一种可持续发展的工具，以应对与环境有关的一系列问题，包括气候变化、污染和环境破坏等。② 尽管表述不尽一致，但这两个定义都是从环境风险管控的制度工具角度来界定绿色保险的。

(二) 可持续保险

可持续保险是绿色保险的一种有一定影响力的称谓，甚至在国际社会上这一概念一度要更加主流，这主要源于联合国1992年可持续发展大会以及此后可持续发展战略和原则的广泛影响。联合国环境规划署金融行动计划制定的可持续保险原则中，将可持续保险定义为一种战略方法，通过识别、评估、管理和监控与环境、社会和治理问题相关的风险和机遇，以负责任和前瞻性的方式开展保险价值链中的所有活动，包括与利益相关者的互动。可持续保险旨在降低风险，开发创新的解决方案，提高企业绩效，并为环境、社会和经济的可持续发展作出贡献。③ 这一定义更加详细和具体，从环境风险管理和控制角度进行界定，并对制度目标进行了更多的描述，从而使其具有更为广阔的概括性和接受度。

(三) 环境责任保险

如果说绿色保险、可持续保险都是从行业和制度手段角度去理解和定义，那么环境责任保险的概念则更加注重保险本身。同样地，环境责任保险的概

---

① 赵峥、袁祥飞、于晓龙：《绿色发展与绿色金融——理论、政策与案例》，经济管理出版社2017年版，第73－74页。
② 田辉："中国绿色保险的现状、问题与未来的发展"，载《中国经济时报》2014年5月6日。
③ See UNEP FI, the PSI Initiative, https://www.unepfi.org/psi/vision-purpose/, last visited at July 22, 2019.

念也有不同方式和内容的表达。有学者认为，环境责任保险是基于投保人（被保险人，即环境侵权人）与保险人之间的责任保险合同，由保险人在保险风险事故（环境侵权损害事实）发生的情况下，向受害人（第三人）负损害赔偿责任的一种民间救济方式。① 也有学者将这一概念名称界定为环境侵权责任保险，是指基于投保人与保险人之间的环境侵权责任保险合同，由保险人在特定的环境侵权赔偿责任发生时，向受害人赔付一定金额的责任保险制度。② 应该说，这两个定义基本相同，名称上看环境责任保险中的环境责任指的就是侵权责任，基于合同等形式产生的违约责任等无法成为保险标的；内容上都指向了应对受害人承担的环境侵权损害赔偿责任。

还有学者提出了生态损害责任保险的概念，认为环境责任险应该包括环境侵权责任险与生态损害责任险两种，前者承保的是环境污染与破坏行为对第三人的人身与财产权益造成的损害，后者承保的是环境污染与破坏行为对纯生态环境所造成的损害。③ 这一概念拓宽了传统上对环境责任保险范围的理解——不只是环境污染责任，还有生态损害责任——我国2015年以来所展开的生态损害赔偿制度改革中所关注的内容部分。

（四）环境污染责任保险

环境污染责任保险是最早推出的也是最典型的绿色保险或环境责任保险产品，由于其内涵和外延较为确定，对其概念界定相对比较统一。有学者认为，环境污染责任保险是环境污染侵权损害赔偿责任保险的简称，指以被保险人因污染环境而应向受害人承担的环境侵权损害赔偿责任为标的之责任保险。④ 而我国目前正在试点的绿色保险主要就是环境污染责任保险，作为试点工作的法律依据——《关于环境污染责任保险工作的指导意见》，则将环境污染责任保险界定为以企业发生污染事故对第三者造成的损害依法应承

---

① 贾爱玲：《环境责任保险制度研究》，中国环境科学出版社2010年版，第64页。
② 张梓太、张乾红："我国环境侵权责任保险制度之构建"，载《法学研究》2006年第3期，第87页。
③ 彭真明、殷鑫："论我国生态损害责任保险制度的构建"，载《法律科学》2013年第3期，第93页。
④ 竺效："论环境污染责任保险法律体系的构建"，载《法学评论》2015年第1期，第160页。

担的赔偿责任为标的的保险。[①]

二、我国绿色保险发展现状考察

我国绿色保险的发展最早可以追溯到20世纪90年代,当时东北地区的一些保险公司和当地环保部门合作,推出了一些环境污染责任保险品种。但是,由于当时环保意识相对薄弱,作为制度保障的环保法律法规不够健全、执法也不够严格,加之产品本身不够完善,又没有"大数法则"所要求的足够数量的投保人和业务量,导致产品费率偏高、保险责任范围偏小,所以并没有发展起来,逐渐消失在市场浪潮中。相对于其他绿色保险的零星尝试,环境污染责任保险是我国绿色保险发展中的主要险种,其试点工作也是最为重要的实践。

(一) 环境污染责任保险的试点

直到2006年,随着我国对环保问题的重视度不断提高,环保立法和执法不断完善,发展绿色保险又开始进入保险业改革发展的议程中。国务院于2006年6月15日出台了《关于保险业改革发展的若干意见》,明确要求开展环境污染责任保险试点。随后,作为落实国务院文件的具体行动,国家环境保护总局、中国保险监督管理委员会2007年12月4日发布《关于环境污染责任保险工作的指导意见》,正式开始了相关试点工作。

此次试点工作中,环境污染责任保险主要是以自愿投保的商业险形式进行,湖南、江苏、湖北、上海、重庆、沈阳、昆明、深圳和宁波等省市为主要试点地区。其中,湖南长沙、江苏无锡等地的试点较有特色,取得了较大成效。但总体上看,由于保险产品、外部环境等问题,即便不少地区政府给予了相应的资金政策支持,企业投保率仍然不高,进而影响到了保险产品的进一步改进和费率的进一步优化,无论是保险业的创新发展目标还是促进绿色环保的目标,都未能很好地实现。

---

① 参见2007年12月4日国家环境保护总局、中国保险监督管理委员会联合发布的《关于环境污染责任保险工作的指导意见》(环发〔2007〕189号),http://circ.gov.cn/web/site0/tab5174/info4071931.htm,2019年9月12日访问。

(二) 环境污染强制责任保险的试点

在总结历时 5 年左右的环境污染责任保险试点工作经验和教训的基础上，国家决定以强制保险的方式来破局，大力推进环境污染责任保险的发展。2013 年 1 月 21 日，环境保护部、中国保险监督管理委员会联合发布了《关于开展环境污染强制责任保险试点工作的指导意见》，指出要根据环境风险管理的新形势新要求，开展环境污染强制责任保险试点工作，建立环境风险管理的长效机制，是应对环境风险严峻形势的迫切需要，是实现环境管理转型的必然要求，也是发挥保险机制社会管理功能的重要任务。

指导意见发布后，全国大部分省份都开展了试点，覆盖涉重金属、石化、危险化学品、危险废物处置等行业，保险公司已累计为企业提供超过 1300 亿元的风险保障金。特别是 2015 年 9 月党中央、国务院印发了《生态文明体制改革总体方案》，并明确要求"在环境高风险领域建立环境污染强制责任保险制度"后，环境污染强制责任保险试点工作掀起了高潮。2016 年，全国投保企业 1.44 万家次，保费 2.84 亿元；保险公司共提供风险保障金 263.73 亿元，与保费相比，相当于投保企业的风险保障能力扩大近 93 倍。参与试点的保险产品从初期的 4 个发展到目前的 20 余个，国内各主要保险公司都加入了试点工作。[①] 根据保险监督管理委员会的最新数据，目前全国 31 个省（自治区、直辖市）均已开展环境污染强制责任保险试点，覆盖涉重金属、石化、危险化学品、危险废物处置等行业，保险公司已累计为企业提供超过 1600 亿元的风险保障。其中，2017 年全国投保企业数量达到 1.6 万家次，保费总额 3.15 亿元，保障金额 306 亿元。[②] 强制保险的模式实现了环境污染责任保险在全国范围内的积极推进和广泛运用，产生了很大的影响力，也取得了较好的效果。但试点过程中依然暴露了一些问题，比如，各试点地区的差异过大、保险产品有待进一步改进、投保企业仍然比较消极、赔付情况不够理想等，需要进一步解决和完善。

---

① 参见 2017 年 6 月国家环境保护部、中国保险监督管理委员会联合发布的《关于〈环境污染强制责任保险管理办法（征求意见稿）〉的编制说明》。

② 生态环境部环境与经济政策研究中心李萱等："环境污染强制责任保险政策还有哪些不足待完善"，载《中国环境报》2019 年 7 月 23 日。

（三）油污损害民事责任保险的发展

除了前面环境污染责任保险从自愿保险到强制保险两个阶段的试点外，值得一提的还有很早就开始规定和实践的油污损害民事责任保险。油污损害民事责任保险均为强制责任保险，包括了船舶油污损害民事责任保险和海洋石油开发油污损害民事责任保险两类。

船舶油污损害民事责任保险最早是基于1969年在布鲁塞尔召开的外交会议上通过的《国际油污损害民事责任公约》而提出的，该公约规定对符合公约条件的船舶实行强制责任保险。我国所加入的是1992年修改后的《国际油污损害民事责任公约》，并于1999年修改的《中华人民共和国海洋环境保护法》中规定了船舶油污损害民事责任强制保险条款。此外，关于船舶油污民事损害责任保险的更为细化和具体的立法规定相继出台，包括2009年9月颁布并于2010年3月实施的《中华人民共和国防治船舶污染海洋环境管理条例》（后被多次修改）、2010年8月颁布并于2010年10月实施的《中华人民共和国船舶油污损害民事责任保险实施办法》（2013年被修正）等。在立法不断推进和实践需求日益增加的背景下，船舶油污民事损害责任保险取得了较大发展，成为一项比较成熟、特定领域中的专门性保险品种，为船舶油污损害风险管理与相关赔偿纠纷解决发挥了重大作用。

海洋石油开发油污损害民事责任保险在我国产生的时间更早，1983年国务院制定的《中华人民共和国海洋石油勘探开发环境保护管理条例》中就对其进行了规定。随着我国海洋石油开发活动规模越来越大、强度越来越高，油污损害风险也越来越严重，如2011年发生的渤海湾康菲石油泄漏污染案等事故，对海洋石油开发油污损害民事责任保险的市场需求也不断增长，相关保险产品日渐成熟，保险业务发展也较为稳定。

三、我国绿色保险相关制度政策分析

由于我国目前关于绿色保险的制度政策主要是围绕着环境污染责任保险和油污损害民事责任保险这两个险种而制定的，所以本部分的考察分析主要以相关法律政策制定的时间轴为依据而展开。

（一）关于环境污染责任保险的制度政策规定

1.《关于保险业改革发展的若干意见》的相关规定

2006年6月15日国务院发布了《关于保险业改革发展的若干意见》，在第五部分"大力发展责任保险，健全安全生产保障和突发事件应急机制"中提出：采取市场运作、政策引导、政府推动、立法强制等方式，发展安全生产责任、建筑工程责任、产品责任、公众责任、执业责任、董事责任、环境污染责任等保险业务。这是我国官方文件中第一次正式提出要发展环境污染责任保险业务。

2.《关于环境污染责任保险工作的指导意见》的相关规定

在国务院文件出台后，国家环境保护总局、中国保险监督管理委员会于2007年12月4日发布了《关于环境污染责任保险工作的指导意见》，对国务院的文件要求进行落实。该文件主要规定了如下具体内容。

（1）确立了指导原则和工作目标

将开展环境污染责任保险工作的指导原则确立为"政府推动，市场运作""突出重点，先易后难""严格监管，稳健经营""互惠互利，双赢发展"等四项。工作目标确定为"十一五"期间，初步建立符合我国国情的环境污染责任保险制度。在重点行业和区域开展环境污染责任保险的试点示范工作，初步建立重点行业基于环境风险程度投保企业或设施目录以及污染损害赔偿标准，探索与环境责任保险制度相结合的环境管理制度，发挥环境污染责任保险的社会管理和经济补偿的功能。

（2）逐步建立和完善环境污染责任保险制度

相关制度建设包括了建立健全国家立法和地方配套法规建设，明确环境污染责任保险的投保主体，建立环境污染事故勘查、定损与责任认定机制，建立规范的理赔程序以及提高环境污染事故预防能力等内容。

（3）切实提高工作支持和保障水平

具体包括环保部门与保险监管部门要加强领导，推动环境污染责任保险工作机制的建设；环保部门与保险监管部门要各司其责，推动环境污染责任保险工作的开展以及各相关主体要积极开展相关研究和宣传工作等内容。

3. 《关于开展环境污染强制责任保险试点工作的指导意见》的相关规定

在前期环境污染责任保险试点的基础上，环境保护部、中国保险监督管理委员会 2013 年 1 月 21 日发布了《关于开展环境污染强制责任保险试点工作的指导意见》，以强制保险的方式进一步对环境污染责任保险进行试点。具体内容主要有以下几个方面。

（1）明确环境污染强制责任保险的试点企业范围

必须购买环境污染责任保险的企业包括涉重金属企业、按地方有关规定已被纳入投保范围的企业。对于石油天然气开采、石化、化工等其他高环境风险企业，则是鼓励投保环境污染责任保险。

（2）合理设计环境污染强制责任保险条款和保险费率

保险责任范围主要包括：第三方因污染损害遭受的人身伤亡或者财产损失；投保企业为了救治第三方的生命，避免或者减少第三方财产损失所发生的必要而且合理的施救费用；投保企业根据环保法律法规规定，为控制污染物扩散，或者清理污染物而支出的必要且合理的清污费用等。保险责任限额由投保企业根据本企业环境风险水平、发生污染事故可能造成的损害范围等因素，来确定足以赔付环境污染损失的责任限额，并据此投保。保险费率则由保险公司综合考虑投保企业的环境风险、历史发生的污染事故及其造成的损失等方面的总体情况，兼顾投保企业的经济承受能力，科学合理设定环境污染责任保险的基准费率。

（3）健全环境风险评估和投保程序

企业投保或者续签保险合同前，保险公司可以委托或自行对投保企业开展环境风险评估。鼓励保险经纪机构提供环境风险评估和其他有关保险的技术支持和服务。

（4）建立健全环境风险防范和污染事故理赔机制

具体包括风险防范、事故报告、出险理赔、损害计算以及争议案件的处理等环节内容。

（5）强化信息公开

环境信息公开方面，环保部门应当根据《环境信息公开办法（试行）》的有关规定，公布投保企业的环境影响评价、排污许可证发放以及污染物排放等相关信息。保险信息公开方面,保险监管部门应当公开与环境污染强制责任保险试点相关的信息,保险公司应当全面准确地公开与环境污染强制责任保险有关的保险产品经营等相关信息。

(6)完善促进企业投保的保障措施

一是强化约束手段,具体包括对应当投保而未及时投保的企业,环保部门可以将企业是否投保与建设项目环境影响评价文件审批、建设项目竣工环保验收、排污许可证核发、清洁生产审核,以及上市环保核查等制度的执行紧密结合;暂停受理企业的环境保护专项资金、重金属污染防治专项资金等相关专项资金的申请以及将该企业未按规定投保的信息及时提供银行业金融机构,为其客户评级、信贷准入退出和管理提供重要依据。

二是完善激励措施,具体包括对按规定投保的企业,积极会同当地财政部门,在安排环境保护专项资金或者重金属污染防治专项资金时,对投保企业污染防治项目予以倾斜;将投保企业投保信息及时通报银行业金融机构,推动金融机构综合考虑投保企业的信贷风险评估、成本补偿和政府扶持政策等因素,按照风险可控、商业可持续原则优先给予信贷支持。

三是健全政策法规,具体包括地方环保部门、保险监管部门应当积极争取将环境污染强制责任保险政策纳入地方性法规、规章,或者推动地方人民政府出台规范性文件,并配合有关部门制定有利于环境污染强制责任保险的经济政策和措施;以及推动健全环境损害赔偿制度,加快建立和完善环境污染损害鉴定评估机制等。

为更好地推进环境污染强制责任保险的试点工作,环境保护部办公厅2013年12月6日还发布了《关于开展环境污染责任保险试点信息报送工作的通知》,对信息报送的内容和方式进行了专门性规定。

4.《环境保护法》的相关规定

2014年4月24日修改的《环境保护法》第52条规定:"国家鼓励投保环境污染责任保险。"这一规定表明,在强制保险还处于试点阶段的情况下,环保基本法只是鼓励而不是强制投保环境污染责任保险。尽管这一规定被许多人诟病为过于保守,未能及时反映和引入已经在试点的环境污染强制责任保险,不利于环境污染责任保险的推进和展开,但在试点工作并未结束和证明成功的情况下，仓促写入基本法是十分冒险和非理性的选择。

5. 《关于加快发展现代保险服务业的若干意见》的相关规定

2014年8月10日国务院发布了《关于加快发展现代保险服务业的若干意见》，在第三部分"发挥保险风险管理功能，完善社会治理体系"中的第八项"发挥责任保险化解矛盾纠纷的功能作用"中规定：强化政府引导、市场运作、立法保障的责任保险发展模式，把与公众利益关系密切的环境污染、食品安全、医疗责任、医疗意外、实习安全、校园安全等领域作为责任保险发展重点，探索开展强制责任保险试点。这是国务院从保险行业创新发展的角度，再一次提出要发展环境污染责任保险，并探索开展强制责任保险试点工作。

6. 《生态文明体制改革总体方案》的相关规定

2015年9月11日，党中央、国务院印发的《生态文明体制改革总体方案》中，第八部分"健全环境治理和生态保护市场体系"中的"（四十五）建设绿色金融体系"中明确规定"……在环境高风险领域建立环境污染强制责任保险制度"。这一规定表明，环境污染强制责任保险制度作为绿色金融制度体系的一部分，是建设生态文明的重要制度手段，应当予以重视和发展。

7. 《关于构建绿色金融体系的指导意见》的相关规定

2016年8月31日，中国人民银行、环境保护部、保险监督管理委员会等七部委联合印发实施了《关于构建绿色金融体系的指导意见》，其中第五部分"发展绿色保险"对绿色保险进行相应规定，"在环境高风险领域建立环境污染强制责任保险制度"。具体包括以下几个方面。

一是按程序推动制修订环境污染强制责任保险相关法律或行政法规，由环境保护部门会同保险监管机构发布实施性规章。

二是选择环境风险较高、环境污染事件较为集中的领域，将相关企业纳入应当投保环境污染强制责任保险的范围。

三是鼓励保险机构发挥在环境风险防范方面的积极作用，对企业开展"环保体检"，并将发现的环境风险隐患通报环境保护部门，为加强环境风险监督提供支持。

四是完善环境损害鉴定评估程序和技术规范,指导保险公司加快定损和理赔进度,及时救济污染受害者、降低对环境的损害程度。

除了对发展环境污染强制责任保险进行规定外,该文件还鼓励和支持保险机构创新绿色保险产品和服务,以及鼓励和支持保险机构参与环境风险治理体系建设。充分发展绿色保险体系,发挥保险的绿色环保功能。

8.《环境污染强制责任保险管理办法(征求意见稿)》的相关规定

经过3年多的试点,中国保险监督管理委员会于2017年6月7日、环境保护部于2017年6月13日先后发布了《环境污染强制责任保险管理办法(征求意见稿)》,公开征求意见。此后,生态环境部于2018年5月7日对征求意见稿进行审议并原则性通过。作为部委规章,《环境污染强制责任保险管理办法(征求意见稿)》对试点经验进行了总结和吸收,系统规定了环境污染强制责任保险及其管理的相关内容,具体包括以下几个方面。

第一章是总则,对立法目标进行了阐释,界定了环境污染强制责任保险的概念,确立了适用本办法的投保人和承保人范围,并明确国务院保险监督管理机构依法对保险公司的环境污染强制责任保险业务实施监督管理、国务院环境保护主管部门依法对环境高风险企业参加环境污染强制责任保险的情况实施监督检查。

第二章是投保与承保,主要规定了强制投保范围、保险责任范围、统一条款与费率监管、费率浮动、责任限额、保险合同、承保、通知义务、合同解除及相关通知工作、保险期间与续保以及投保方式等内容。

第三章是风险评估与排查,主要规定了承保前风险评估、投保后风险排查,风险评估报告是保险合同的组成部分。

第四章是赔偿,主要规定了保险责任触发的条件、除外责任情形、保险事故勘查、保险金给付请求与实际给付、事故核定与事故鉴定、纠纷处理等内容。

第五章是罚则,主要规定了对于应当投保,未按照规定投保或者续保的环境高风险企业,由环境高风险企业所在地的环境保护主管部门责令限期投保或者续保,并处3万元以下罚款。

(二) 关于油污损害民事责任保险的制度政策规定

1. 关于船舶油污损害民事责任保险的制度政策规定

(1)《海洋环境保护法》的相关规定

1999年的《中华人民共和国海洋环境保护法》(以下简称《海洋环境保护法》)就对船舶油污损害民事责任保险进行了规定。目前施行的《海洋环境保护法》是2017年11月4日修正的版本,该法第66条规定:"国家完善并实施船舶油污损害民事赔偿责任制度;按照船舶油污损害赔偿责任由船东和货主共同承担风险的原则,建立船舶油污保险、油污损害赔偿基金制度。实施船舶油污保险、油污损害赔偿基金制度的具体办法由国务院规定。"

(2)《防治船舶污染海洋环境管理条例》的相关规定

国务院2009年9月9日发布并于2010年3月1日生效实施的《防治船舶污染海洋环境管理条例》中,就已经根据《海洋环境保护法》的相关要求,对船舶油污损害民事责任保险作出了规定。2018年3月19日国务院对《防治船舶污染海洋环境管理条例》进行了修改,在两个条款中进行了相应规定。

该条例第51条规定:"在中华人民共和国管辖海域内航行的船舶,其所有人应当按照国务院交通运输主管部门的规定,投保船舶油污损害民事责任保险或者取得相应的财务担保。但是,1000总吨以下载运非油类物质的船舶除外。船舶所有人投保船舶油污损害民事责任保险或者取得的财务担保的额度应当不低于《中华人民共和国海商法》、中华人民共和国缔结或者参加的有关国际条约规定的油污赔偿限额。"

该条例第71条是关于法律责任的规定,"违反本条例的规定,船舶所有人有下列情形之一的,由海事管理机构责令改正,可以处5万元以下的罚款;拒不改正的,处5万元以上25万元以下的罚款:(一)在中华人民共和国管辖海域内航行的船舶,其所有人未按照规定投保船舶油污损害民事责任保险或者取得相应的财务担保的;(二)船舶所有人投保船舶油污损害民事责任保险或者取得的财务担保的额度低于《中华人民共和国海商法》、中华人民共和国缔结或者参加的有关国际条约规定的油污赔偿限额的"。

(3)《船舶油污损害民事责任保险实施办法》的相关规定

交通运输部 2010 年 8 月 19 日发布，并于 2010 年 10 月 1 日实施的《船舶油污损害民事责任保险实施办法》，对这一强制责任保险进行了系统地规定。2013 年 8 月 31 日，交通运输部又修正了《船舶油污损害民事责任保险实施办法》。该办法关于船舶油污损害民事责任保险的规定主要有以下几个部分。

第一章是总则，主要规定了投保主体范围，即在中华人民共和国管辖海域内航行的载运油类物质的船舶和 1000 总吨以上载运非油类物质的船舶所有人；以及监管主体，即国务院交通运输主管部门负责统一管理全国船舶油污损害民事责任保险工作，国家海事管理机构负责组织实施全国船舶油污损害民事责任保险工作。

第二章是船舶油污损害民事责任保险及额度，主要规定了不同情况下船舶的保险标的、保险责任额度等内容。

第三章是船舶油污损害民事责任保险证书，主要规定了不同情况的船舶油污损害民事责任保险证书的申请办理、审核签发以及查验等内容。

第四章是法律责任，主要是对于违反本办法相关规定要求的，由海事管理部门进行相应处罚。

2. 关于海洋石油开发油污损害民事责任保险的制度政策规定

目前主要是国务院 1983 年 12 月 29 日颁布实施的《中华人民共和国海洋石油勘探开发环境保护管理条例》中对海洋石油开发油污损害民事责任保险进行了相应的规定。具体体现在第 9 条，该条规定："企业、事业单位和作业者应具有有关污染损害民事责任保险或其他财务保证。"

2016 年 9 月 5 日，国务院法制办发布了《中华人民共和国海洋石油勘探开发环境保护管理条例（修订草案征求意见稿）》，就该条例的修订草案向社会公开征求意见，但并未能很快完成修订工作。随着国务院法制办并入司法部，2019 年 8 月 16 日司法部发布了《海洋石油勘探开发环境保护管理条例（修订草案征求意见稿）》，继续就该条例的修订草案向社会公开征求意见。该征求意见稿对海洋石油开发油污损害民事责任保险的相关规定进行了修改，新的内容主要体现在第 11 条和第 44 条。该条例第 11 条规定："海洋石油勘探开发者应当具有有关污染损害民事责任保险或者其他财务保证,并在项目开工前向生态环境主管部门提交有关书面证明材料。"该条例第 44 条规定:"违反本条例规定,海洋石油勘探开发者不具有污染损害民事责任保险或者其他财务保证,擅自从事海洋石油勘探开发活动的,由海警局责令限期改正;逾期拒不改正的,责令停止勘探开发活动。"应当说,征求意见稿对这一强制责任保险的规定更加详细和全面,特别是有了明确的法律责任要求,强化了这一保险实施的法律保障。

四、我国绿色保险制度存在的问题与不足

尽管我国绿色保险在经过了早期的初步探索、2007 年"绿色金融风暴"之后的自愿性环境污染责任保险试点以及 2013 年以来的强制性环境污染责任保险试点后,已经取得了一定的发展,相关部门各类通知文件也初步形成了一些制度规范,但依然存在很多问题与不足,制约着我国绿色保险及其法律制度的发展和完善。其中,最为重要的问题与不足体现在以下几个方面。

(一)绿色保险品种较为单一,整体发展还比较滞后

当前我国绿色保险只有环境污染强制责任保险、船舶油污损害民事责任保险和海洋石油开发油污损害民事责任保险三个品种,而且都是强制责任保险,后面两个保险品种还都是在特定的一个狭小领域内适用的专门性保险品种。尽管从 1991 年以来就一直有一些商业保险公司在尝试推出与绿色环保相关的自愿性商业保险品种,但目前为止还没有发展出有一定影响力的自愿性绿色保险品种。

因此可以说,单一的强制性责任保险形式、少数的几个保险品种,充分表明了我国目前绿色保险领域整体发展还比较滞后。这种狭窄、非完整的环境风险管理方法限制了政策制定者和保险公司更好地了解和减少一系列环境风险并建立恢复力,以及抓住与保险业相关且支持绿色经济机会的巨大潜力。① 尽管《关于构建绿色金融体系的指导意见》中提出了要鼓励和支持保

---

① 张承惠、谢孟哲(Simon Zadek)编著:《中国绿色金融:经验、路径与国际借鉴》,中国发展出版社 2017 年版,第 288 页。

险机构进行绿色保险产品和服务创新，但目前还缺乏进一步的有力措施，实践中相关市场的发展也不尽如人意。特别是与国际保险市场中各类绿色保险产品和服务不断创新和发展的活跃态势相比，我国在绿色保险市场的创新和发展还十分匮乏而缓慢。

（二）绿色保险及其制度发展思路不清，未能科学合理地进行模式选择

我国目前已经充分意识到了发展绿色保险的重要性，将之作为管理和解决环境风险、解决环境问题带来的纠纷以及抓住保险业绿色发展机遇的重要举措，并在更高层面上将之视为建设生态文明的重要制度措施。然而，如何发展绿色保险、如果构建和完善绿色保险制度的基本思路还不够清晰，具体发展道路和发展模式如何选择还没有考虑成熟。尽管《关于构建绿色金融体系的指导意见》中对我国绿色保险的发展路径进行了初步构想，但还比较简单和粗疏，缺乏科学论证和细致规划。尤其在未来制度发展模式上，并未能予以关注、论证以及作出科学合理的选择。

比如，我国绿色保险发展应采取强制保险模式还是自愿保险模式，绿色保险立法是采取专门性立法模式还是分散性立法模式，保险业务是要建立专门的政策性保险机构来承担还是完全由一般的商业保险机构来承担，等等。这些问题的回答决定了我国绿色保险及制度发展的模式选择，从而也决定了我国绿色保险业的未来发展走向。

（三）环境污染强制责任保险的责任范围与生态环境损害赔偿制度脱节

我国目前试点的环境污染强制责任保险是最主要的绿色保险品种，但从其承保的环境责任范围看，与我国目前普遍存在的环境风险相比相距甚远，特别是与我国正在试点的生态环境损害赔偿制度脱节严重。这一问题主要表现为承保责任为人身伤亡或直接财产损失，不包括生态环境损害；承保责任为场所责任，仅承保约定区域内的损害，约定区域外的损害不在承保范围内；未对延长报告期进行约定等。① 也有个别试点地区，比如四川省把突发自然灾害（地震除外）导致的环境污染损害纳入保险范围，但也只涉及很少一部

---

① 生态环境部环境与经济政策研究中心李萱等："环境污染强制责任保险政策还有哪些不足待完善"，载《中国环境报》2019年7月23日。

分的生态环境损害风险。

尽管《环境污染强制责任保险管理办法（征求意见稿）》中开始正视这一问题，把生态环境损害赔偿责任纳入保险责任范围，但毕竟还没正式通过，相关问题依然存在。这也表明，我国绿色保险的发展还没有对社会经济活动中存在的环境污染和生态损害等风险进行充分覆盖，甚至未能进行相应的考虑和规划，无法满足显性的和潜在的环境风险管理与分担的保险需求。这种供给与需求的脱节对我国绿色保险的发展和成熟提出了进一步要求。

（四）保险合同条款不够成熟完善，保费较高、赔付率过低

尽管目前试点工作有《关于开展环境污染强制责任保险试点工作的指导意见》进行指导，市场上环境污染责任保险的合同条款依然不够成熟，不同试点地区也有着不一样的保险合同内容。其中反映较多的问题有这样几个：一是部分地区的试点仅对突发性环境污染事故导致的赔偿责任进行保险，比如无锡市；二是没能对责任最高限额、免除条款等进行规定或者规定不合理、不统一。

作为强制保险，目前各试点地区都还没有形成充分的市场竞争，然而保险合同很多内容都属于格式条款，投保人对于合同条款的谈判和议定能力较低，选择性较小。由此就出现了在投保环节保险范围过窄、保险费率过高的问题，在理赔环节理赔服务不好、赔付率过低的问题。以赔付率为例，目前环境污染强制责任保险的赔付率为10%左右，个别地区如四川省甚至只有4%左右，远远低于其他责任保险平均40%以上的赔付率。这些问题又进一步削弱了本就不高的投保人的投保意愿，导致投保率较低，反过来又推高了保险公司的产品成本，制约着保险公司开发出保障更高、费率更低和服务更好的保险产品，形成了阻碍发展的恶性循环。

（五）环境风险标准体系不健全、监管机制不协调

作为一个环境与保险复合叠加的保险品种和业务领域，相关技术标准要求专业性强、难度大。总体上看，我国环境污染行业风险评估机制不健全，评估标准不明确、不全面，评估程序不规范；缺乏对第三方专业技术评估机

构及人员的相应资质要求,难以突破重大复杂技术。① 目前环境保护部虽然制定了《环境风险评估技术指南——氯碱企业环境风险等级划分方法》(2010年)、《环境风险评估技术指南——粗铅冶炼企业环境风险等级划分方法(试行)》(2013年)以及《企业突发环境事件风险评估指南(试行)》(2014年)、《企业突发环境事件风险分级办法》(2018年),但是还有很多行业、很多环境风险的评估技术及标准尚未制定或统一。

从试点地区情况看,各地标准不尽相同,也不够完善。比如,环境风险评级方面,有的地区分为6级,有的地区分为3级;在赔付责任最高限额方面,不同地区也有不同的档次和额度设计;在强制投保的企业目录范围的确定方面,各个试点地区也各不相同,许多地区对强制投保企业目录范围的确定还比较随意,缺乏科学合理的标准和规范透明的程序。

从绿色保险市场监管情况看,除了船舶油污损害民事责任保险市场由交通运输部监管、海洋石油开发油污损害民事责任保险市场由原国家海洋局、现生态环境部监管外,目前试点的环境污染强制责任保险市场由生态环境部和中国银保监会根据相应职责共同进行监管。然而,从试点工作情况看,尽管是两部委联合下发了文件,但许多地区都是环保主管部门为主进行监管,保险监管部门作用发挥相对不足。而在环保主管部门和保险监管部门都参与监管的地区,两个部门之间的联合与协调也不够充分和默契。

第二节 绿色保险法律制度的国际与国外发展考察及借鉴

无论是国际社会层面,还是在一些保险或环保发达国家,绿色保险都有着很重要的地位和很好的发展与实践,由此也形成了较为成熟的制度规则,对我国绿色保险发展及相关制度的构建与完善有着重要的启示意义和借鉴价

---

① 马中、周月秋、王文主编:《中国绿色金融发展报告(2017)》,中国金融出版社2018年版,第64页。

值。基于样本的典型性、成熟度和可借鉴性考量,国际社会层面上我们选取了联合国可持续保险原则进行考察分析,国别层面上则选取了英美法系国家代表美国和大陆法系国家代表德国这两个在环保立法和保险制度上都比较发达的国家的绿色保险制度进行考察分析。

一、联合国可持续保险原则

(一) 产生背景与影响

作为联合国环境规划署金融行动计划的重要组成部分,可持续保险原则是联合国环境规划署于 2012 年 6 月在里约热内卢召开的可持续发展大会①上提出的。这一原则体系构成了全球保险业积极应对环境、社会和治理风险与机遇的基本立场与主要框架。这一原则体系一经提出,就受到了国际社会和全球保险业界的广泛关注,到目前为止,来自 30 多个国家和地区的 70 个保险公司签署加入了联合国可持续保险原则。其中,我国香港地区的鼎睿再保险公司 (Peak Re) 已经签署加入。此外,还有世界自然基金会等 67 家机构组织宣布支持可持续保险原则,包括保险监管机构、环境保护非政府组织、高等院校等。采纳和支持可持续保险原则的机构组织中,包括占全球保费总额 25% 以上的保险公司和管理着 14 万亿美元资产的保险公司。这些原则也是道琼斯可持续发展指数 (Dow Jones Sustainability Indices) 和 FTSE4Good 保险行业标准的一部分。②

(二) 主要内容

可持续保险原则并非只是一项原则,而是一个包括了四项原则的体系。具体内容包括以下几个方面。③

---

① 此次可持续发展大会是继 1992 年联合国在里约热内卢召开的第一次可持续发展大会 20 周年后,又一次回到里约热内卢召开的以可持续发展为主题的大会,因此也被称为"里约地球首脑会议+20"。会议主要议题有两个,一是绿色经济在可持续发展和消除贫困方面的作用,二是可持续发展的体制框架。
② See UNEP FI, the PSI Initiative, https://www.unepfi.org/psi/vision-purpose/, last visited at July 22, 2019.
③ See UNEP FI, the Principles, https://www.unepfi.org/psi/the-principles/, last visited at July 22, 2019.

1. 原则1：把与保险业务相关的环境、社会和治理问题纳入保险业务决策过程

在这一原则之下，具体可以采取的行动措施包括六个方面。

（1）公司战略

这一行动措施具体包括在董事会和管理层建立公司战略，以识别、评估、管理和监控企业运营中的环境、社会和治理问题，与公司所有者就环境、社会和治理问题与公司战略的相关性进行对话，以及将环境、社会和治理问题纳入招聘、培训和员工参与计划。

（2）风险管理及承保

这一行动措施包括建立流程，以识别和评估投资组合中固有的环境、社会和治理问题，并了解公司交易的潜在环境、社会和治理问题相关后果，将环境、社会和治理问题纳入风险管理、承销和资本充足率决策过程，包括研究、模型、分析、工具和指标等内容。

（3）产品及服务发展

该行动措施是指要开发降低风险的产品和服务，对环境、社会和治理问题产生积极影响，并鼓励更好的风险管理，以及制订或支持关于风险、保险以及环境、社会和治理问题的扫盲计划。

（4）索赔管理

该行动措施是指在任何时候都要对客户作出快速、公正、敏感和透明的反应，确保索赔过程得到清晰的解释和理解，将环境、社会和治理问题整合到修复、更换和其他索赔服务中。

（5）销售和营销

该行动措施内容包括就与产品和服务相关的环境、社会和治理问题对销售和营销人员进行培训，并负责地将关键信息整合到战略和活动中，以及确保产品和服务的范围、利益和成本是相关的，并且能够清楚地解释和理解。

（6）投资管理

该行动措施是将环境、社会和治理问题纳入保险资金的投资决策和所有权实践中（比如，通过实施负责任投资原则）。

2. 原则2：与客户、商业伙伴合作提高关于环境、社会和治理问题意识，管理风险并制订解决方案

这一原则之下，可以采取的行动措施有以下两个方面。

（1）客户和供应商

这一行动措施的内容包括与客户和供应商就管理环境、社会和治理问题的好处以及公司对环境、社会和治理问题的期望和要求进行对话；为客户和供应商提供信息和工具，以帮助他们管理环境、社会和治理问题；将环境、社会和治理问题整合到供应商的投标和选择过程中；以及鼓励客户和供应商披露环境、社会和治理问题，并使用相关的披露或报告框架。

（2）保险公司、再保险公司及保险中介机构

这一行动措施包括促进保险公司、再保险公司及保险中介机构采纳可持续保险原则，支持将环境、社会和治理问题纳入保险业的专业教育和道德标准。

3. 原则3：与政府、监管机构及其他关键利益相关方合作在全社会推进开展关于环境、社会和治理问题的广泛行动

这一原则之下，可以采取的行动措施有以下两个方面。

（1）政府、监管机构和其他政策制定者

在这一方面，应支持能够降低风险、创新和更好地管理环境、社会和治理问题的审慎政策、监管和法律框架，以及积极与政府和监管机构对话，制定综合风险管理方法和风险转移解决方案。

（2）其他关键利益相关方

这方面的行动措施内容包括要与政府间和非政府组织对话，通过提供风险管理和风险转移专业知识来支持可持续发展；与商业和行业协会对话，更好地理解和管理跨行业和地区的环境、社会和治理问题；与学术界和科学界进行对话，促进保险业务范围内有关环境、社会和治理问题的研究和教育方案；以及与传媒进行对话，以提高公众对环境、社会和治理问题的认识和良好的风险管理。

4. 原则4：定期公布在原则执行方面的进展以展示责任感和透明度

这一原则之下，可以采取的行动措施有以下三个。

一是评估、衡量和监控公司在环境、社会和治理问题管理方面的进展，并主动定期公开披露这些信息。

二是要参与相关的披露或报告框架。

三是要与客户、监管机构、评级机构和其他利益相关者进行对话，就披露原则的价值达成共识。

(三) 启示与借鉴

联合国可持续保险原则作为一项自愿性和主动性原则，并没有强制约束力，却受到了世界上越来越多的保险公司和相关机构所采纳和支持，表现出了强大的影响力。除了这些保险公司和机构基于道德责任感、品牌声誉等考虑外，这套原则体系及其行动措施的确有着很多可取之处，能够为保险公司等机构应对环境、社会和治理问题、实现健康运营和发展提供支持和帮助。综合前文的介绍分析，我们认为有以下几点可供借鉴。

一是通过建立一套完整的流程体系，把可持续保险要求贯穿于公司战略、风险管理与承保、产品及服务发展、索赔管理、销售和营销以及保险资金投资管理的全过程之中，使之成为一项整体性和内生性要求，而不能当作某一个特定环节或阶段，以及将之视为一个外部要求，这样才能真正产生影响和发挥力量。

二是要与政府相关部门、监管机构以及利益相关方等社会各界力量进行合作，才能更好地推进和实现可持续保险的运营与发展。可持续保险市场不能孤立于整个保险市场甚至经济市场，必须要借助全社会力量的支持和参与。这一点对于我国自上而下、靠政府部门推动的绿色保险发展来说尤其具有借鉴意义。

三是相关信息的公开与共享十分重要，不仅要把与保险业务有关、可能影响保险决策的环境等相关信息公开，使之能够具备充分的可获取性，还要把保险公司等机构执行可持续保险原则的进展情况予以公开和披露，从而能够更好地促进绿色保险的发展和完善。

二、美国绿色保险法律制度发展与实践

(一) 美国绿色保险制度发展的背景

作为英美法系国家的代表，美国是最早采用环境责任保险的国家之一，其绿色保险中最为重要的种类就是环境责任保险。美国的环境责任保险源自公众责任保险（Comprehensive General Liability Insurance），在早期环境责任与其他责任没有任何区别。随着《超级基金法》和《资源保护与赔偿法》的出台，情况发生了巨大的变化。索赔不断增加，诉讼爆发式地增加，追回的款项也多得惊人。很明显，公众责任保险并不是处理环境责任的最佳方式，许多公众责任保险公司退出了环境保险市场。被保险人和保险公司开始共同确定责任来源和承保方法，他们的努力促成了各种各样的新环境保险产品被开发出来。随着新的需求（棕地清理、房产交易）的确定，新的产品被开发出来以满足这些需求。保险公司和被保险人对现行污染保险政策和风险管理技术的承保范围和不承保范围也有了更清晰的认识。[1]

（二）美国环境责任保险市场的发展状况

目前，美国环境责任保险的主要产品有清理成本限额保险、场地污染保险、整治后污染责任保险以及有担保债权人/银行机构的环境风险责任保险等。[2]

美国国际集团、苏黎世美国保险、信实保险集团和商业保险公司等四大保险公司提供了大部分的专业环保产品，此外还有几家较小的保险公司已经进入市场，从而促进了成本竞争。就在过去几年里，特殊环境保险产品的保费下降了20%到30%。[3] 总体上看，美国环境责任保险市场发展自2000年以后逐渐走向成熟和稳定。

（三）美国绿色保险法律制度的主要内容

1. 环境责任保险的保险方式

环境风险的公共危害性，以及环境危害后果承担的社会性，都要求环境保险市场需要更多的公共规制，而不能像其他保险市场一样，市场主体有着

---

[1] Kathy D. Bailey, William Gulledge, Using Environmental Insurance to Reduce Environmental Liability, Natural Resources & Environment, vol. 11, no. 4, Spring, 1997.

[2] See Environmental liability Insurance, https：//www.njit.edu/tab/managing/pre-development/liability-insurance.php, last visited at May 29, 2019.

[3] Kathy D. Bailey, William Gulledge, Using Environmental Insurance to Reduce Environmental Liability, Natural Resources & Environment, vol. 11, no. 4, Spring, 1997.

充分的自由选择权利。因此，尽管存在很多对强制保险的质疑和论争，但是这一特殊市场的失灵风险以及强制保险对于环境风险的管控与分担效果还是使美国在环境责任保险上选择了强制保险模式。美国1970年颁布的《清洁水法》规定，所有进入美国的船只必须投保责任保险，以保障该法规定的由于石油污染海洋而应负担的责任。① 而1976年《资源保护与赔偿法》授权美国环保局局长在其依法发布的行政命令中，要求作业者就日后对第三人的损害赔偿责任（包括人身和财产的损害）、关闭估算费用以及关闭后30年内所可能引发的监测与维护费用进行投保。投保额度因突发性事故或非突发性事故而有所区别。②

2. 环境责任保险的适用范围

与环境责任保险的发展阶段相一致，美国环境责任保险的适用范围也经历了从小到大、从狭窄到宽阔的不断拓展过程。从开始只承保突发性的环境污染损害责任风险，到后来将渐进式的环境污染损害责任风险纳入保险范围；从只承保环境污染导致的人身伤害和财产损失赔偿责任风险，到后来把清理费用、修复费用以及诉讼费用等都纳入保险范围，美国环境责任保险的适用范围越来越大，相关的保险产品也越来越丰富和成熟。

3. 环境责任保险的赔偿限额

环境污染损害的最大特点之一就是损失赔偿的不确定性，可能比较小，也可能是天价巨额损失和赔偿。无论是基于保险机理还是考虑到保险机构的偿付能力，环境责任保险都不可能完全解决和承担起后一种情况下的巨额赔偿责任，而只能进行一定的分摊。美国环境责任保险一般采用限额赔付制度，在保险金额范围内进行赔付，而不是对被保险人需要承担的全部赔偿责任进行赔付。

4. 环境责任保险的责任免除

即便有了限额赔付的制度规定或合同约定，由于潜在的大量逆向选择和

---

① 熊英、别涛、王斌：“中国环境污染责任保险制度的构想”，载《现代法学》2007年第1期，第91-92页。

② 王明远：《环境侵权救济法律制度》，中国法制出版社2001年版，第150页。

道德风险问题,① 使得保险机构依然面临着赔付责任的不确定性,很多情况下可能需要承担不公平的赔付责任。此外,不考虑环境污染损害的具体情况而无差别地赔付,也不利于发挥被保险人对环境风险的管理控制作用。因此,美国环境责任保险制度一般将被保险人故意造成的环境污染所导致的环境责任排除在保险责任范围之外,即保险人无须承担。当然,对于保险人责任免除的抗辩要求也是比较严格的。对于被保险人的故意行为是否属于保险单约定之责任免除,依照美国的保险司法实务,适用从严解释的原则,即保险人以被保险人故意行为为由拒绝承担保险责任,应当满足三个条件:首先,被保险人故意为特定的行为;其次,第三人因被保险人的行为受到损害;最后,被保险人有致使第三人受害的目的。否则,保险人责任免除的抗辩将不成立。②

5. 环境责任保险的索赔时效

由于环境侵权而造成的危害通常具有潜伏性,持续性、复合性的环境侵权尤其如此,因而即使造成环境危害结果的侵权行为发生在保险期间内,其危害结果也可能在其后的多年甚至几十年才显现出来并引起责任赔偿。按"事故基础制",由于引起环境侵权责任的原因行为发生在保险期间,保险人应当承担赔偿责任,这就使得保险人在其后仍将面临难以预期的保险索赔,此即"长尾"问题。③ 美国环境责任保险中引入了"日落条款"来加以解决,即保险合同双方约定自保险合同时效之日起最长30年的期间,为保险人承担保险责任的最长期限。然而,这依然是一个漫长的充满不确定性的时间,对保险人来说意味着沉重的负担,对于被保险人来说也有着保险人是否健在以及是否有偿付能力的不确定性风险,阻碍着环境责任保险的发展。因此,美国后来的环境责任保险已经从事故型保险转向索赔型保险,即不再考虑保险事故原因发生的时间,而只看保险事故实际发生的时间是否在保险期限内,

---

① Benjamin J. Richardson, Mandating Environmental Liability Insurance, Duke Environmental Law & Policy Forum, vol. 12, no. 2, Spring, 2002.
② 朱家贤主编:《环境金融法学》,北京师范大学出版社2013年版,第392页。
③ 张梓太、张乾红:"我国环境侵权责任保险制度之构建",载《法学研究》2006年第3期,第92页。

来决定保险人是否承担保险责任。也有一些保险合同约定综合采取了"日落条款"与索赔型责任期间的做法,将索赔时效确定为保险合同有效期间加上失效后的一定时间,作为一种折中的做法。

6. 环境责任保险的承保机构

虽然是强制保险,但美国并没有把环境污染责任保险定性为政策性保险。在承保机构方面,依然是由保险市场中的商业保险公司承担,前面所说的美国国际集团、苏黎世美国保险、信实保险集团和商业保险公司就是最为主流的承保机构。然而,环境责任保险毕竟是一个充满公益性的特殊保险领域,不确定性带来的风险特别大,为了促进这一业务领域的稳健运营和发展,风险公摊、共同承保就成为一种可能的选择。1982 年,美国成立了污染责任保险承保联合体——污染责任保险协会。1988 年美国又成立了一个专业承保环境污染风险的保险集团——环境保护保险公司,承保被保险人渐发、突发、意外的污染事故及第三者责任,并于同年 7 月开出了第一张责任限额为 100 万美元的污染责任保险单。①

(四) 启示与借鉴

作为绿色保险的先行国家,美国绿色保险尤其是环境责任保险的发展和制度经验有不少值得我们学习和借鉴的地方,其中比较重要的地方有以下几个。

一是建立完善的环境法律责任制度并加以严格、有效地执行。美国环境责任保险之所以能够产生并稳步发展,除了美国企业较高的风险意识和较为发达的保险意识外,以《清洁水法》《清洁空气法》《资源保护与赔偿法》以及《超级基金法》等为代表的一批法律规范构建了规则详细、责任严格的法律制度体系,并在实践中加以严格执行,从而为众多可能涉及环境责任风险的企业创造出了大量的保险需求。这对于我国推进绿色保险发展有着较大的启示意义。

二是采用强制保险方式推进环境责任保险的实施和发展。保险领域本属

---

① 叶汝求、任勇、[德] 厄恩斯特·冯·魏茨察克主编:《中国环境经济政策研究》,中国环境科学出版社 2011 年版,第 244 页。

于传统私法自治领域，崇尚当事人意思自治。然而，环境风险与危害具有很强的公共性，受害人也具有不确定的多数性，外部性效应很强，市场失灵现象严重。因此，需要对环境责任保险市场进行干预和规制，强制要求环境污染企业进行投保就是很重要的方式。这一点对我们国家正在进行的环境污染强制责任保险试点工作同样不无借鉴价值。

三是培育多种形式的环境责任保险承保机构。为满足环境责任保险市场需求，一方面，可继续按照传统方式由商业保险机构来进行实现和满足，由于风险的不确定性和巨额赔付的可能性，市场中的商业保险机构可以联合起来共抗风险，实行共保；另一方面，针对绿色保险市场的特殊领域中商业保险机构参与积极性不够、专业能力不足的情况，设立政策性和专业性保险机构，来满足市场需求。这一做法对于我国环境责任保险发展来说有着充分的借鉴意义。

三、德国绿色保险法律制度发展与实践

(一) 德国绿色保险制度发展的背景

作为大陆法系国家的代表，德国环境法十分发达，其环境标准也相当严格。德国的绿色保险发展历史悠久，最早是从一般性和综合性的责任保险开始的，早在1957年的《水资源法》中就有危险责任的相关规定，并由此形成了对这一危险责任的相关保险产品。随着环境责任问题的特殊性日益凸显，德国环境责任保险在20世纪80年代开始脱离传统责任保险模式，走上了独立发展的道路。到目前为止，德国的绿色保险体系已经有着较为丰富的产品，但最为主要的两个险种是环境责任保险和环境损害保险（也有学者称为环境治理保险），下面主要围绕这两个绿色保险险种进行考察和分析。

(二) 德国绿色保险的立法依据和保险方式

1. 环境责任保险

1990年12月10日通过并于1991年1月1日实施的德国《环境责任法》对于其环境责任保险的发展来说是一部具有重大意义的法律。该法第19条明确规定，列入特定名录设施的经营者必须采取责任保证措施，包括与保险公

司签订损害责任保险合同，或由州、联邦政府、金融机构提供财务保证或者担保。如果经营者未能遵守提供保险等财务保证的规定，或者未向主管机关提供其已经作出保险等财务保证的证明材料，主管机关可以全部或者部分禁止该设施的运行。此法第 21 条进一步规定，对违反规定的设施经营者，可处 1 年以下有期徒刑或罚金。[①] 作为最为重要的法律依据，《环境责任法》的这些规定实质上已经以强制保险方式全新确立了德国的环境责任保险制度。在德国联邦政府制定的《垃圾废物处理条例》《危险废物的收集和运输许可条例》等法律文件中，也相应地对具体领域中的环境责任保险进行了更有针对性的规定。

2. 环境损害保险

2004 年 1 月欧盟通过并发布的《欧盟环境责任指令》对德国国内立法也产生了很大影响，为更好地遵行该指令的相关要求，德国在现有相关立法的基础上于 2007 年全新制定了《防止和修复环境损害法》。该法规定了相关企业新的在公法上对于环境损害的防止和修复责任，由此创设出了新的环境损害责任保险需求，相应的保险业务和产品也随之产生。为了确保这一公法上的环境损害防止与修复责任得以实现，环境损害责任保险同样采用了强制保险的方式来予以适用。

（三）绿色保险的适用范围

1. 环境责任保险的适用范围

环境责任保险主要是基于德国《环境责任法》中所规定的私法上环境民事赔偿责任而开发和设计的。该保险的适用范围主要是相关企业或机构在生产经营过程中，相关生产经营设备排放废水、废气和垃圾等污染环境而造成的各类人身伤害、财产损失等所引发的民事损害赔偿责任。对于不可抗力因素引发的损害或损失则不在适用范围之内。

2. 环境损害保险的适用范围

环境损害保险主要基于德国《防止和修复环境损害法》所确定的公法上的环境法律责任而开发和设计的。因此，该保险的适用范围也主要是相关企

---

① 杨辉：“欧洲环境责任保险法律制度审视及启示”，载《中国保险》2010 年第 3 期，第 61 页。

业等责任主体可能要承担的环境损害预防和治理责任,一般包括为预防环境损害而采取相关措施所发生的费用、为治理或修复环境损害而产生的费用以及环境损害所引发的赔偿责任等。

(四) 赔偿限额

基于减轻保险人的经济压力,以及避免被保险人的道德风险等因素考量,环境责任保险并不能覆盖所有的赔偿责任,如果环境污染引发的赔偿数额过大,那么保险合同当事人可约定,对于每一保险事故,保险所承担的全部人、物和财产的损害的最高金额,以及在人的损害方面对于单个的人保险所承担的最高金额。该最高保险金额也构成对于一年中所有保险事故保险人所承担的最高赔偿额。① 在最高限额的具体确定上,如果损害是由单一环境影响所致,赔偿义务人对死亡、身体和健康损害的赔偿最高不超过1.6亿马克,财产损失亦遵循此限。如果不同赔偿金额超过前项规定之各自最高限额,单个赔偿金额应根据赔偿总量与最高限额的比例予以削减。②

此外,当事人可以约定,在每一次保险事故中投保人必须自己承担损害赔偿金额中的多少金额。这一规定能帮助减少责任保险中的道德风险,能激励投保人的自我负责精神和提高投保人的注意水平与防范损害的意识。③

(五) 索赔时效

德国绿色保险的索赔时效有着不同于美国的特色做法。在保险事故发生后的索赔时效方面,对于发生在保险合同有效期之内的保险事故所带来的赔偿责任,毫无疑问保险人应当予以赔付。对于发生在保险合同失效后的保险事故,如何确定其索赔时效?如前所述,对这一问题美国的传统做法是使用"日落条款"来将索赔时效延长至30年。德国则把这一问题通过合同后责任的约定来解决。根据环境责任保险"一般条款"第8条规定,保险关系因被保险的风险完全或持续地消失或通过保险人或投保人的解除而终止,那么对

---

① 白江:"论德国环境责任保险制度:传统、创新与发展",载《东方法学》2015年第2期,第140页。
② 贾爱玲:《环境责任保险制度研究》,中国环境科学出版社2010年版,第119页。
③ 白江:"论德国环境责任保险制度:传统、创新与发展",载《东方法学》2015年第2期,第139页。

于在保险合同有效期间发生的,但在保险关系终止时仍然没有被确定的人、物或财产的损害,保险保护将继续存在 3 年,时间从保险关系终止时起算。①这一做法较好地平衡了合同双方当事人之间的利益冲突,同时也较好地监管了公平与效率价值。

(六) 启示与借鉴

德国绿色保险及其法律制度的发展经验和制度做法对我国绿色保险发展和相关制度构建来说一样有着重要的启示意义,有很多值得我们学习和借鉴的地方。其中尤其值得指出的是以下几个方面。

一是对绿色保险的适用范围进行区分和协调,从而最大化地实现对环境风险的保险管理。通过环境责任保险和环境损害保险两个绿色保险品种,分别对经济活动中可能发生的针对第三方的环境侵害和针对自然环境本身的损害所带来的法律责任风险进行了覆盖和管理,很好地解决了传统环境责任保险未能包括或覆盖针对自然环境本身的损害风险,因为这一损害责任主要是向国家或政府以及社会公共利益代表所承担或负责的。

二是对保险赔偿责任进行最高额限制和自我负担约定。最高额限制的意义不仅是对于可能发生巨额赔偿责任导致保险机构经济压力过大,甚至无法足额赔付的风险进行调控,以保障绿色保险的稳健发展;还能够消减被保险人因为有着保险保障后,不再认真进行环境风险防控等道德风险和逆向选择的负面问题。至于双方当事人在合同中约定,投保人也要承担一定比例的赔偿责任,更是能够形成共同利益机制,约束绿色保险中的道德风险和逆向选择问题,激励投保人充分关切和防控自身的环境风险。

三是通过"合同后责任"条款来解决环境责任保险中的"长尾"问题,确立合理的索赔时效。环境污染损害的潜伏性、渐进性和不确定性导致环境责任保险中的"长尾"问题普遍存在。"日落条款"的解决方案在效率上令人诟病,单纯根据环境损害事故是否发生在保险合同有效期内来确定索赔时效则在公平上无法自洽。德国通过"合同后责任"条款将索赔时效确定为合

---

① 白江:"论德国环境责任保险制度:传统、创新与发展",载《东方法学》2015 年第 2 期,第 140 页。

同有效期加上合同失效后 3 年，虽然也未必完全科学与合理，但已经是一个平衡了合同双方当事人利益、兼顾了效率价值和公平价值的较优选择，值得我们学习借鉴。

第三节　我国绿色保险制度发展的模式选择

如果不考虑船舶油污损害民事责任保险和海洋石油开发油污损害民事责任保险这两个背景特殊、属于专业化领域的小众化市场，我国绿色保险市场及制度发展还处于一个起步阶段。如前文所述，未来如何发展还没有形成一个清晰的理念和思路，在十分重要的发展模式选择上尚未作出科学合理的结论。随着环境污染强制责任保险试点工作进入收官阶段，其他各类绿色保险需求不断蓄积和增长，我们需要对此进行认真思考和理性分析，进而作出正确选择。

一、强制保险还是自愿保险的模式选择

我国环境污染责任保险的试点第一阶段（2007—2013 年）是以自愿保险的方式进行的，这主要是基于当时环境法律规范还不够严格完备、相关企业的投保意识和意愿均比较薄弱以及环境污染责任保险产品本身也不够成熟和完善的现实国情下作出的选择。但从试点情况看，尽管取得了一定的成绩，积累了相当多的经验，但总体效果并不尽如人意，这一保险也没有发展壮大起来。因此，第二阶段的试点（2013 年至今）转而以强制保险的方式展开，截至目前，总体效果要比第一阶段好很多。当然，这也是因为第二阶段试点所处的社会经济和环保形势更加优越以及有着第一阶段的经验和教训可资借鉴的原因。

然而，是否由此可以得出我国环境污染责任保险就应当采取强制保险的发展模式这一结论？我们认为还不能这么简单和武断地下结论。2014 年 4 月 24 日修改的《环境保护法》第 52 条规定之所以支持了自愿保险的模式，而没有采纳适用强制保险模式的立法修改建议，就是因为至少在当时还不能认

定强制保险模式就是最好的模式,或者说适用强制保险发展模式的条件都已经成熟。毕竟,当时以强制保险方式进行的第二阶段试点工作刚刚展开一年多时间。如果以目前试点情况为基准,结合我国环境保护和保险业发展现状,我们认为强制保险的发展模式能够推进绿色保险的发展,应当予以采用,但也不应是唯一选择,具体还要根据不同环境风险领域和不同绿色保险品种的情况来定。

首先,对于环境污染责任保险来说,无论是从目前的试点情况看,还是从美国、德国等国家的制度经验看,采用强制保险模式都是有效的选择。但是不是所有的环境污染责任保险都应采用强制保险模式。强制保险模式的正当性基础是环境污染风险的重大性、公众性以及统一管理的专业性和规模经济性。如果不具备这样的正当性基础,强制保险就是对市场机制的不当干预甚至破坏。因此,我们认为只有那些风险集中、危害重大、涉及面广的环境污染风险才能以强制保险的方式进行承包,其他环境污染风险则应当以自愿保险的方式进行承包。这就需要我们对需要强制投保的环境污染风险和企业进行界定和明晰。

其次,对于其他绿色保险品种来说,是采用强制保险模式还是自愿保险模式,也要根据其是否具有采取强制保险模式的基础条件和必要性来判定。比如,船舶油污损害民事责任保险和海洋石油开发油污民事责任保险就符合采取强制保险模式的基础条件,也具有相当的必要性,应当采用强制保险模式。如果结合我国生态环境损害赔偿制度改革情况来说,对于一些风险较为集中、危害重大且公众性强的生态环境损害风险,也应当采用强制保险方式。除此之外的环境风险及相关保险产品,则都应当采用自愿保险方式。

最后,对于日益丰富和复杂的绿色保险领域来说,强制保险还是自愿保险并不是非此即彼、二选一的简单问题,而应根据不同情况和条件来作出相应选择。总体上来说,应该是强制保险模式和自愿保险模式共存的状态,如果从对模式选择的条件要求来看,应该是自愿保险为原则、强制保险为例外的发展模式,尽管目前的情况是采用强制保险模式的保险品种和业务占据更大的比重。

二、环境污染责任险还是生态损害险的模式选择

环境问题及其产生的风险和损害十分复杂，以被保险人的污染行为为例，既可能给受害第三方带来人身伤害和财产损失，也可能对生态环境本身造成损害需要予以治理和修复。对于前者，被保险人需要向受害第三方承担赔偿责任；对于后者，被保险人则需要向生态环境的管理者、生态环境公共利益的代表者——一般是国家相关政府部门承担治理和修复责任，我国2015年以来进行试点，2017年正式施行的生态环境损害赔偿改革就是回应和解决这一问题的，其中相关政府部门就是生态环境部。

对于被保险人因其环境污染行为导致的对受害第三方的赔偿责任，是我国目前环境污染责任保险的主要保障内容；但对于被保险人因其环境污染行为导致的对国家相关政府部门承担的治理、修复或赔偿责任，则没有纳入环境污染责任保险的保障范围。而这一部分风险也是很大的，可能产生的治理与修复责任也需要通过保险的方式来进行保障和分摊，应当如何加以解决？德国采取的模式是另行开发出一个独立的绿色险种——环境损害保险，与环境责任保险并列共同解决环境污染导致的对受害第三方的赔偿责任和对政府部门的治理修复责任的风险保障和分摊问题。

随着我国生态环境损害赔偿制度改革的深入和成熟，这方面的损害赔偿责任要求及其追究必定会更加严格和完备，相应的责任保险需求也会越来越多。那么，我们应该如何予以回应和满足，采取怎样的发展模式？一种是学习德国的做法，另起炉灶全新开发出环境损害责任保险，与既有的环境污染责任保险并行不悖、共同发展。另一种是把向国家相关政府部门承担的生态损害赔偿责任与向受害第三方承担的人身伤害与财产损失赔偿责任放在一起，共同形成环境污染责任保险的保险责任范围，这样索赔请求主体就把政府相关部门扩展进来了。如果选择第一种模式，需要做的工作更多更复杂；如果采用第二种模式，则相对比较简单，只需拓宽现有环境污染责任保险的承保范围即可。《环境污染强制责任保险管理办法（征求意见稿）》中，就是采用的第二种模式。我们认为，第二种模式固然有其简单易行的优点，但也有着严重缺陷，只能解决因为污染行为导致的生态环境损害赔偿责任的保险保障

和分摊问题，无法涵盖污染行为以外的其他行为，比如对自然资源的过度开发利用等带来的生态环境损害风险。这会很大地限制对非因环境污染行为而引发的生态环境损害赔偿责任的投保需求和业务发展，进而影响到绿色保险机制促进生态环境保护功能的充分发挥。因此，采用第一种模式，全新开发出能够承保所有生态环境损害赔偿责任风险的保险产品——结合我国生态环境损害赔偿制度改革情况可以称为生态环境损害赔偿责任保险，才是更加符合实际需求和未来发展趋势的选择。

三、综合性立法还是分散性立法的模式选择

我国目前在绿色保险领域中的相关立法十分分散，既有《环境保护法》中的鼓励性条款，也有《海洋环境保护法》中的特别性条款；既有一些行政法规和部委规章对船舶油污损害民事责任保险和海洋石油开发油污损害民事责任保险进行相应的规定，也有一些部委规范性文件对环境污染责任保险进行规定。此外，还有一些国务院的规范性文件对整个绿色保险发展进行规定。之所以形成目前这种分散性的立法现状，一方面是因为绿色保险领域的发展是以一个个具体领域中的保险险种和业务独立试点或应用而发展起来的；另一方面则是因为这些不同的绿色保险险种和业务有着不同的管理部门和管理机制。

在绿色保险发展的初期，分散式立法有着灵活性、具体性和针对性的优点，有利于绿色保险的大胆尝试和自由发展。随着绿色保险业务越来越多、产品越来越丰富、市场越来越大，就需要对其进行梳理整合，进行综合性立法，从而能够形成一个共同的立法理念、思路和原则，对很多具有共性的问题进行统一立法，整合相关立法资源，协调可能的矛盾与冲突。因此，采用分散性立法还是综合性立法取决于所处的发展阶段及其实际需求。当然，针对我国绿色保险发展及相关立法的现实状况，以及进一步深入发展的趋势要求，仍不能通过制定一部综合性的法律或法规来取代所有的分散存在的法律规范文件。无论是基于船舶油污损害民事责任保险和海洋石油开发油污损害民事责任保险的发展历史传统，还是考虑到立法施行的便利性和效率性，综合性立法和分散性立法都应当以各自的方式长期共存。

有学者提出了由三个板块组成的环境污染责任保险法律体系,第一板块为《环境保护法》和相关环境单行法,第二板块为《环境污染责任保险法》《保险法》及其配套法规,第三板块为《船舶油污损害民事责任保险实施办法》和《场所污染责任保险实施办法》。① 这一构想对于我国目前绿色保险立法的体系化来说有着很好的参照意义。我们认为,如果从整个绿色保险市场及其相关法律制度的发展来看,还可以进一步优化。那就是:除了在《环境保护法》及相关单行法、《海洋环境保护法》以及《保险法》中对绿色保险进行原则性的规定外,还应当制定一个专门性的综合性法律规范——绿色保险法或绿色保险条例,对所有的绿色保险产品、业务及整个绿色保险市场进行总体规范,并对基于不同绿色保险产品和义务形成的具体法律规范,比如船舶油污损害民事责任保险管理办法等进行统合性与协调性立法。

四、专门性保险机构还是一般性保险机构的模式选择

保险机构是保险市场中的重要主体,根据市场需求来开发相应的保险产品、提供相应的保险服务。对于普通保险市场来说,一般性的商业保险机构毫无疑问是主要的市场主体。但对于一些特殊保险市场来说,为了满足一些特殊需求,或发挥特殊功能、实现特殊目标,可能需要成立特殊性的保险机构——一般称为专门性或政策性保险机构。比如,在我国农业保险市场,就成立了安华农业保险公司、阳光农业相互保险公司和国元农业保险公司等专门性、政策性农业保险机构,很好地发挥了预期作用。对于绿色保险市场来说,大部分保险需求都可以通过商业保险机构来满足。绿色保险市场也有其自身的特殊性,某些保险需求无法通过一般性商业保险机构来满足或者无法有效和充分满足,就需要设立专门性或政策性保险机构来提供相应的保险产品和服务。美国也正是基于这些因素而于1988年设立了专门性的环境保险公司。

我国目前还没有设立专门性、政策性的绿色保险机构,无论是强制保险

---

① 竺效:"论环境污染责任保险法律体系的构建",载《法学评论》2015年第1期,第164 - 165页。

还是自愿保险，都是由一般的商业保险机构来提供。那么，在绿色保险未来发展中是要坚持由商业保险机构来提供所有绿色保险产品和服务，还是根据需要设立专门性的政策性保险机构？我们认为，目前绿色保险刚刚开始发展，已有的绿色保险产品要么还在试点之中，要么有着自身特色的背景和基础；随着我国环保法律制度的日益完善和环境法律责任的不断严格，绿色保险需求会稳定增长，市场范围和规模将会越来越大。然而，如前文所述，绿色保险市场是一个特殊市场，外部性效应、公共物品属性以及市场失灵的可能性都比较突出，无法单纯依靠市场机制自身进行调整，政府干预有其必要性与合理性。因此，对于市场中正外部性效应较强、公共物品属性较为突出的绿色保险产品，以经济利益最大化为目标的商业保险机构参与的积极性会严重不足。这时就需要我们设立专门的政策性绿色保险机构，来积极参与、提供相应的产品和服务。

第四节　我国绿色保险法律制度的构建与完善

通过前文对我国绿色保险发展情况及相关制度政策规定的考察与分析，我们发现了目前存在的问题与不足；联合国可持续保险原则的规定内容与具体实践，以及美国和德国这两个代表性国家绿色保险制度的发展实践，都为我们开阔了视野、提供了可资借鉴的经验做法；在此基础上对我国绿色保险及其法律制度的发展模式分析与选择，则进一步为我国绿色保险如何发展、法律制度如何构建与完善明确了方向和路径。循着这些方向和路径，以下几个方面是我们需要尽快进行构建和完善的制度内容。

一、拓展保险范围，不断丰富绿色保险产品制度

随着我国环境法律规范体系不断健全、相关法律责任日益完善，相关保险需求也必然会稳定增长，保险机制能够在绿色环保领域发挥出更大的作用。因此，我们需要积极拓展绿色保险范围，制定出一套绿色保险发展政策与规划，不断丰富绿色保险产品制度。

具体来说,要在已有的几个保险险种基础上,鼓励和支持保险机构创新绿色保险产品和服务。首先,要在试点成功环境污染责任保险的基础上,推出与之密切关联、保险责任范围能够互相补充的生态环境损害赔偿责任保险,成为我国生态环境损害赔偿制度改革的组成部分和重要支撑。其次,正如在《关于构建绿色金融体系的指导意见》已经提出的、需要我们尽快落实的那样,建立完善与气候变化相关的巨灾保险制度,积极应对气候变化危机。最后,要鼓励保险机构研发环保技术装备保险、针对低碳环保类消费品的产品质量安全责任保险、森林保险和农牧业灾害保险等绿色保险产品,制定相关的制度政策予以激励和保障。

二、改进相关立法,构建一套科学合理的绿色保险法律体系

如前所述,我国目前关于绿色保险的法律规范比较分散,缺少综合性立法,有的法律规范还存在滞后性和不合理的方面。因此,需要改进相关立法的质量和内容,制定综合性法律规范,构建一套科学合理的绿色保险法律体系。具体来说,应从以下四个层面展开。

(一) 修改基本法的相关规定

对于绿色保险来说,基本法有两个,即《保险法》和《环境保护法》。

《保险法》目前没有关于绿色保险的任何规定内容,在当前全球社会和我国都在发展绿色金融、追求绿色增长以建设生态文明的背景和目标要求下,是十分滞后的。同时,相对于国际国内绿色保险都在蓬勃发展的实际态势,没有在《保险法》中有相应体现,也是不应该的。因此,我们建议应该在总则部分对保险及保险法的促进生态环境保护、实现绿色发展、建设生态文明的宗旨进行规定和体现;以及在分则部分,对绿色保险也应有适当的规定和体现。

《环境保护法》第52条对绿色保险作出了规定:国家鼓励投保环境污染责任保险。这一规定尽管是考虑到对我国环境污染强制责任保险还在试点的现实情况,但没有前瞻性。同时作为环保基本法,也未能涵括已经以强制保险形式存在的船舶油污损害民事责任保险和海洋石油开发油污损害民事责任保险。对于发展越来越快的绿色保险来说,只鼓励投保环境污染责任保险也

过于狭隘。因此,我们建议应该尽快修改《环境保护法》第 52 条,将之扩展成两个部分:一方面,要鼓励投保各类绿色保险;另一方面,应当投保已经试点结束进入正式运行阶段的环境污染强制责任保险、船舶油污损害民事责任保险和海洋石油开发油污损害民事责任保险以及其他相关强制保险。这样就既有积极鼓励内容部分,又有强制约束内容部分,形成了一个逻辑自洽、内容完备的制度规定。

而且,无论是《保险法》还是《环境保护法》,距离上一次修改也都有 4—5 年,根据实际需要展开新一轮的修正也有着较大的可行性和必要性。

(二)各单行法律法规中相关规定的改进和完善

目前我国单行性法律和法规中有的对相关绿色保险进行了规定,有的还没有规定,有规定的许多也需要进一步修改完善。比如,《海洋环境保护法》中对船舶油污损害民事责任保险进行了规定,但没有对海洋石油开发油污损害民事责任保险进行规定。《海洋石油勘探开发环境保护管理条例》对海洋石油开发油污损害民事责任保险进行了规定,但该条例是 1983 年制定的,早已"年久失修"。《防治船舶污染海洋环境管理条例》在 2018 年刚修改过,相对较新。

因此,为了更好地规范和促进绿色保险发展,还需要对相关单行法律和法规进行适当的修改和完善。我们建议,首先,《海洋环境保护法》应当将海洋石油开发油污损害民事责任保险吸纳进来,予以规定和规范。其次,应当尽快完成《海洋石油勘探开发环境保护管理条例》的修订,对海洋石油开发油污损害民事责任保险进行更为具体和完善的规定。2016 年国务院法制办、2019 年司法部(承接了国务院法制办的机构职责)先后发布了修订草案征求意见稿,目前需要尽快推进和完成。最后,对于其他环境单行法,比如《大气污染防治法》《水污染防治法》,随着与之相关的绿色保险产品与业务的不断发展和成熟,也应当适时修正作出相应规定,以回应和满足相关实践需求。

(三)适时以行政法规形式制定绿色保险的专门性也是综合立法——绿色保险条例

目前我国对绿色保险的具体规定采取的是分散式立法形式,以不同领域中的不同绿色保险品种为依据和基础。如前所述，在绿色保险发展的初始阶段，这种立法模式有其优势和必要性；但随着绿色保险发展的不断壮大和深入，就需要更高层面的立法形式予以统括和规范。我们认为，通过国务院行政法规的形式来对此进行立法是比较合适的，即制定绿色保险条例。相对于整个保险业，或者说相对于其他保险品种和服务的立法来说，这是一个专门性立法；而相对于分散式存在的各个绿色保险品种和服务的具体立法，这又是一个综合性和统括性立法。

（四）以部委规章形式制定或改进各种绿色保险产品的管理办法

无论是基本法、单行法还是行政法规，都只能在自身层面上对绿色保险进行原则性、基本性和综合性的规定，各类绿色保险产品和业务的具体规定还是需要一个详细具体、富有操作性的专门性立法。这也符合我国绿色保险业单个试点、逐步推进的渐进式发展模式的实际情况。但是，对于试点工作我们可以通过通知、方案等规范性文件的方式来规定和要求，对于试点成熟之后正式的规范立法还是应该以部委规章的形式进行。

目前我国已经制定了《船舶油污损害民事责任保险实施办法》，并适时进行了修改。对于已经进行到了试点工作收官阶段的环境污染强制责任保险来说，也面临着制定环境污染责任保险管理办法予以规范和推进的要求。生态环境部和中国保险监督管理委员会已经发布《环境污染责任保险管理办法（征求意见稿）》，当前的任务就是尽快完成这一立法。对于已经开发和运行的海洋石油开发油污损害民事责任保险来说，我们建议也应当制定一个更为具体的实施和管理办法，比如海洋石油开发油污损害民事责任保险管理办法，以更好地推进目前发展的并不是太好的海洋石油开发油污损害民事责任保险业务。当然，这一立法行动应与国务院关于《海洋石油勘探开发环境保护管理条例》的修订工作结合起来。此外，对于其他还没有开发实施，但未来有着很大发展空间的绿色保险品种和服务——比如生态环境损害赔偿责任保险、农业环境保险、有关气候保险等来说，应该根据市场发展需要，逐步进行试点推进，然后再根据实际情况，对那些比较重要的、规模较大的绿色保险品种和服务进行专门性立法，制定相应的实施或管理办法。

三、完善环境标准，打造一套环境风险评估与损害鉴定体系和机制

环境标准是环境法律规范要求的更为具体直接、更具操作性的表达和体现，是一种技术性规范，有时也被称为软法规范。《环境保护法》等法律都有关于环境标准的规定，根据"纳入其中即为组成"的逻辑，认定环境标准形式上属于环境法体系；在作用上，环境标准可以为环境法所援引，产生法律上的强制实施效果，因而将环境标准纳入环境法体系是合理的。[①] 环境标准从内容上一般包括环境质量标准和污染排放标准等，从性质上又分为强制性标准和推荐性标准。环境标准是我们评估环境风险以及对环境污染等造成的人身与财产损失、生态环境损害进行鉴定和确认的直接依据。因此，全面细致、科学合理的环境标准对于绿色保险的有效实施来说至关重要。我国目前已经确立了基本的环境标准体系，但仍然存在有些领域没有相关标准、已有环境标准不够科学合理，以及许多标准由不同主管部门制定、相互之间不协调和不一致等多方面问题。因此，我们还需要对环境标准体系进行进一步的修改、统一和完善。

环境标准只是绿色保险实施中在保险事故发生前进行风险评估与监测以及保险事故发生后进行损害损失鉴定的标准依据和基础。要做好风险评估、监测和管理，以及对保险事故带来的损害损失进行准确鉴定，还需要我们打造出一套风险评估与损害鉴定体系和机制。而这一方面的问题和不足更为明显，目前仅有的《环境风险评估技术指南——氯碱企业环境风险等级划分方法》（2010 年）、《环境风险评估技术指南——粗铅冶炼企业环境风险等级划分方法（试行）》（2013 年）以及《企业突发环境事件风险评估指南（试行）》（2014 年）、《企业突发环境事件风险分级办法》（2018 年）还是远远不够的。关于损害鉴定和理赔方面，尽管实践中有着相应的做法，但我们还没有制定或形成统一、规范的规则体系。为了更好地促进和保障绿色保险发展，我们还应在其他行业领域中制定出相应的环境风险评估技术规则，以及

[①] 常纪文：《环境法前沿问题——历史梳理与发展探究》，中国政法大学出版社 2011 年版，第 47 页。

制定出相应的损害鉴定和理赔的规则体系。

四、统合保险合同，制定一系列规范化绿色保险基础合同条款

从美国和德国绿色保险发展的情况看，当绿色保险从初期的各种尝试发展到相对成熟的阶段，应当逐渐形成一些规范化、共同性的基础或一般合同条款。特别是对于强制保险来说，统一化和规范化的基础条款或一般条款不仅具有规模经济性，也能够保障保险合同的公平合理性。如前文所述，德国在这方面特别重视，通过多方协商制定形成了环境责任保险一般条款和环境损害保险一般条款。我国也应该统合市场中存在的、由不同地区或公司所制定的各类绿色保险合同，结合市场实践进行研究分析，探索制定统一化或格式化的合同条款。

具体来说，这一工作首先应该在目前已有的三个强制性保险中实行。保险监管部门和环保监管部门应该作为主导者发起和推进这一工作，并充分吸纳各个保险机构以及投保人所在的相关行业代表参与其中。保险行业协会可在此发挥独特作用。具体而言，各保险人可以经由保险行业协会的组织，共同收集整合索赔数据，开展环境风险识别与定价技术的研究；参与起草标准化的保险条款，或至少能对条款的拟定与修正提出建议。[1] 对于自愿性绿色保险产品来说，可以积极鼓励在条件成熟时也进行保险合同基础条款的统一化。需要指出的是，绿色保险合同基础条款或一般条款的统一化或格式化，并非全部抹杀或限制了合同双方当事人的意思自由。一方面，需要统一化的只是基础条款而不是全部条款，当事人仍然可以对基础条款之外的条款内容进行自由约定；另一方面，如果确有必要和有正当理由，合同双方当事人也可以在权利义务平等的前提下对基础条款进行个性化的约定，只要不违背法律规定和环境公共利益。

五、整合监管资源，形成协调有效的绿色保险监管制度

作为一个交叉性领域，整个绿色金融领域的监管都面临着相似的问

---

[1] 马宁："环境责任保险与环境风险控制的法律体系建构"，载《法学研究》2018年第1期，第112页。

题——如何进行合作监管和协调监管，发挥监管合力、提升监管效果。作为绿色金融领域的一个相对独立的部分，绿色保险领域的监管也一样有着这样的问题和要求，甚至还有着自身更为复杂的局面：部分绿色保险比如船舶油污损害民事责任保险，被相关法律规范明确规定为由环境保护主管部门——交通运输部门而不是保险监管部门——中国银行保险监督管理委员会来进行主要监管。而在正在进行的环境污染强制责任保险试点工作中，我们也发现了环保部门在监管方面居于更为积极主动的位置，保险监管部门则相对消极。这些做法和现象有其背景基础和客观因素，不能简单予以批判或否定。比如，对于船舶油污损害民事责任保险来说，其产生主要是来自国际和国内海洋运输业务管理领域的要求，从加强管理角度来说由交通运输部门进行主要监督和管理有其便利性和有效性。再如，对于环境污染强制责任保险来说，一方面，其提出和试点都是由环保主管部门主动发起的，运用保险手段推进环境保护是初衷，保险是手段而环保是目标；另一方面，对于保险监管部门来说，促进环境保护固然也是保险业发展和保险监管的目标之一，但很难说是重要性居于前列的目标，更遑论是主要目标了，在绿色保险发展和监管领域中"相对消极的表现"似乎也在情理之中。但是，必须指出的是，这些所谓的历史背景、客观因素和所谓的"合情合理"，并不能成为弱化绿色保险监管的理由和限制因素。绿色保险发展的初始阶段，环保主管部门更为积极主动地推进、承担更多的监管职责可能是有益的、必要的——总要有一个主体率先提出和破冰，但随着绿色保险业务的发展越来越大，对其的监管还是要回到科学合理的轨道上，即保险监管部门和环保主管部门各司其职，各自发挥自身优势，进行合作、协调监管。

具体来说，绿色保险本质上还是属于保险的一种，因此在业务监管上还是要由保险监管部门来进行监管，保险监管部门是主要监管部门；绿色保险又是一种特殊的保险，无论是绿色环保的目标功能设定、环境风险评估、环境技术标准制定还是投保企业的环境表现等，都需要环保部门来引领和管理，因此环保主管部门也是十分重要的监管主体。以环境污染责任保险为例，保险监督管理机构应当依法对保险公司的环境污染强制责任保险业务以及相关的经营风险等实施监督管理，环境保护主管部门则要制定和建立相关的环保标准和技术规范体系,并依法对环境高风险企业参加环境污染强制责任保险的情况实施监督检查。在各司其职的同时,保险监管部门和环保主管部门还应当加强合作,特别是在监管信息上要及时充分地交换和共享,构建实质性、真正有效的联合监管机制。

此外,保险行业协会、环境风险评估机构、环境损害鉴定机构等作为绿色保险领域中的行业团体、中介服务机构,也能够基于其自身功能和优势,发挥出对绿色保险的监管作用,从而构成与政府监管相对应的社会监管机制,成为外部监管的重要组成部分。在构筑绿色保险监管制度时,也要充分重视这些监管资源并加以整合与利用,从而形成全方位、多层次的监管体系。

参考文献

一、中文著作类

1. 蔡守秋. 基于生态文明的法理学 [M]. 北京：中国法制出版社，2014：1.

2. 余谋昌. 生态文明论 [M]. 北京：中央编译出版社，2010：1.

3. 莱斯特·R. 布朗. B 模式 4.0：起来，拯救文明 [M]. 林自新，胡晓梅，李康民，译. 上海：上海科技教育出版社，2010：10，11，291.

4. 索尼娅·拉巴特，罗德尼·R. 怀特. 碳金融：减排良方还是金融陷阱 [M]. 王震，王宇，译. 北京：石油工业出版社，2010：序论部分.

5. 恩格斯. 自然辩证法 [M]. 北京：人民出版社，1984：304–305.

6. 曹孟勤. 人性与自然：生态伦理哲学基础反思 [M]. 南京：南京师范大学出版社，2004：21.

7. 万劲波，赖章盛. 生态文明时代的环境法治与伦理 [M]. 北京：化学工业出版社，2007：4.

8. 科马克·卡利南. 地球正义宣言：荒野法 [M]. 郭武，译. 商务印书馆，2018：201.

9. 罗尔斯顿. 环境伦理学 [M]. 杨通进，译. 北京：中国社会科学出版社，2000：16，99.

10. 卡里·克劳辛斯基，尼克·罗宾斯. 绿色金融：可持续投资的国际经验 [M]. 于雅鑫，李鉴墨，译. 大连：东北财经大学出版社，2017：8，10.

11. 赵峥，等. 绿色发展与绿色金融：理论、政策与案例 [M]. 北京：

经济管理出版社,2017:62,197.

12. 马骏. 中国绿色金融发展与案例研究[M]. 北京:中国金融出版社,2016:9.

13. 李传轩. 生态经济法:理念革命与制度创新[M]. 北京:知识产权出版社,2012:31,32,99.

14. 朱家贤. 环境金融法研究[M]. 北京:法律出版社,2009:32.

15. 徐孟洲. 金融法[M]. 北京:高等教育出版社,2007:9-10.

16. 理查德·道金斯. 自私的基因[M]. 卢允中,等,译. 北京:中信出版社,2018.

17. 张新宝. 侵权责任构成要件研究[M]. 北京:法律出版社,2007.

18. 迈尔斯. 最终的安全:政治稳定的环境基础[M]. 王正平,金辉,译. 上海:上海译文出版社,2001:19.

19. 波斯纳. 法律的经济分析[M]. 蒋兆康,译. 北京:中国大百科全书出版社,1997:31.

20. 张梓太. 环境法律责任研究[M]. 北京:商务印书馆,2004.

21. 曹明德. 生态法新探[M]. 北京:人民出版社,2007:215-219.

22. 杰弗里·希尔. 自然与市场:捕获生态服务链的价值[M]. 胡颖廉,译. 北京:中信出版社,2006.

23. 保罗·霍肯. 商业生态学:可持续发展的宣言[M]. 夏善晨,等,译. 上海:上海译文出版社,2007.

24. 张维迎. 经济学原理[M]. 北京:西北大学出版社,2015:302.

25. 彼得·温茨. 环境正义论[M]. 朱丹琼,宋玉波,译. 上海:上海世纪出版集团,上海人民出版社,2007.

26. 凯斯·R. 孙斯坦. 自由市场与社会正义[M]. 金朝武,等,译. 北京:中国政法大学出版社,2002.

27. 詹姆斯·M. 布坎南. 公共物品的需求与供给:第2版[M]. 马珺,译. 上海:上海人民出版社,2017:1.

28. 亚当·斯密. 国富论:下[M]. 郭大力,王亚南,译. 北京:商务印书馆,2009:30.

29. 斯蒂夫·G. 梅德玛. 困住市场的手：如何驯服利己主义 [M]. 启蒙编译所, 译. 北京：中央编译出版社, 2014：32-70.

30. 李传轩. 中国环境税法律制度之构建研究 [M]. 北京：法律出版社, 2011.

31. 韩利琳. 企业环境责任法律问题研究：以低碳经济为视角 [M]. 北京：法律出版社, 2013：22.

32. 漆多俊. 经济法基础理论：第四版 [M]. 北京：法律出版社, 2010：20.

33. 贝克, 威尔姆斯. 自由与资本主义 [M]. 路国林, 译. 杭州：浙江人民出版社, 2001：119.

34. 李勇进, 陈文江. 生态文明建设的社会学研究 [M]. 兰州：兰州大学出版社, 2018：154.

35. 尤查·本科勒. 合作的财富 [M]. 简学, 译. 杭州：浙江人民出版社, 2018：8, 20.

36. 顾祝轩. 民法系统论思维：从法律体系转向法律系统 [M]. 北京：法律出版社, 2012：27.

37. 席月民. 金融法学的新发展 [M]. 北京：中国社会科学出版社, 2013：37.

38. 贾爱玲. 环境责任保险制度研究 [M]. 北京：中国环境科学出版社, 2010：64.

39. 张承惠, 谢孟哲（Simon Zadek）. 中国绿色金融：经验、路径与国际借鉴 [M]. 北京：中国发展出版社, 2017.

40. 马中, 周月秋, 王文. 中国绿色金融发展报告：2017 [M]. 北京：中国金融出版社, 2018：64.

41. 马克·韦尔德. 环境损害的民事责任：欧洲和美国法律与政策比较 [M]. 张一心, 吴婧, 译. 北京：商务印书馆, 2017.

42. 王明远. 环境侵权救济法律制度 [M]. 北京：中国法制出版社, 2001：150.

43. 叶汝求, 任勇, 厄恩斯特·冯·魏茨察克. 中国环境经济政策研究

[M]．北京：中国环境科学出版社，2011：244．

44．高桂林，刘文杰．公司的环境责任论［M］．北京：首都经济贸易大学出版社，2018．

45．吴卫星．环境权理论的新展开［M］．北京：北京大学出版社，2019．

46．詹姆斯·萨尔兹曼，巴顿·汤普森．美国环境法［M］．北京：北京大学出版社，2016．

47．丹尼尔·A．法伯，罗杰·W．芬德利．环境法精要［M］．田其云，黄彪，译．天津：南开大学出版社，2016．

48．常纪文．环境法前沿问题：历史梳理与发展探究［M］．北京：中国政法大学出版社，2011：47．

49．罗伊·莫里森．生态民主［M］．刘仁胜，张甲秀，李艳君，译．北京：中国环境出版社，2016．

50．E．库拉．环境经济学思想史［M］．谢扬举，译．上海：上海世纪出版集团，上海人民出版社，2007．

51．竺效．环境责任保险的立法研究［M］．北京：法律出版社，2014．

二、中文教材类

1．张璐．环境与资源保护法学：第三版［M］．北京：北京大学出版社，2018：6．

2．朱家贤．环境金融法学［M］．北京：北京师范大学出版社，2013：教材说明部分．

3．马长山．法理学导论［M］．北京：北京大学出版社，2014：70－78．

4．沈宗灵．法理学：第三版［M］．北京：北京大学出版社，2009：336．

5．张文显．法理学［M］．北京：高等教育出版社，2007：168．

6．吕忠梅．环境法原理［M］．上海：复旦大学出版社，2017．

7．李健．金融学：第三版［M］．北京：高等教育出版社，2018．

8．张梓太．环境与资源保护法学［M］．北京：北京大学出版社，2007．

9. 岳彩申,盛学军. 金融法学:第二版 [M]. 北京:中国人民大学出版社,2015.

三、中文论文类

1. 张孝德. 生态文明模式:中国的使命与抉择 [J]. 人民论坛,2010 (1):24.

2. 马长山. 多元和谐秩序构建中的法律功能及其实现 [J]. 学习与探索,2007 (2):3.

3. 李传轩. 从妥协到融合:对可持续发展原则的批判与发展 [J]. 清华大学学报:哲学社会科学版,2017 (5):155-157.

4. 诸大建,朱远. 生态效率与循环经济 [J]. 复旦学报:社会科学版,2005 (2):61.

5. 金健. 德国公私合作规制理论及其对中国的启示 [J]. 南京政治学院学报,2018 (1):116.

6. 李美洲,胥爱欢,邓伟平. 美国州政府支持绿色金融发展的主要做法及对我国的启示 [J]. 西南金融,2017 (3):12.

7. 阳平坚,贾峰. 美国超级基金法的今生与前世 [J]. 中国生态文明,2019 (1):54.

8. 安伟. 绿色金融的内涵、机理和实践初探 [J]. 经济经纬,2008 (5):156.

9. 巴署松,等. 中国绿色金融研究进展述评 [J]. 金融发展研究,2018 (5):4.

10. 丛斌,陈芳芳. 绿色担保国际案例对我国的借鉴与启示 [J]. 金融纵横,2016 (7):45.

11. 田雪,等. 我国市场主导绿色证券制度建设与路径探析 [J]. 环境保护,2018 (22):18.

12. 洪艳蓉. 绿色债券运作机制的国际规则与启示 [J]. 法学,2017 (2):131.

13. 王建明,印丹榕,陈红喜. 国外上市公司的环境信息披露比较分析

及启示 [J]. 生态经济：学术版, 2007 (1): 96.

14. 温源远, 李宏涛, 杜譞. 英国可持续金融系统转型及对我国的启示 [J]. 环境保护, 2016 (10): 168.

15. 张梓太, 张乾红. 我国环境侵权责任保险制度之构建 [J]. 法学研究, 2006 (3): 87, 92.

16. 彭真明, 殷鑫. 论我国生态损害责任保险制度的构建 [J]. 法律科学, 2013 (3): 93.

17. 竺效. 论环境污染责任保险法律体系的构建 [J]. 法学评论, 2015 (1): 160–165.

18. 熊英, 别涛, 王斌. 中国环境污染责任保险制度的构想 [J]. 现代法学, 2007 (1): 91–92.

19. 杨辉. 欧洲环境责任保险法律制度审视及启示 [J]. 中国保险, 2010 (3): 61.

20. 白江. 论德国环境责任保险制度：传统、创新与发展 [J]. 东方法学, 2015 (2): 139–140.

21. 马宁. 环境责任保险与环境风险控制的法律体系建构 [J]. 法学研究, 2018 (1): 112.

四、中文其他类

1. 2016 年二十国集团财长和央行行长会公报 [R/OL] [2019-01-20]. http://www.g20chn.org/hywj/dncgwj/201607/t20160728_3089.html.

2. 现代汉语词典：第 7 版 [M]. 北京：商务印书馆, 2016: 1407–1408.

3. 兴业银行股份有限公司. 可持续发展报告：2018 [OL]. 兴业银行官方网站, [2019-07-05]. https://www.cib.com.cn/cn/aboutCIB/social/report/index.html.

4. 中国工商银行. 工行近万亿融资"贷"动绿色发展, 工商银行积极参与制定国际绿色金融标准 [OL]. 中国工商银行官方网站, [2019-06-10]. http://www.icbc.com.cn/ICBC/%e5%b7%a5%e8%a1%8c%e9%a3%8e%e8%b2%8c/default.htm.

5. 欧阳剑环. 我国绿色信贷规模稳步增长 [N]. 中国证券报, 2018 - 02 - 10.

6. 气候债券倡议组织, 中央国债登记结算有限责任公司. 中国绿色债券市场现状报告 2016.

7. 气候债券倡议组织, 中央国债登记结算有限责任公司. 中国绿色债券市场 2018 年度报告, [2019 - 09 - 10]. https：//www.chinabond.com.cn/cb/cn/yjfx/zzfx/nb/20170118/146165612. shtml.

8. 郄建荣. 两部门将强化企业环境信息披露, 督促上市公司履行环境保护社会责任 [N]. 法制日报, 2017 - 06 - 13.

9. 田辉. 中国绿色保险的现状、问题与未来的发展 [N]. 中国经济时报, 2014 - 05 - 06.

10. 国家环境保护部, 中国保监会. 关于《环境污染强制责任保险管理办法（征求意见稿）》的编制说明, 2017 - 06, http：//circ.gov.cn/web/site0/tab5174/info4071931.htm.

11. 李萱, 等. 环境污染强制责任保险政策还有哪些不足待完善 [N]. 中国环境报, 2019 - 07 - 23.

五、英文著作类

1. Roy Morrison. Ecological Democracy [M]. Boston：South End Press, 1995：11.

2. F. A. Hayek, Law, Legislation and Liberty：Rules and Order（Volume 1）[M]. China Social Sciences Publishing House, 1999：36.

3. World Commission on Environment and Development, Our Common Future [M]. Oxford：Oxford University Press, 1987：43.

4. Nicolas Wallart. The Political Economy of Environmental Taxes [M]. Edward Elgar Publishing Limited, 1999.

5. Jane B. Reece etc. Biology Concepts & Connections：Sixth Edition [M]. Campbell, Neil A., 2009：2 - 3.

6. Louis Dembitz Brandeis, Other People's Money：and How the Bankers

Use It [M]. New York: Frederick A. Stokes Company, 1914: 92.

六、英文论文类

1. Hardin G. The Tragedy of the Aommons [J]. Science, 1968 (162): 1243 – 1248.

2. Stephen P. Schott, Lender Liability under CERCLA-Past, Present and Future [J]. UCLA Journal of Environmental Law & Policy, 1992 (11): 77 – 112.

3. Bert Scholtens, Lammertjan Dam. Banking on the Equator: Are Banks That Adopted the Equator Principles Different from Non-Adopters [J]. World Development, 2007, 35 (8): 1307 – 1328.

4. Samuelson. The Pure Theory of Public Expenditures [J]. The Review of Economics and Statistics, 1954 (36): 387 – 389.

5. Anne Krueger. The Political Economy of The Rent-Seeking Society [J]. American Economic Review, 1974, 6 (64): 291 – 303.

6. Archie B Carroll. Corportate Social Responsibility: Evolution of a Definition Construct, Business and Society, 1999, 38 (3): 268 – 295.

7. Archie B Carroll. A Three-dimensional Conceptual Model of Corporate Social Performance, Academy of Management Review, 1999 (4): 497 – 505.

8. Ulrich Beck. The Anthropological Shock: Chernobyl and the Contours of the Risk Society, Berkeley Journal of Sociology, 1987 (32): 153 – 165.

9. Karin Oliva. Lender Liability under CERCLA, Southern California Law Review, 1995 (68): 1423.

10. Joseph M. Macchione, Lender Liability under CERCLA in Light of the Asset Conservation, Lender Liability and Deposit Insurance Protection Act of 1996: Does the Act Spell Lender Relief or Continued Heartburn [J]. 16 Temple Environmental Law & Technology Journal, 1997: 81 – 114.

11. Robert D. Fox, Paul McIntyre, A Summary and Analysis of the Federal Small Business Liability Relief and Brownfields Revitalization Act [J]. 21 Temple Environmental Law & Technology Journal, 2002: 19 – 32.

12. Kathy D. Bailey, William Gulledge. Using Environmental Insurance to Reduce Environmental Liability, Natural Resources & Environment, 1997 (11): 26-30.

13. Benjamin J. Richardson, Mandating Environmental Liability Insurance, Duke Environmental Law & Policy Forum, 2002 (12): 293-330.

七、英文其他类

1. About the Equator Principles, https://equator-principles.com/about/, last visited at September 16, 2019.

2. Jose Salazar. Environmental Finance: Linking Two World, Presented at a Workshop on Financial Innovations for Biodiversity Bratislava, Slovakia, 1998: 2-18.

3. Black's Law Dictionary [M]. London: West Publishing Co., 1983: 1074.

4. SEC. 107, 42 U. S. C. § 9607.

5. SEC. 107, 42 U. S. C. § 9607, (b) (1) - (3).

6. SEC. 101, 42 U. S. C. § 9607, (20) (A) - (D).

7. International Clinical Labs. Inc. v. Stevens, 710 F. Supp. 466 (E. D. N. Y. 1989).

8. United States v. Maryland Bank & Trust Co., 632 F. Supp. 573 - 578 (D. Md. 1986).

9. United States v. Fleet Factors Corp., 01F. 2d 1556 - 1558 (11th Cir.) (1990).

10. 40 C. F. R. § 300.1100 (c) (1), 1992.

11. Kelley v. EPA, 15 F. 3d 1100 (D. C. Cir. 1994).

12. Act of September 30, 1996, Pub. L. No. 104-208, § 2502 (b).

13. Small Business Liability Relief and Brownfields Revitalization Act, Pub. L. No. 107-118, 115.

14. Stat. 2356 (2002).

15. Preamble, The Equator Principles, June 2013, https://equator-principles.

com/wp-content/uploads/2017/03/equator_ principles_ III. pdf, last visited at September 22, 2019.

16. Scope, The Equator Principles, June 2013, https://equator-principles.com/wp-content/uploads/2017/03/equator _ principles _ III. pdf, last visited at September 22, 2019.

17. Statement of Principles, The Equator Principles, June 2013, https://equator-principles.com/wp-content/uploads/2017/03/equator _ principles _ III. pdf, last visited at September 22, 2019.

18. Disclaimer, The Equator Principles, June 2013, https://equator-principles.com/wp-content/uploads/2017/03/equator_ principles_ III. pdf, last visited at September 22, 2019.

19. Annexes: Implementation Requirements, The Equator Principles, June 2013, https://equator-principles.com/wp-content/uploads/2017/03/equator _ principles_ III. pdf, last visited at September 22, 2019.

20. Exhibits Supporting Information, The Equator Principles, June 2013, https://equator-principles.com/wp-content/uploads/2017/03/equator_ principles_ III. pdf, last visited at September 22, 2019.

21. Preamble, The Equator Principles Draft For Consultation, June 2019, www.equator-principles.com, last visited at September 23, 2019.

22. Scope, The Equator Principles Draft For Consultation, June 2019, www.equator-principles.com, last visited at September 23, 2019.

23. Approach, The Equator Principles Draft For Consultation, June 2019, www.equator-principles.com, last visited at September 23, 2019.

24. Statement of Principles, The Equator Principles Draft For Consultation, June 2019, www.equator-principles.com, last visited at September 23, 2019.

25. Annexes: Implementation Requirements, The Equator Principles Draft For Consultation, June 2019, www.equator-principles.com, last visited at September 23, 2019.

26. Exhibits: Supporting Information, The Equator Principles Draft For

Consultation, June 2019, www. equator-principles. com, last visited at September 23, 2019.

27. ICMA, Green Bond Principles: Voluntary Process Guidelines for Issuing Green Bonds, July 2018, https://www. icmagroup. org/green-social-and-sustainability-bonds/green-bond-principles-gbp/, last visisted at September 23, 2019.

28. The World Bank: What Are Green Bonds, https://www. worldbank. org/en/topic/climatechange/brief/what-are-green-bonds, last visited at September 23, 2019.

29. Green Bonds, https://www. worldbank. org/en/results/2017/12/01/green-bonds, last visited at September 23, 2019.

30. UNPRI, Principles for Responsible Investment Brochure, 2018, https://www. unpri. org/pri/about-the-pri, last visited at September 24, 2019.

31. UNPRI, Annual Report 2019, https://www. unpri. org/pri/about-the-pri/annual-report, last visited at September 24, 2019.

32. ICMA, Membership, https://www. icmagroup. org/membership/, last visited at July 20, 2019.

33. ICMA, Green Bond Principles: Voluntary Process Guidelines for Issuing Green Bonds, June 2018, https://www. icmagroup. org/green-social-and-sustainability-bonds/green-bond-principles-gbp/, last visisted at September 23, 2019.

34. UNEP FI, the PSI Initiative, https://www. unepfi. org/psi/vision-purpose/, last visited at July 22, 2019.

35. UNEP FI, the PSI Initiative, https://www. unepfi. org/psi/vision-purpose/, last visited at July 22, 2019.

36. UNEP FI, the Principles, https://www. unepfi. org/psi/the-principles/, last visited at July 22, 2019.

37. Environmental liability Insurance, https://www. njit. edu/tab/managing/pre-development/liability-insurance. php, last visited at May 29, 2019.

后 记

这是一部迟到的作品。基于对传统行政管制型环境保护法律手段之不足的深刻反思，长期以来我的学术志趣所在一直是如何运用经济法律手段来促进环境保护。关于绿色金融法律问题的思考，最早可以追溯到12年前我在考虑博士毕业论文选题的时候。当时我考虑的选题方向主要有两个：绿色税收法律问题和绿色金融法律问题。通过收集资料和进行文献分析，以及结合自己的知识积累情况，我最后选择了当时相对比较成熟的绿色税收法律问题作为博士学位论文选题。但是，绿色金融法律问题一直都在我的学术研究规划里。在完成了博士论文并在其基础上进行修改完善形成了《中国环境税法律制度之构建研究》一书，该书于2011年9月在法律出版社出版后，我又从基础理论、总体框架的角度，系统梳理了自己关于环境法与经济法之间的关系、经济法律手段之于环境保护的重要作用的长期思考所得，其中就有绿色金融法律问题的内容部分，形成了《生态经济法——理念革命与制度创新》一书，并于2012年9月在知识产权出版社出版。通过前面的储备和积累，本打算立刻开始对绿色金融法律问题进行更加专门和深入地研究，并希望用2—3年的时间形成相应的研究成果并向同人报告。为此，我把这一研究选题作为我2012—2013年在哥伦比亚大学法学院为期一年的访学研究计划方向，并于2014年获得了教育部人文社科基金项目的立项资助。然而，由于之后各种烦杂琐事，包括受领导与同事鼓励和信任开始承担一定的行政事务、两个孩子的相继出生需要我和爱人照顾等，当然主要是因为自己的拖沓慵懒，断断续续历时6年多，这本书直到今天才得以完成，实在是倍感羞愧和不安！

古人云四十不惑，今年的我刚好到了40周岁。的确，很多以前的问题都觉得不再是问题，人仿佛也变得十分佛系，通透了很多。但依然有很多疑惑和问题，比如学术之求，这本书并未能解尽我对绿色金融法律问题的疑惑，这里也恳请各位同人的批评指正；比如人生之路，未来究竟应该怎么走才会不虚此行，可能还需要不断地上下求索。但不管怎样，总有一些人和一些事，让我一直感受到这个世界的温暖和人生的意义，从而让我的生活充满幸福和感恩，而不被时世之艰和生活之难所击溃。

下面请允许我多唠叨几句：

感谢我的老师张梓太教授和师母俞心慧女士。这么多年来，您们对我的关心、厚爱，对我学业学术、工作生活等各个方面的提点、帮助，远超出了一般的师生情分，所以总觉得庸碌无为的自己是何其幸运！感激之情，难以言表，唯愿您们身体康健、万事顺心！

感谢我的父亲母亲。您们今年已经是78岁和77岁的高龄了，身体也不是特别好，一直挂念着我们，还有您们的孙子和孙女，却不愿给我们增添任何的负担。而我也因为近年来工作和家庭事务的烦杂忙碌，未能多去关心和照顾您们，经常连问候电话都是您们先打过来，作为儿子实在是愧疚难安。多少次午夜难眠，枕上十年事，故乡二老忧，都上心头！只望忙过这两年后能够更多地陪伴您们！

感谢我的儿子和女儿。儿子崇实2014年9月9日来到这个世界后，女儿唯实又于2017年6月1日与我们相聚。你们的先后到来，让我感到前所未有的快乐、忙乱、辛苦却又充满力量与希望。你们是平庸的我的最大成果，爸爸与你们一同成长！

最后但并非最不重要的是，感谢我的妻子。13年来，从二人世界到四口之家，从一无所有的自由到三奴（卡奴、房奴和孩奴）加身的辛苦，你为家庭付出了很多，牺牲了收入增长和事业发展诸多良机。但我相信，这些年的不容易，一定会成为未来的美好回忆！

是为记。

李传轩

2019年9月于新江湾城图书馆